教育部2024年度高校思想政治理论课教师研究专项一般项目（教学研究项目）
“大中小学思政课议题式教学模式开发及其案例设计研究”
（项目编号：24JDSZK048）阶段性成果

新时代大中小学思政课内容优化研究

Research on the Optimization of Ideological and Political Course Content in Primary, Secondary and Tertiary Education in the New Era

刘　乐◎著

经济管理出版社
ECONOMY & MANAGEMENT PUBLISHING HOUSE

图书在版编目（CIP）数据

新时代大中小学思政课内容优化研究 / 刘乐著.
北京 ：经济管理出版社，2024. -- ISBN 978-7-5243
-0160-8

Ⅰ. G641；G633.202

中国国家版本馆 CIP 数据核字第 2025QR8392 号

组稿编辑：赵天宇
责任编辑：赵天宇
责任印制：许　艳
责任校对：王淑卿

出版发行：经济管理出版社
（北京市海淀区北蜂窝 8 号中雅大厦 A 座 11 层　100038）
网　　址：www. E-mp. com. cn
电　　话：（010）51915602
印　　刷：唐山玺诚印务有限公司
经　　销：新华书店
开　　本：720mm×1000mm/16
印　　张：14
字　　数：231 千字
版　　次：2025 年 3 月第 1 版　　2025 年 3 月第 1 次印刷
书　　号：ISBN 978-7-5243-0160-8
定　　价：88.00 元

序

新时代呼唤新教育，在中华民族伟大复兴的战略全局和世界百年未有之大变局交织激荡的今天，思想政治理论课作为落实立德树人根本任务的关键课程，承载着培养担当民族复兴大任时代新人的历史使命。如何优化大中小学思政课内容，构建循序渐进、螺旋上升的内容体系，是新时代思政课改革创新的重大课题。

本书以“新时代大中小学思政课内容优化研究”为题，立足于马克思主义立场、观点和方法，运用系统思维和整体视角，对大中小学思政课内容优化进行了深入研究和系统阐述。全书以历史为经，以现实为纬，既追溯了中华人民共和国成立以来思政课内容发展的历史脉络，又直面新时代思政课内容建设面临的现实挑战；既注重理论建构，又强调实践探索，为构建新时代大中小学思政课内容体系提供了理论支撑和实践路径。这种多维度的论证，突破了传统思政课研究的单一范式，展现出新时代思想政治教育研究的学术自觉。

本书的特色主要体现在以下几个方面：一是坚持问题导向，聚焦大中小学思政课内容衔接不畅、重复交叉等现实问题，提出了有针对性的解决方案；二是注重理论创新，构建了新时代大中小学思政课内容优化的理论框架，为思政课内容建设提供了理论指导；三是强化实践探索，提出了统筹教材内容一体化、科学推进内容研究、深入开展一体化实践等具体举措，为推进思政课内容优化提供了实践路径。这些研究成果，既是对习近平总书记关于思政课建设重要论述的学理化阐释，也是对新时代思想政治教育改革创新的理论应答。

面对世界百年未有之大变局，对思政课进行内容优化是守好意识形态主阵地的战略工程，更是培育时代新人的铸魂工程。本书的出版，对于深化新时代大中小学思政课改革创新，构建循序渐进、螺旋上升的思政课内容体系，具有重要的理论意义和实践价值。希望本书能够为广大思政课教师、研究者和管理者提供有益参考，为推动新时代思政课高质量发展贡献力量。这是学术研究的价值旨归，更是新时代教育工作者的光荣使命。

是为序。

黄　静

2025 年 2 月

前 言

思想政治理论课（以下简称“思政课”）是落实立德树人根本任务的关键课程。统筹推进大中小学思政课一体化建设是深化新时代思政课改革创新的一项重要工程。本书在厘清一体化视域下新时代大中小学思政课内容的基本理论前提基础上，总结了中华人民共和国成立以来大中小学思政课内容变迁的历史考察，针对当前思政课内容存在的现实问题，提出了新时代思政课内容优化的理论图景和实施路径。本书分为以下六个部分：

第一，新时代大中小学思政课内容优化研究的概述。首先，对新时代大中小学思政课内容优化研究的相关概念进行了界定，包括思政课、大中小学思政课一体化以及思政课内容等核心概念。其次，进一步阐释了新时代大中小学思政课内容优化研究的理论基础，包含了马克思主义的基本理论、中国化的马克思主义理论以及其他学科的借鉴（道德教育、教育心理学、管理学、课程与教学论、思想政治教育学等）。最后，深入地论证了新时代大中小学思政课内容优化研究的现实依据，探讨了其意义，进一步阐明新时代大中小学思政课内容优化研究的价值。

第二，中华人民共和国成立以来大中小学思政课内容变迁的历史考察。根据中华人民共和国成立以来，对大中小学思政课的内容进行了历史阶段的划分，分为：起步阶段，即中华人民共和国成立到改革开放前的大中小学思政课内容的历史回顾；发展阶段，即改革开放后到新时代前大中小学思政课内容的历史回顾；深化阶段，即新时代以来大中小学思政课内容的历史回顾。每个发展阶段都以教科书、课程标准和教学大纲等为参考，重点探讨了思政课内容的历史脉络，并总结了中华人民共和国成立以来大中小学思政课内容演变的历史经验与趋势。

第三，新时代大中小学思政课教材内容的纵向比较。为了全面掌握新时代大中小学思政课内容的现状，本书从小学与初中、初中与高中、高中与大学三组相邻学段思政课统编教材的内容比较与衔接情况的分析出发，细致地考察了大中小学思政课教材内容的螺旋式上升的现状，为第四章分析大中小学思政课存在的问题及其原因做了实证分析，为第四章建构新时代大中小学思政课内容体系的构成要素进行了前置性研究。

第四，一体化视域下新时代大中小学思政课内容的现状审视。为了更加深入地了解一体化视域下大中小学思政课内容的现状，以及厘清产生各种问题的原因，本书结合已有文献的研究并采用深度访谈的方法进行调查，同时结合第三章的文本分析，更好地阐述了一体化视域下大中小学思政课内容的现状。

第五，新时代大中小学思政课内容优化体系建构的理论框架。本章着重探讨如何把大中小学思政课共同的内容讲出区别，形成大中小学思政课内容的结构体系。新时代大中小学思政课内容的建构依据应从选取的标准与边界、组织与呈现方式及其遵循的规律出发，探讨思政课内容是如何选取、生成、呈现等问题的。之后，建构了以习近平新时代中国特色社会主义思想为核心内容，以道德教育、法治教育、人生观和社会主义核心价值观教育、中国特色社会主义和中国梦教育为基本内容，以中华优秀传统文化教育、革命传统文化教育、生命安全教育及国家安全观教育为主题的新时代大中小学思政课内容体系。

第六，新时代大中小学思政课内容优化的实施路径。推进大中小学思政课内容优化，从统筹推进思政课教材一体化、科学推进大中小学思政课内容理论、深入开展大中小学思政课内容一体化实践等三个维度着手。首先，把握大中小学思政课教材内容一体化的基本维度、推进大中小学思政课教材内容一体化的保障体系、加强大中小学思政课教材内容一体化的规划。其次，科学推进新时代大中小学思政课内容研究，包括：强化课程目标对思政课内容的引领；

重视学生视角的思政课内容建构；实现思政课教材体系向教学体系的转化；优化思政课内容的教育教学方法。最后，深入开展大中小学思政课内容的一体化实践包括：健全思政课“全层级—联动式”机制；加强思政课“共教—共学—共评”的协同机制；构建“大思政课”下实践育人一体化机制。

目 录

导论

第一节　本书缘起

从我国思政课建设的历程来看，思政课建设一直备受党和国家的重点关注，而思政课的内容则是党和国家关注的重中之重。历次思政课的改革均源于解决思政课建设中存在的问题，而思政课内容则始终是解决这些问题的中心工作。进入新时代，思政课内容的一体化构想的本质是大中小学思政课内容的过于重复。党的十八大以来，党中央始终坚持把学校思政课建设放在教育工作的重要位置，思政课发展环境和整体生态发生全局性、根本性转变。党和国家先后召开了高校思想政治工作座谈会、全国教育大会、学校思想政治理论课教师座谈会，习近平总书记还多次深入大学、中学、小学召开座谈会，对思政课建设提出明确要求。在 2019 年 3 月 18 日召开的“3・18”学校思想政治理论课教师座谈会上，习近平总书记明确提出“把统筹推进大中小学思政课一体化建设作为一项重要工程”的重要指示，为新时代学校思政课改革创新指明了方向。2019 年的《关于深化新时代学校思想政治理论课改革创新的若干意见》要求“统筹大中小学思政课一体化建设，推动各类课程与思政课建设形成协同效应”。2020 年《新时代学校思想政治理论课改革创新实施方案》把“推进一体化”作为四个基本要求之一，提出要推动新时代学校思政课课程教材改革创新，规定了小学、初中、高中、大学思政课的课程设置，并就课程目标体系、课程内容、教材体系建设等做出了说明。党的二十届三中全会指出“要完善立德树人机制，推进大中小学思政课一体化改革创新”。2024 年 5 月，习近平总书记对学校思政课建设作出重要指示时强调，“要坚持以新时代中国特色社会主义思想为指导，全面贯彻党的教育方针，落实立德树人根本任务，坚持思政课建设与党的创新理论武装同步推进，构建以新时代中国特色社会主义思想为核心内容的课程教材体系，深入推进大中小学思想政治教育一体化建设”。这为新时代大中小学思政课内容优化指明了前进方向。2025 年 1 月，中共中央、国务院印发《教育强国建设规划纲要（2024—2035 年）》明确指出：“开好讲好‘习近平新时代中国特色社会主义思想概论’课，系统完善中小学思政课课程标准，整体优化设计高校思政课课程方案，推进大中小学思政课一体化改革创新。”

党的十八大以来，全国思政课实践开展得如火如荼，各地方开始围绕思政课的共有内容进行创新性的同课异构和研修教学，形成了一系列有影响力的成果，极大地丰富了新时代思政课内容的研究。但是大中小学思政课内容建设，在一些基本理论创新、体系完善和机制建构方面，尚未取得明显突破，亟待创新。思政课内容的理论研究呈现出相对薄弱的态势，虽然取得了一些初步的成果，但是对思政课内容体系的建构尚缺失，基于学生视角的思政课内容建构明显不足等，在理论与实践上并没有给予足够的重视。在思政课内容的实践层面，随着大思政课理念的提出，丰富的校内校外、线上线下的思政课教学资源，也是思政课内容的重要组成部分，如何在不同学段利用思政课内容资源讲准、讲好思政课，当下仍然存在着很多问题。因此，新时代大中小学思政课内容优化研究有利于促进不同学段思政课内容的相互支持与系统推进，实现思政课内容的科学发展。

第二节 本书意义

一、理论意义

（1）有利于思政课内容结构的科学发展。

思政课内容结构体系往往会受到历史发展规律与所处时代背景的客观外在影响，同时也受到思政课内容衔接结构与学科属性发展相互作用的内在影响。新时代大中小学思政课内容优化研究有利于深入挖掘思政课内容结构体系和要素，特别注重形成横向贯通、纵向衔接的思政课。推进新时代大中小学思政课内容优化研究，一方面要对大中小学思政课共有内容进行深度的挖掘，推动思政课内容结构体系不断完善；另一方面也要着重关注不同学段思政课的特色内容，明确各学段思政课内容的差异。深入论证和考察不同学段思政课内容结构以及同一学段各门思政课的具体内容，有助于推动思政课内容结构体系的优化发展。

（2）有利于思想政治教育内容研究的深化。

长期以来，有关思想政治教育内容的研究主要集中在高校层次的思想政治教育内容上，对中小学的思想政治教育研究关注度不高。党的二十大报告指出，要推进大中小学思想政治教育一体化。而大中小学思想政治教育一体化需要将大中小学思想政治教育的内容作为一个整体通盘来考虑，循序渐进、螺旋上升地开设思政课，保证思想政治教育内容研究的连贯性。[①] 新时代大中小学思政课内容优化研究要遵循思想政治教育规律和学生成长成才规律，统筹安排各学段思想政治教育内容。通过对新时代大中小学思政课内容优化有利于为思想政治教育内容研究提供一个广阔的理论视野，进一步丰富学生思想政治教育

① 王易，田雨晴．推进大中小学思想政治教育一体化建设的思考［J］．思想理论教育，2023（3）：48-54.

的科学规律及其内容。

（3）有利于思政课实践育人的内涵深化。

2021 年全国两会期间，习近平总书记强调，“大思政课”我们要善用之，一定要跟现实结合起来。从思政课到“大思政课”，表面上只有一字之差，实质上为了完善和提升思政课立德树人实效，以思政小课堂联动社会大课堂，以学校课堂教学平台联动社会广泛资源平台，以学校思政课教师为主体联动其他教育主体，从而形成“大课堂”“大平台”“大师资”育人新格局。因此，一体化视域下新时代大中小学思政课教学内容不再仅局限于教材内容，而是具有一定的开放性和动态性的内容，也包括一些思政课的活动、方法、观念与实践操作等。此外，实践层面的思政课实践育人的内容是从学校小课堂向社会大课堂的拓展和延伸的过程中，通过自身学习或者沉浸式学习知识，提升思政课的获得感。

新时代大中小学思政课内容优化研究有利于科学全面把握各个学段思政课内容的育人要素。进一步明确大中小学思政课内容的价值取向，回应新时代大中小学思政课内容优化研究的目的，是以核心素养为导向，以立德树人为核心，贯彻落实新时代党的教育方针，更好地服务于大中小学各学段学生思想和道德实践进一步发展。

二、实践意义

（1）有助于深化思政课内容的创新发展。

深化思政课创新发展是一个系统性工程。在思政课内容层面，既要兼顾各个层次的思想政治教育内容衔接得当、层层递进及相互贯通，确保“在每个学段开展好思政课教学，保证我国社会主义发展后继有人的必要手段”；也要根据不同年龄段的学生心理发展状况进行内容的创新，使思政课在大中小学各个阶段呈现合乎现实需要的内容，使不同学段呈现出应有的区别与个性特点。因此，为保证思政课内容的整体性与协调性，就必须依据不同阶段的教学规律与学生各方面发展状况进行内容创新，着重解决衔接不充分、进阶不顺畅等问题，在思政课内容选择、观点呈现、话语形式等方面都体现出不同学段的特点，在内容供给和呈现方式上做到分类化、具体化，推进党的创新理论最新成果进思政课教材，有效地将其转化为学生易于接受、乐于接受的内容形式。

（2）有助于提升思政课教学的针对性与吸引力。

当前，大中小学思政课内容既有对系统性发展的要求，又有不同的阶段性特征。一方面，大中小学思政课内容伴随学生成长的每个阶段，每个阶段都有不同于其他学段的相对特殊性，是一个漫长而又复杂的过程。对各阶段学生认知特点和思想政治教育接受机制的研究，对于如何制定与学生身心发展相适切的思政教育目标内容的研究等，仍需进一步深化。另一方面，大中小学思政课内容是连续性的、系统性的跨层次教学内容，其本质就要求知识结构是统筹协调的。必须坚持大中小学纵向主线贯穿、循序渐进。针对不同学段，根据思想政治教育规律和学生成长规律，科学设置具体的思政课教学目标，坚持融合创新，同时，分阶段应用人工智能、虚拟技术等新技术增强思政课教学的针对性与吸引力。

（3）有利于培养身心健康的社会主义建设者和接班人。

目前，基础教育阶段的教师把教学重点放在升学率和学生的考试成绩上，对于所在年级前后阶段的思政课内容关注度不高，迫使思想政治教育课的形式趋向于应试教育，内容的讲授脱离整体性的范围，出现格式化与孤立化的现象。学生进入高校学习阶段后，习惯性地忙于各种专业课和等级考试，加之大学本科段开放的学习环境，他们的思想易受社会中多元文化的冲击和碰撞，导致他们对学习相关基础性知识与原理性内容出现轻视态度，对思政课内容的简单重复出现产生不满的消极态度，并且也打击了学生群体的学习热情和积极性。因此，思政课内容优化既要通过各学段“循序渐进、螺旋上升”的方式推进，又要实现各个学段思政课内容的有机衔接，从而在一以贯之的思政课教学中培养学生爱党、爱国、爱社会主义的情怀，不断提升学生的科学素养和人文底蕴，增强学生的志气、骨气、底气。

第三节　国内外研究文献综述

一、国内研究文献综述

（1）研究整体趋势。

现阶段，新时代大中小学思政课内容优化研究从整体来看，思想政治教育内容研究基本上不涉及大中小学思政课内容的理论研究；大学与中小学的思政课内容已经在一定程度上有所割裂；新时代大中小学思政课内容研究在思政课一体化研究中比重不高。

第一，从思想政治教育内容研究来看，思想政治教育内容研究是思想政治教育学科发展的核心问题，贯穿于学科发展全程。伴随思想政治教育学科的兴起，学术界出版了一系列关于思想政治教育原理方面的教材与学术著作，其中大多数著作都对思想政治教育内容的规定有所说明，形成了思想政治教育内容的三要素论、四要素论、五要素论等。以思想政治教育内容命名的专著有武汉大学熊建生教授所著的《思想政治教育内容结构论》，该书集中探讨了建构依据、原则、内容体系及结构优化等思想政治教育内容。此外，以孙其昂教授为代表的河海大学团队近年围绕思想政治教育内容发表了系列高水平论文、承担了江苏省及国家重点课题，引领了思想政治教育内容研究的创新发展。但是从已有的思想政治教育内容研究成果来看，基本上不涉及大中小学思政课内容的理论研究。不可否认的是，大中小学思政课内容研究也是思想政治教育内容研究的前沿问题。

第二，从大中小学思政课内容研究来看，大学与中小学的思政课内容在某些角度来说有所割裂。具体表现在大学对思政课内容的研究集中于对具体课程内容的研究，如基于 2021 年版思想政治理论课本科教材价值观内容的分析①、“毛泽东思想和中国特色社会主义理论体系概论”课蕴含的历史观教育探究②。由此，大学对思政课内容的系统研究较少。此外，中小学阶段对思政课内容的研究，也主要集中于具体的教材章节，缺少以整体系统的思政课内容为对象的研究。尤其是，中小学对思政课内容的研究大多是从教育学的角度，比如通过学科大概念、大单元教学来组织思政课内容，重在强调提升教学内容的有效性。

第三，从大中小学思政课一体化研究来看，新时代大中小学思政课内容研究在思政课一体化研究中比重不高。2019 年的学校思想政治理论课教师座谈会后，大中小学思政课一体化的研究成为学术界的热点问题，截至 2024 年 6 月 30 日，在中国知网以检索条件：（主题=“大中小学思政课一体化”或题名=“大中小学思政课一体化”），总库文献总数为 1077 篇，如图 0-1 所示。而大中小学思政课内容研究的论文占比不超过 10%，其研究的发展趋势仍然有待提升。

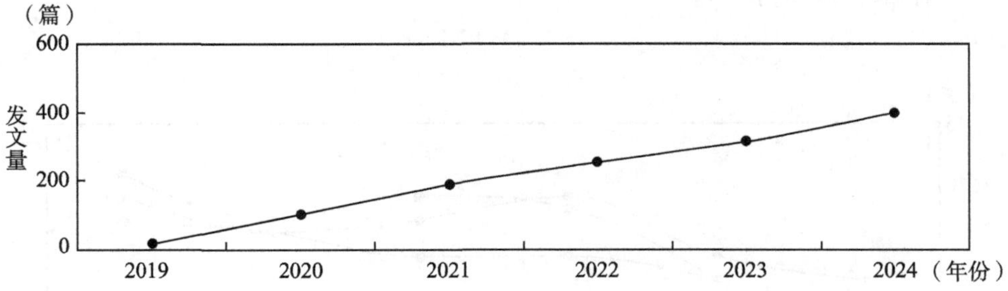

图 0-1 “大中小学思政课一体化”总体趋势分析

资料来源：中国知网。

从大中小学思政课一体化研究的主要主题分布图来看，如图 0-2 所示，基本上较少涉及关于新时代大中小学思政课内容的研究。在大中小学思政课一体

① 张彦．提升思想政治理论课价值观教学的整体育人效果——基于 2021 年版思想政治理论课本科教材价值观内容的分析［J］．思想教育研究，2021（12）：96-100.

② 许丽丽．“毛泽东思想和中国特色社会主义理论体系概论”课蕴含的历史观教育探究——以 2018 版教材为例［J］．山西高等学校（社会科学学报），2019，31（8）：34-37.

化研究的次要主题分布中，检索“思政课程”“教学内容”“思政课教学”，如图 0-3 所示，研究趋势是越来越重视课程内容、教学内容及其教材内容。

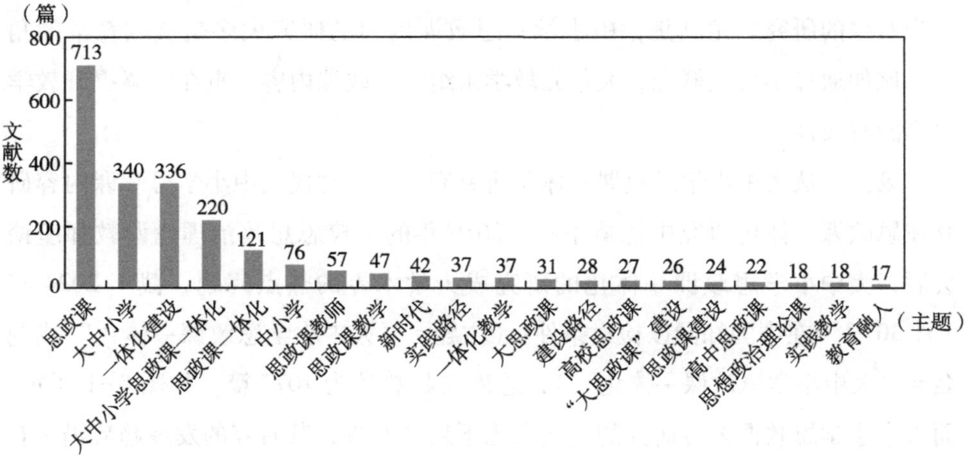

图 0-2 “大中小学思政课一体化”的主要主题分布

资料来源：中国知网。

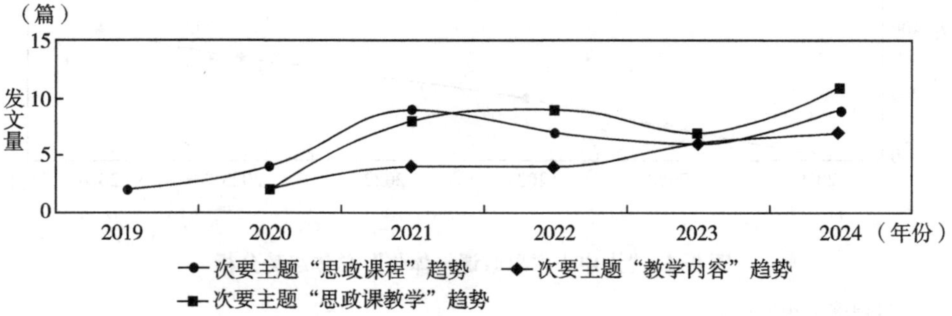

图 0-3 “思政课程”“教学内容”“思政课教学”的主题分布

资料来源：中国知网。

（2）研究现状述评。

在对新时代大中小学思政课内容优化研究的整体趋势进行了基础分析后，下文将从六个具体方面对新时代大中小学思政课内容优化研究进行分析。

第一，关于新时代大中小学思政课内容优化内涵的研究。关于新时代大中小学思政课内容优化内涵的研究成果可以分为三类：第一类，对大中小学思政课一体化内涵的研究。徐蓉（2024）认为，大中小学思政课一体化是在实施大中小学分段教学的前提下，避免割裂知识传授的整体性、价值观建构的整体性，达成大中小学思政课的纵向衔接和横向贯通，确保思政课教学各个阶段既能各展所长又能相辅相成。冯建军（2023）认为，大中小学思政课一体化是大中小学思政课围绕共同的育人目标，根据各学段学生的年龄特征和发展需要，赋予各学段相应的课程内容，开展教育教学，接力实现不同学段的目标，最终实现育人的教学总目标。李东坡和王学俭（2021）认为，大中小学思政课一体化是从立德树人的视角出发，形成的大中小学思政课课程、教学和育人体系。文天天和陈大文（2021）认为，大中小学思政课一体化是思政课在教学要素上形成循序渐进、螺旋上升的一体化教学序列。郭绍均（2022）认为，大中小学思政课一体化是“课程、教材、师资、教学、管理”五位一体的体系，形成思政课育人共同体。徐建飞和董静（2022）认为，大中小学思政课一体化是不同学段的思政课教学在“各方面、各层次、各要素”，思政课内容在“纵向、横向，宏观、微观”呈现出“多棱角、多维度、立体化”的整体设计。由此可见，学界对新时代大中小学思政课一体化内涵的角度，大部分都从教学、教材、教师、育人等方面概括，解释力和说服力不足。第二类，对大中小学教材一体化内涵的研究。秦书生和何彦彦（2024）认为，大中小学思政课教材一体化建设既要注意各学段教材内容的区别性，分层设计教材内容，又要保证大中小学教材内容的衔接性，层层递进教育主题。刘力波和黄格（2020）认为，大中小学思政课教材一体化是一体化的关键环节，呈现出重视学生主体地位、趋向生活化、初步体现层次性、彰显时代性的特征。霍军亮（2020）认为，教材一体化建设，旨在形成各学段上下联通、合理衔接、学段协调、科学有效的教材内容体系，其遵循着政治、价值和知识原则。李超民等（2021）认为，教材一体化建设强调各学段的教材在目标分层设计、内容差异化设计、组织衔接等方面形成一体化的架构。从以上对大中小学思政课教材一体化的论证，看出教材一体化在思政课一体化中占有重要的地位。第三类，对新时代大中小学思政课内容优化内涵的研究。关于新时代大中小学思政课内容优化内涵并没有直接的界定，与此相关的是关于思政课内容一体化内涵的研究。秦书生和何彦彦（2025）认为，大中小学思政课内容一体化需要分析不同学段思政课的差异和联系，明确目标导向，贯通教育理念，协调教育内容，实现内容上的循序渐进、螺旋上升。张应平（2022）认为，思政课内容一体化是一个通过优化组合把原本彼此独立的大中小学不同学段的思政课内容、同一学段内部的思政课内容整合成一个系统的有机整体的过程。王玉秋（2021）认为，思政课内容一体化是指各学段的思政课程内容、教材内容及教学内容形成一个由浅入深、由易到难、有序过渡、螺旋上升的科学体系。

第二，关于中华人民共和国成立以来大中小学思政课内容变迁的历史研究。学界分别以中小学和高校作为研究对象，通过对各学段思政课内容变迁的历史发展，尤其是对各学段间思政课内容建设进行了深层次研究。从中小学思政课内容的研究来看，以课程教材研究所编写的《新中国中小学教材建设史（1949—2000）研究丛书（政治卷）》、翟楠和薛晓阳编写的《小学思想品德课程 60 年》具有较大影响力。《新中国中小学教材建设史（1949—2000）研究丛书》对各历史阶段的思政课内容在课程设置、教材介绍、内容要素安排等方面进行了系统的分析，但受制于时间上仅分析到 20 世纪末。翟楠和薛晓阳（2011）则对 1949~2009 年的中小学德育教材、教法、教学大纲等方面进行了客观的评述，系统地考察了中小学德育课程内容的历史发展。从高校思政课内容的研究来看，郭凤志（2019）对中华人民共和国成立以来高校思政课“78 方案”“85 方案”“98 方案”以及“05 方案”的课程体系建设进行了系统分析。韩振峰和李辰洋（2019）认为，我国高校思政课内容建设始终坚持了以马克思主义理论体系为核心内容，坚持与时俱进、理论与实践相统一。

第三，关于新时代大中小学思政课教材内容研究。思政课教材内容的新时代化是撑起大中小学思政课一体化躯体的“脊柱”。学界围绕该主题从思政课教材内容的选定、学段衔接、存在的问题等方面开展研究。第一类，思政课教材内容的选定。一方面，基于各学段的目标架构教材内容。李寒梅（2021）从教材内容的选择与编制角度出发，指出思政课教材一体化建设要更加注重教材内容的阶段性分析，着重把握不同学段思政课教材内容的相对性与关联性梳理，把握好“异”与“同”，使教材内容呈现出一种结构化的存在。另一方面，基于思想政治教育规律和学生身心发展规律架构思政课教材内容。王淑荣和王青佩（2024）指出，教材内容的设置要以各学段学生认知发展水平为依据，小学课程应基于“感观”，以学生生活为基础；初中课程应基于“概念判断”，以学生体验为基础；高中课程应基于“思维品质”，以学生认知为基础。陈大文和母玲凡（2021）指出，要努力追求整体性和层次性相统一、连贯性和阶段性相统一、渐进性和梯度性相统一，科学合理地设置思政课内容，建构前后贯通、循序渐进的思政课教学内容体系。第二类，思政课教材内容的学段衔接。一方面，要优化思政课教材的编写。陈亮、柏鑫和李红梅（2022）指出，要进一步完善思政课教材编审制度，尤其是统筹编写大中小学思政课课程标准、建立大中小学思政课教材编写人员的联络沟通制度及思政课教材建设监测反馈机制等。另一方面，加强思政课教材内容衔接的学术研究。张月（2022）指出，要优化各学段教材内容设置，加强从纵向学段的主题内容研究，要在不同学段之间将相同的内容由浅入深、由易到难的梯次形式统筹安排，同时凸显不同学段教材内容结构的独特性，进一步丰富教材内容并创新思政课教材形式不过分拘泥于教材内容。第三类，思政课教材内容存在的问题。张月（2022）指出，思政课的教材话语存在“难易倒置”现象、思政课教材内容存在“重复交叉”现象等。张莉、徐国锋和吴涯（2022）指出，思政课存在着教材内容前后倒置现象（超前问题、滞后于学生成长）、重复与缺漏现象、断裂与碎片现象、教材内容呈现随意（部分内容铺垫不足、部分内容逻辑不够严密）等。

第四，关于新时代大中小学思政课内容的现状审视的研究。新时代大中小学思政课内容的现状审视包括现阶段取得的成就及存在的问题。第一类，现阶段取得的成就。新时代思政课内容建设与党的创新理论同频共振；把社会主义核心价值观贯穿于各学段思政课内容建设始终；石海君（2024）指出，大中小学思政课一体化建设实现用党的创新理论铸魂育人，核心和根本是用习近平新时代中国特色社会主义思想铸魂育人，用社会主义核心价值观筑牢学生精神世界。梁红秀（2022）指出，各学段思政课内容呈现采用问题链专题式教学、案例式教学、探究式教学、体验式教学等学生乐于接受的教育教学方式引领其健康发展；黄晓红（2022）指出，现阶段我国的思政课基本构建了大中小学不同层次的课程内容体系、教材内容体系、教学内容体系。第二类，新时代大中小学思政课内容存在的问题。王淑荣和王青佩（2024）指出，目前大学学段的思政课仍一定程度地存在着“高中化”现象，存在单纯的知识灌输，没有做到学段间的深度一体化。赵野田和张应平（2021）指出，当前思政课仍然存在脱节错位、模块分割、结构断层、内容交叉、沟通不畅、协同不足等突出问题。马福运和张迪（2022）指出，不同学段思政课内容衔接不畅、部分课程内容重复、倒挂、脱节的现象仍然存在，思政课内容与目标引领出现二者相脱节的情况。王晓宇（2022）指出，现阶段，大中小学思政课教学内容并没有实现逻辑层次的跃迁以及知识层面的螺旋上升，仍然需要在思政课育人目标、学段内容衔接、课程内容一体化、教学实践内容一体化等方面精准发力。吴晓云和李珍琦（2022）指出，大中小学思政课课程内容体系建构上尚未实现横向配合、纵向衔接的结构化体系。由此可见，学界对思政课内容取得成就及其存在的问题有比较清晰的认知，但是可以看出对思政课内容理论的研究与相关教学实践的研究进展出现明显的落差感，在中小学思政课内容实践的展开甚至超越了理论层面的研究。因此，对于思政课内容的研究仍然需要扎根于课堂观察、实地调研、现场访谈等形式。

第五，关于新时代大中小学思政课内容优化体系建构的理论框架。思政课内容如何实现结构化，这是一体化的关键所在。而思政课内容体系的建构就显得非常必要。冯建军（2023）认为，大中小学思政课一体化的内容结构应按照学生的品德发展的规律，小学到大学呈现从感性具体到思维的抽象，实现价值和知识层面上的螺旋上升、逐层递进，建构“思政课内容主题—具体学段内容—具体知识要点”的体系序列，保证思政课内容的统一性和进阶性。徐秦法和黄俞静（2022）指出，要实现思政课内容体系的纵向衔接有三个重点，一是把握思政课内容的“简单重复”与“有效重复”的区别；二是保证思政课内容系统的“完整”，防止部分内容“脱节”；三是瞄准思政课内容的“目标”体系，凸显纵向衔接的“序列化”。李东坡和王学俭（2021）提出了大中小学思政课内容体系建构的基本原则，包含了思想性与理论性相统一、知识性与价值性相一致、历史性与时代性相融合、理论性与实践性相配合、阶段性与长期性相衔接。赵野田和张应平（2021）指出，大中小学思政课内容体系建构需要把“思想政治素质”作为基础和逻辑起点。由此可见，学术界已经关注到了从整体上建构思政课内容优化体系的重要性，但是对建构的理论框架的把握还不到位，无论是学生的品德发展的规律、学生的思想政治素质等都不能概括到位，这也是本书深化思政课内容优化研究的重中之重。新时代大中小学思政课内容优化体系建构的理论框架应先明确其建构依据、基本原则，然后提出体系化的思政课内容优化体系。

第六，关于新时代大中小学思政课内容优化的实施路径。许家烨（2022）提出，大中小学思政课内容在根据“课程标准的体系→教科书的内容体系→教学内容体系→学生的认知和信仰体系”依次转化的规律基础上，从强化思政课教材一体化建设、一体化的思政课内容标准体系、弥补思政课教材内容体系的弱项、全方位建设教材队伍等方面着力。韩震（2020）提出，大中小学思政课要建立顶层设计的工作机制（统一出版和审核课程标准、教材等）；要系统设计大中小学思政课的课程内容、教材内容体系及其呈现方式，实现横向结构合理、纵向贯穿；建立健全大中小学不同学段思政课教师一体化备课和研修的机制。丁帅和陈旻（2022）提出，大中小学思政课内容坚持马克思主义立场、观点、方法的价值取向；推进一体化思政课课程内容体系；健全思政课课程内容组织形式。余华和孙华丽（2023）提出，大中小学思政课内容体系要坚持整体把握和分段达成的辩证统一、坚持主线贯通和必要反复的有机结合、坚持由表及里和学段侧重的相得益彰，促进大中小学思政课内容体系的逐段递进。由此可见，学术界对新时代大中小学思政课内容优化的实施路径的研究比较全面，尤其是韩震教授作为义务教育道德与法治、高中思想政治课程标准的制定者、大中小学思政课教材的重点编写者的身份，对促进大中小学思政课内容体系的优化提出了建设性的意见。

通过以上对新时代大中小学思政课内容优化研究现状的梳理，我们发现学界从内涵界定、历史变迁、教材内容分析、问题、原因、机制原则、路径等诸多方面开展了一系列研究，形成了一系列具有影响力的研究成果，为本书的研究提供了借鉴。但仍然存在着文献以外的问题，尚需进一步讨论。

第一，对新时代大中小学思政课内容优化内涵和理论依据的论证尚不充分。并没有清晰地给出思政课内容的边界和内涵，也缺乏内容特点、多层次的讨论。

第二，对思政课发展史的讨论，较少涉及以内容为切入口的分析，更多地侧重于对思政课不同学段思政课发展阶段的划分及其成就经验的总结，往往要么研究个别学段，要么研究视角多为粗线条的勾勒，还不够系统完善。

第三，当前对大中小学思政课教材内容文本的分析，仍然力度不足。尤其是伴随着义务教育阶段道德与法治课程标准的颁布，中小学思政课内容体系有了较大的变化，但相关的研究暂未涉及。此外，对教材文本的分析往往侧重于某本书经验性地分析，缺乏对教材内容的系统全面分析。中小学思政课教材内容的研究往往聚焦于实践层面上探讨如何用好教材，而高校的教材内容研究更多地侧重于主题研究。大中小学教材内容之间的横向及纵向对比研究较少，因此增强对学段间的教材对比研究，是实现教材内容优化的重中之重。

第四，当前对大中小学思政课内容实证性的研究较少，理论和实践相结合的研究不多，硕博士论文相关研究当中问卷研究居多，但问卷结果的呈现往往是单个题目的数据呈现，做交叉分析的较少。此外，研究中做深度访谈的更少，缺乏统计软件的定性分析。因此，要采用访谈法、课堂观察等研究方法，以思政课内容研究为视角，全面剖析其存在的问题及原因。

二、国外研究文献综述

国外在大中小学思政课方面没有较为完整的研究，没有与思政课直接相关的理论，但大多数国家都开设了与思政课类似的品德课，虽然名称不一（如公民课、宗教课、道德课等），但某些观点、做法具有一定的借鉴意义。

新加坡的“品格与公民”课程，以学生成为具有良好品德的公民为课程总目标，并且由此设置核心课程群，引领课程建设。① 以社会主义核心价值观为学段衔接点，逐一细化了从小学到中学再到大学的阶段性课程目标，而且特别强调同一主题相互渗透，形成一个有机的整体，使学生的学习融入同一学习历程。② 在中小学阶段，侧重于培养学生的正确价值观，培养学生的责任意识、好奇心等，在大学阶段，更加侧重于公民素养培育，注重发生发展大学生的创造性思维和公民身份认同。从其课程内容的推进来看，他聚焦于从各种主题活动的设计到共同的价值观上，往往围绕某一个或者几个价值观来组成课程材料，让学生深化对价值观的整体理解。③

美国的“社会科”课程，贯穿于幼儿园到十二年级，是美国最早开设的公民课程，旨在培养公民的政治认同和价值认同，其课程设计侧重于从学习进阶的理念来引领课程体系建设。④ 典型的是美国颁布了“社会科”的 C3 框架，形成以阶为目标的课程内容序列，特别强调概念学习，各核心概念往往在不同的学段螺旋式上升，有利于促进学生知识的横向综合与思维的发展，并且课程内容的每一个维度都涵盖了问题的设计概念与工具、资源与运用、理论与交流等，帮助学生在学段一致的探究活动中持续提升公民认同，在不同学段形成不同层级的技能发展水平，这种围绕大概念的序列化教学设计，更容易处理一些新情境、新概念，实现了由学科知识向问题解决为主的教学模式，有利于推进知识的自我建构。⑤

日本的课程虽然没有出现思政课的名称，但是“社会科”“道德科”都是

---

① Minstry of Education. Character and citizenship education syllabus primary ［S］. Singapore: Student Development Curriculum Division, 2014: 1.

② Minstry of Eduction. Character and citizenship education syllabus pre – university ［S］. Singapore: Student Development Curriculum Division, 2016.

③ Social studies syllabus upper secondary express course normal (academic) course ［S］. Singapore: Ministry of Education, Curriculum Planning and Development Division, 2016.

④ National Council for the Social Studies (NCSS). The college, career, and civic life (C3) framework for social studies state standards: guidance for enhancing the rigor of K–12 civics, economics, geography, and history ［S］. Silver Spring, MD: NCSS, 2013: 82.

⑤ National Council for the Social Studies (NCSS). National curriculum standards for social studies: A framework for teaching, learning, and assessment ［S］. Silver Spring, MD: NCSS, 2010: 3-4.

日本开展的类思政课的重要载体。① 日本参照美国的社会科设置了体系完整的公民科内容。从课程结构设置来看，从小学到初中再到高中衔接完整，小学阶段以社会科的形式呈现，涵盖了地理、历史、社会、生活等；初中阶段的社会科在低学段以地理和历史为主，在高学段以公民教育内容为主；在高中阶段，分为了地理课、历史课和公民课，尤其在公民课部分强调公共伦理、政治和经济的内容。② 日本的公民科教育特别侧重于综合性、活动性课程的设置，强调对话性学习和自主性学习，促进学生基于情境体验生成学科核心概念，从而增强解决社会现实问题的能力，并且日本在每一学段都设置了学习指导要领，从而明确社会课的内容，以实践性课题推进道德教育的实现。③

第四节　研究方法和研究思路

一、研究方法

新时代大中小学思政课内容优化研究立足于马克思主义理论学科的基本立场，基于理论研究与实践研究的基本方法与基本理论，广泛结合教育学、心理学等多个相关学科的研究思路开展研究，具体采用以下三种研究方法：

（1）文献研究法。

新时代大中小学思政课内容优化研究必须在已有的研究基础之上，广泛搜集整理相关已有文献，并进行系统全面的分析。通过文献了解当前思政课内容优化的研究进展，从而更好地把握研究的现状，识别研究中存在的问题。同时，新时代大中小学思政课内容优化研究的概念的文献分析，有利于科学地把

① 松本和寿．戦後教育改革期の社会科における道徳的学力の測定・評価方法とその影響［J］．社会科教育研究，2018（3）：8.

② 中嶋哲彦．学びの統制と人格の支配新設科目「公共」に注目して［J］．世界，2018（6）：10.

③ 日本学術会議政治学委員会．高等学校新設科目「公共」にむけて一政治学からの提言［J］．学術の動向，2017（3）：12.

握相关概念。此外，关于大中小学思政课内容的历史研究，充分地收集了大量权威的思政课建设史的相关资料。与本书最为密切的文献包括三类：第一类是政策法规，了解我国颁布的思政课课程改革创新的系列文件；第二类是学术类文献，着重把握与新时代大中小学思政课内容优化研究相关的核心文献；第三类是教材类文献，重点选取了我国现阶段采用的大中小学思政课统编教材。

（2）深度访谈法。

为了更加深入地了解一体化视域下大中小学思政课内容的问题及原因，本书采用深度访谈的方法，设计了比较细致的访谈提纲，对部分小学、初中道德与法治教师（含教研员）、高中思想政治教师（含教研员）、大学思政课教师进行了深度访谈，采用线上线下两种形式，较为细致地记录了关键词。通过访谈后的整理，对新时代大中小学思政课内容优化研究密切相关的问题进行了从现象到理论的建构，撰写了访谈的备忘录。

（3）比较研究法。

现阶段对于大中小学思政课教材内容的横向分析成果非常集中，而对教材内容纵向的联系研究过少。由此，本书侧重于从纵向把握思政课教材内容，通过大中小学相邻学段思政课教材内容及其同一学段不同册之间教材内容的比较，进一步在整体把握大中小学思政课教材内容的基础上，分析思政课教材内容的逻辑构成、存在的问题，为探寻切实可行的思政课内容优化奠定基础。

二、研究思路

本书在厘清一体化视域下新时代大中小学思政课内容的基本理论前提基础上，总结中华人民共和国成立以来大中小学思政课内容变迁的历史考察，针对当前思政课内容存在的现实问题，提出了新时代思政课内容优化的理论图景和实施路径。本书由六章组成，其研究演进逻辑为基础理论—历史规律—现状诊断—理论建模—实践转化，形成“理论—历史—现实—创新—应用”完整闭环，实现从现象描述到机制构建的质性跃升，具体如图 0-4 所示。

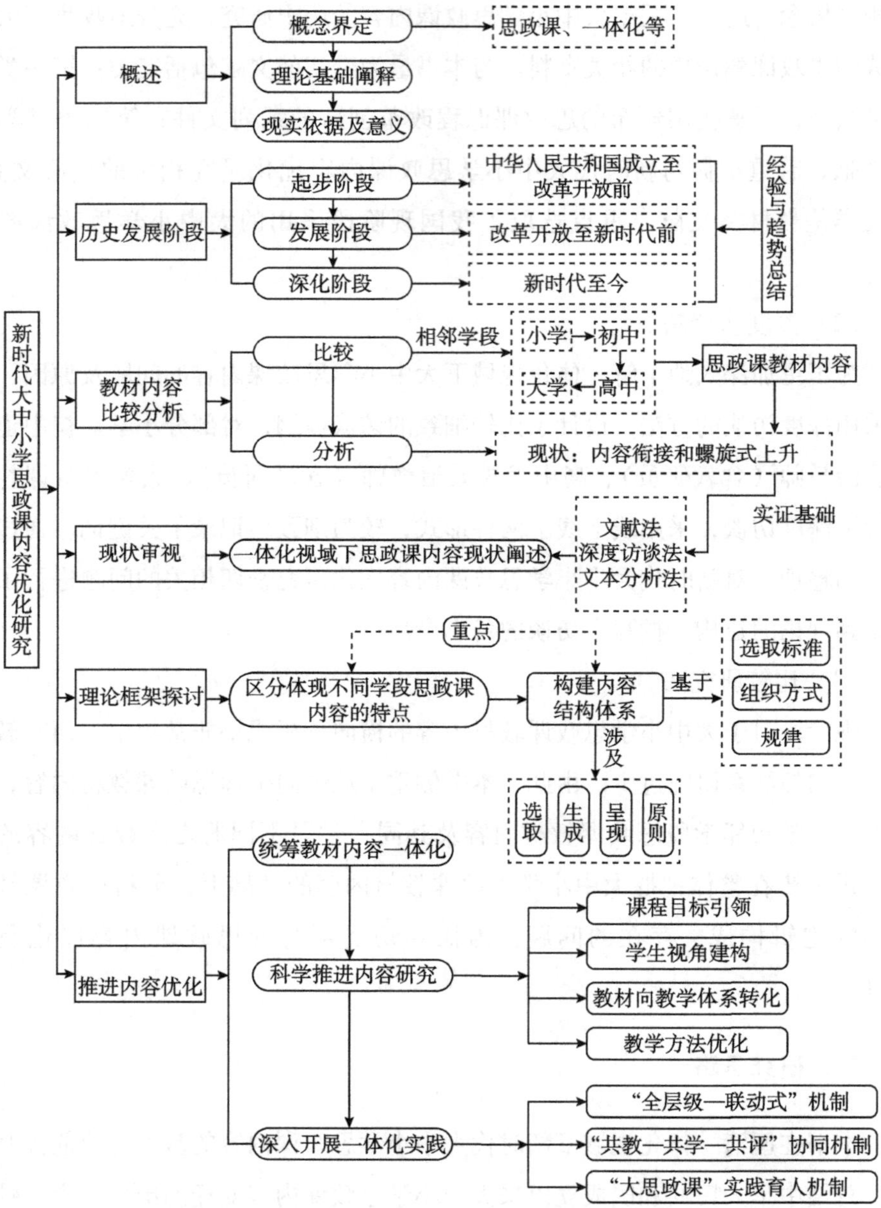

图 0-4　本书研究路线

第一章，概述新时代大中小学思政课内容优化研究。首先，界定相关概念，如思政课、一体化等。其次，阐述其理论基础，包括马克思主义和学科借鉴。最后，深入探讨新时代大中小学思政课内容优化研究的现实依据和意义，阐明其价值。

第二章，中华人民共和国成立以来大中小学思政课内容经历了三个主要阶段：起步阶段，从中华人民共和国成立到改革开放前；发展阶段，从改革开放到新时代前；深化阶段，从新时代至今。每个阶段都以教科书、课程标准和教学大纲为依据，分析思政课内容的历史发展并总结其演变经验与趋势。

第三章，通过比较小学至大学三个相邻学段的思政课教材内容，分析了大中小学思政课内容的衔接和螺旋式上升现状，为后续内容分析问题和构建新时代思政课内容体系提供了实证基础。

第四章，审视新时代大中小学思政课内容现状。为深入了解并厘清问题原因，本章结合文献和深度访谈法调查，并利用第三章文本分析，阐述一体化视域下思政课内容现状。

第五章，探讨新时代大中小学思政课内容优化的理论框架，重点在于如何区分和体现不同学段思政课内容的特点，构建其内容结构体系。内容建构基于选取标准、组织方式和规律，涉及内容的选取、生成、呈现和基本原则。

第六章，推进新时代大中小学思政课内容优化从三个维度实施。一是统筹教材内容一体化；二是科学推进内容研究，涵盖课程目标引领、学生视角建构、教材向教学体系转化及教育教学方法优化；三是深入开展一体化实践，包括“全层级—联动式”机制、“共教—共学—共评”协同机制和“大思政课”实践育人机制。

第五节　研究创新与不足

一、研究创新

（1）研究视角上的创新。

本书基于思政课一体化的视域研究新时代大中小学思政课内容优化。表现在：其一，以思政课一体化的视角，对中华人民共和国成立以来大中小学思政课内容进行了历史梳理，并总结了每个阶段思政课内容一体化的情况；其二，以思政课一体化的视角对教材内容的文本进行了纵向比较分析，从而确立了大中小学思政课内容优化的理论框架；其三，以思政课一体化为视角，探讨了大中小学思政课内容何以优化、如何优化的重点问题，为新时代优化大中小学思政课内容进行了创新性的尝试。

（2）学术观点创新。

现有的对大中小学思政课内容的研究是零散的，缺乏体系化研究，尤其是对大中小学思政课内容体系缺失。本书以大中小学思政课共有的内容为参考，进一步明确了新时代大中小学思政课内容优化的建构依据与基本原则，尤其是形成了新时代大中小学思政课内容优化的体系建构。大中小学思政课内容体系的建构是基于思政课共有内容。其中，以习近平新时代中国特色社会主义思想为指导内容的新时代大中小学思政课内容体系，也是同传统思政课内容体系的最大区别。本书建构起了以习近平新时代中国特色社会主义思想为核心内容，以道德教育、法治教育、人生观和社会主义核心价值观教育、中国特色社会主义和中国梦教育为基本内容，以中华优秀传统文化教育、革命传统文化教育、生命安全教育及国家安全观教育为主题内容的新时代大中小学思政课内容体系。

二、研究不足

新时代大中小学思政课内容优化是一个系统工程。受时间限制，本书对于思政课内容体系的建构仍然为宏观性的勾勒，尤其是如何凸显学生在思政课内容建构当中的作用，仍是本书的短板。此外，本书在进行访谈的过程当中，样本容量较少，地区覆盖并不全面，尤其是对少数民族和特殊学校思政课教师的访谈尚缺失。本书在教材内容纵向结构的分析中并没有加入习近平新时代学生读本的内容，及其运用比较教育学、心理学等学科的最新成果较少，因此，需要进一步深化本书的研究。

第一章　新时代大中小学思政课内容优化概述

本章立足于新时代大中小学思政课内容优化的基本概念，进一步阐释了新时代大中小学思政课内容优化的理论基础与现实依据。

第一节　基本概念诠释

一、思政课的基本概念

思政课，即大中小学思想政治教育类的课程，为思想政治理论课的简称，是我国进行学生思想政治教育的主渠道，是实践“大思政课”理念的国家课程，在国民教育的不同历史时期与各学段有不同的名称。

在基础教育阶段，从2016年起将义务教育小学和初中起始年级《品德与生活》《思想品德》教材名称统一更改为《道德与法治》，并于2017年秋季学期全国所有地区小学一年级和初中一年级使用统编“道德与法治”教材，当时在“一标多本”的情况下，以往所使用的人教版、陕教版、鲁教版、北师版等思政课教材逐步停止使用。根据2022年版义务教育课程标准修订的小学及初中《道德与法治》教材于2024年秋季学期陆续投入使用。高中阶段，教育部2019年秋季学期在部分省市投入使用了统编普通高中《思想政治》教科书，并到2022年覆盖了全国各省市。这一新的教材命名及普及率体现了基础教育阶段学生思想政治教育系统化趋势在加强。

在高等教育阶段，思想政治理论课经过课程的发展、调整与整合，在当前阶段，大学阶段开设的思政课包括必修课程和选择性必修课程。本科阶段开设《思想道德与法治》《马克思主义基本原理》《中国近现代史纲要》《毛泽东思想和中国特色社会理论体系概论》《形势与政策》五门必修课程，在全国大部分省份全面开设《习近平新时代中国特色社会主义思想概论》；硕士研究生阶段，面向各专业开设《新时代中国特色社会主义理论与实践》一门必修课程，博士研究阶段开设《中国马克思主义与当代》一门必修课程。同时要求各高校结合本校实际，统筹校内通识类课程，为本专科学生、研究生充分开设思政课选择性必修课程，确保学生至少从“四史”中选修一门课程。①

此外，在分析了思政课的重要性和名称的基础上，还需要进一步厘清思政课的本质。思政课包含的内容一定包含某种统一性。习近平总书记在中国人民大学考察时指出，“思政课的本质是讲道理，要注重方式方法，把道理讲深、讲透、讲活，老师要用心教，学生要用心悟，达到沟通心灵、启智润心、激扬斗志”。②

二、大中小学思政课一体化的基本概念

从马克思主义哲学的维度来看，其一，根据整体与部分之间的辩证关系，一体化是随着时间、地点、条件不断发展的过程，始终处于不断变化之中，在这一过程中，发展的结果是一个螺旋式上升的过程，不仅在内部联系上得到了丰富，而且在外部联系上更为高级和复杂，从而使内外部联系按照一定的方式融合为有机的整体，实现融会贯通，使诸部分结合为一个整体并最大限度地发挥整体的作用。其二，作为一个过程，一体化是事物发展符合目的性和规律性的体现。一个事物的发展要符合客观规律，同时人可以认识并发挥自身主观能动性，人作为一体化过程的实践主体，可以对一体化过程产生推动作用，最终达到推进事物的发展在客观上符合历史发展规律，在主观上合乎人的主观目的

① 中共中央　国务院．关于深化新时代学校思想政治理论课改革创新的若干意见［Z］．2019-08-14.

② 习近平在中国人民大学考察时强调：坚持党的领导传承红色基因扎根中国大地走一条建设中国特色世界一流大学新路［N］．人民日报，2022-04-26（1）．

性，并最终推进事物的发展。由此，本书所界定的“一体化”是指根据设立统一的目标，依据一定的规律，将许多既具有关联性又具有各个相对独立的主体有机地结合起来，在同一体系中实现各主体间相互衔接、融会贯通、优化整合，最后形成一个具有系统化和结构化的共同体。

大中小学思政课一体化是从课程一体化的视角切入的。因此，需要理解思政课一体化的内涵与实质。思政课一体化不是一个空洞的口号，也不是一种纯粹的理论，而是一种实实在在的教育教学行为，它必须遵循最基本的教育教学规律，采取最基础的教育教学形式，具有科学的内容结构体系、评价依据和反馈机制，同时它又会因人而异，因时而异，因地而异。思政课一体化的实质是要把大中小学原来各自为政、彼此相对独立的思政教育主体，通过某些方式逐步在同一体系下形成彼此紧密合作的思政课课程共同体，这不是一个普通的共同体，也不是借助“同课异构”等形式就可以实现的，一体化的过程既包含不同学段间的思政课课程，也涉及机制、体制、政策等方面如何有机融合的问题，是一个全面互动的过程。

思政课承载着统一的目标愿景，遵循统一的本质规律，采取统一的实现形式，接受统一的评价标准，但是又会因时、因地、因人而异，从而体现出思政课教学的多样性、灵活性和有效性。进一步分析，本书所界定的思政课一体化的基本内涵，即不同学段的目标与任务统一、不同学段的内容与方法统一、不同学段的结果与评价统一。也就是说，真正能让思政课一体化的还是思政课教育教学的目标、内容、方式方法、本质规律和富有成效的教育教学成果。由此，本书所界定的大中小学思政课一体化，站在新时代更高的战略角度，立足于思政课立德树人的根本任务，大中小学不同学段根据思想政治教育规律、不同学段的学习规律与不同年龄层学生的成长规律对思政课的课程设置进行整体规划、有机衔接，从而使各学段学习内容有序且连贯，科学安排不同学段授课内容的广度和深度，即各学段“守好一沟渠”，使学生在有机育人过程中实现“螺旋式上升”。这既包括多元协同育人机制的横向联合又涵盖了纵向衔接贯通，实现思政课诸要素的一体化，进一步推进不同学段的目标与任务统一，不同学段的内容与方法统一，不同学段的结果与评价统一。在一体化的背景下，使思政课更具有张力，在这种张力的推动下，思政课更加具有解释力和说服力，形成衔接紧密、梯度进阶、螺旋上升的育人共同体。

大中小学思政课一体化的特征主要表现在以下几个方面：其一，具有连贯性。大中小学思政课的一体化能够克服现阶段推行的学校思政课在各学段衔接状态不佳的情况。以往，各学段只顾完成自身教学任务的情况不复存在。在充分考虑相邻学段，学生实际情况的基础上，设置更加符合不同学段学生身心发展的教育目标和要求，设计前后衔接更加得当的思政课教材。其二，具有高阶性。大中小学思政课一体化能够有效避免不同学段，相同知识点反复出现的情况。思政课一体化体系的建立，使大中小学思政课形成一个完整的教学体系，高学段的思政课教师，不再需要重复去讲授上一学段的重难点问题。这些可以极大地提高思政课的授课效率，一方面，充分利用教学时长，提升知识传播效率；另一方面，可以分配更多时间，去攻克当前学段的重点和难点问题，整体提升学生的水平。内容过于烦琐，而导致学生失去学习兴趣的情况，也将得到极大地缓解。其三，具有科学性。大中小学思政课一体化能够让不同学段的课程标准更加适应在落实教学过程中面对的实际情况。一方面，不会存在知识超前和知识滞后的情况，每个学段推行更加适合当前学段学生学习的思政课程，让书本上的知识点向学生的日常生活靠拢，因而更容易被学生所接纳。另一方面，由于大中小学思政课课程标准的逐步统一，基本做到了因材施教，使不同学段学生的学习特点得到了合理利用。知识与能力相互匹配，使得不同学段的思政课更具备针对性。

三、思政课内容的基本概念

思政课的内容既包括理论层面上思政课课程、教材和教学的内容，又包括了实践层面的思政课实践育人的内容。要理解思政课课程、教材和教学的内容，就需要从课程内容、教材内容、教学内容这三组概念的辨析出发，厘清理论层面上思政课内容包括哪些具体元素。就思政课而言，在大中小学思政课中都存在着思政课教材内容往往与思政课程内容和思政课教学内容混淆在一起，在实践中导致教材内容等于课程内容，教学内容就是教材内容的现象。思政课的课程内容一般指特定形态课程中学生需要学习的“事实—概念—原理—技能一策略—方法—态度及价值观念”等。思政课的课程内容是思想政治教育学科课程体系中最核心的部分，是思政课程的枢纽，是相对稳定、不能轻易改变的。思政课的课程内容从教师教的角度，它回答的是“教什么”的问题，从学生学的角度，它是对“学什么”的规定。比如，《义务教育道德与法治课程标准（2022 年版）》在第二学段（3~4 年级）道德教育模块，设置了“关爱家庭生活，主动分担家务劳动”的内容要求，以及“观察和体会日常生活中父母的辛苦操劳，选择自己可以承担的家务劳动，坚持去做”的教学提示，回答了教师“教什么”的问题①。思政课教材内容是依据中小学思政课程标准、大学思政课建设方案编制的，遵循学科逻辑、学生学习的心理逻辑，能够系统反映课程内容的教学用书，教材内容是师生教学活动的中介，一部分是课程标准、建设方案中对思政课课程内容的具体化，还有一部分教材内容是对思政素材进行教材化处理后，被选定在教材中的并按照一定逻辑排列的、显性的、可教可学的知识、技能与方法体系。思政课教学内容是教师教与学生学中发生交互作用的重要载体，一方面是教师为实现教学目标，在思政课教学过程中向学生呈现和传递的一切材料和动态生成信息，是将教材进行教学化处理后的内容；另一方面也是学生在思政课学习中要掌握的基本理念、关键概念、核心观点等内容。因此，思政课教学内容不局限于教材内容，而具有一定的开放性和动态性的内容，是思政课教师在教材内容全面分析的基础上，根据具体的思政课教学目标和教学资源对教学内容进行再取舍、再整合与再补充的结果，这不仅包括形式各异的思政课素材内容的选择与运用，也包括一些思政课的活动、方法、观念与实践操作等。此外，实践层面的思政课实践育人的内容是从学校小课堂向社会大课堂的拓展和延伸的过程，通过自身学习或者沉浸式学习知识，提升思政课的获得感。比如，通过参观红色教育基地，可以感性化地学习革命知识，弘扬革命精神，增强爱国主义情感。

四、新时代大中小学思政课内容优化的基本概念

新时代大中小学思政课内容优化，应着眼新时代，聚焦思政课内容优化，

① 中华人民共和国教育部．义务教育道德与法治课程标准（2022 年版）［M］．北京：北京师范大学出版社，2022：78-80.

实现一体化视域下大中小学梯度进阶、螺旋上升。新时代大中小学思政课内容优化不同于普遍意义的具体学科课程内容优化，而与普遍意义上的学科课程内容优化具有内在一致性，但又彰显鲜明的一体化、新时代等特点。因此，新时代大中小学思政课内容优化既要反映新时代思政课内容创新发展，又要体现思政课一体化视域下大中小学梯度进阶、螺旋上升的新态势；既要以思政课一体化为理论导向，又要考虑具体实践中各学段主体的特殊性与时代性，既要以实现理论与实践层面思政课内容优化为目标，又要实现学科逻辑与生活逻辑的有机统一。

从思政课内容范围来看，中国特色社会主义进入新时代，大中小学思政课内容都受社会变迁与时代发展的影响。思政课内容界限和层次的扩展为新时代大中小学思政课内容优化提供了新的视角。主要表现在，随着新时代立德树人作为教育根本任务的提出，使思政课内容的范围不再局限于原有的政治教育、道德教育、思想教育、心理教育与法纪教育等传统内容。新时代大中小学思政课内容选取的核心与边界围绕立德树人，中华优秀传统文化教育、生命安全教育、国家安全教育、劳动教育等均以重大主题教育的方式进入新时代大中小学思政课内容的范围，极大地扩展传统思政课内容的边界，进一步增强了思政课育人的实效性与针对性。新时代大中小学思政课内容的扩展，适合新时代大中小学学生主体特点的需要，适应于新时代中国特色社会主义的大变局需要。

从优化本体论意义上来看，“优化”该词语在教学中一般指的是通过创设相关条件优化教学的过程来提高课堂教学的效率。[①] 优化既有其静态阐释，侧重于回答“是什么”“为什么”的问题，又是一个动态过程，更偏向于解决“怎么办”的问题。因此，要准确理解新时代大中小学思政课内容优化的基本概念，就必须直面这三大问题。首先，从“是什么”视角，理解新时代大中小学思政课内容优化，即要优化什么？前文中我们把思政课内容分为了理论层面上思政课的课程内容、教材内容和教学内容，又包括了实践层面的思政课实践育人的内容，由此，需要进一步思考在大中小学不同学段思政课的课程内

① 阮氏兰．越南高校汉语教学的优化研究［D］．西南大学博士学位论文，2021.

容、教材内容和教学内容现状是什么、存在什么样的问题；如何促进三者在思政课内容结构体系中的完整性，做到横向贯通、纵向衔接；以及理论层面上思政课的课程内容、教材内容和教学内容与实践层面的思政课实践育人的内容如何互为支撑，交相辉映，呈现出价值目标的高度一致性和基本要求的内在共通性。其次，从“为什么”视角，理解新时代大中小学思政课内容优化，即为什么要优化？现阶段，大中小学思政课内容存在着衔接不全面、不科学、思政课教材内容布局层次不清、教学内容中实践衔接不足等问题，因此，着眼于一体化视域要求，打通思政课内容存在的若干堵点。最后，从“怎么办”视角，理解新时代大中小学思政课内容优化，即怎么样优化？一方面，遵循系统性、整体性、理论性、现实性的优化原则，形成大中小学思政课内容结构体系，使之既要及时反映主流意识形态建设的最新理论成果，又要反映大中小学不同学段学生成长成才的目标，以进一步保持思政课内容的延续性，凸显出马克思主义理论教育的完整性。另一方面，大中小学思政课内容优化要始终立足于中国特色社会主义的理论探索与实践经验，既要保持既有思政课内容体系的核心内容，又要结合新时代不断发展变化的实际做必要的修改、补充与完善。总之，新时代大中小学思政课内容优化要统筹兼顾历史与现实、理论与实际、课程、教材与教学等关系，在保持现行大中小学思政课内容结构基本稳定的基础上，进一步改进、完善、优化思政课内容结构体系，推进习近平新时代中国特色社会主义思想进教材、进课堂、进头脑，进一步提升思政课育人的实效性。

第二节　新时代大中小学思政课内容优化的理论基础

一、马克思主义基本原理

（一）马克思主义关于人的全面发展学说

马克思在《资本论》中提出“人的自由而全面的发展”为大中小学思政

课内容优化作出了根本目标遵循。“人的自由而全面的发展”是马克思共产主义理论的普遍逻辑，在《德意志意识形态》《政治经济学批判大纲》等著作中均有一以贯之的体现。要真正准确把握这一核心命题，将其归入马克思主义理论的完整逻辑进行思考是必要的，绝不能攻其一点不及其余进行片面解释。由此，本书根据大多数学者的研究，对马克思关于人的自由而全面的发展的思想做如下概括：

第一，马克思所揭示人的发展的三种形态。马克思从“三种形态”揭示人的发展的历史过程。马克思将人的发展视为“人的依赖关系”“物的依赖关系”和“人的自由而全面发展”三种历史形态，并进行了深入细致的理论探索。王永祥指出，这三种形态对于人的个体和人类社会而言均具有鲜明的进步性，这种进步性体现在人和人类社会所运用的生产工具和生产能力上，并“表现在以一定的生产力为基础而形成的经济结构的形态及作为社会关系总和的人的生存状态上”①，这三种形态的理论划分具有充分的客观依据。

第二，人的自由而全面发展是关于人的自由而全面发展的学说的逻辑终点。其一，在马克思、恩格斯看来人的发展不仅应当是全面的，而且应当是自由的，马克思的“人的自由而全面的发展”是相对于过去的历史社会而言的，在以往的社会历史中，人的发展是不自由不全面的，马克思称之为“每个人的自由而全面的发展”是人的“自由个性”（人经历了从为生计而劳动中解放到各种错误观念、偏见、成见中解放再到使自己的兴趣、个性、特长、喜好等能够尽可能地充分发展）的全面发展。其二，“人的自由而全面的发展”不仅是作为个体孤立的人的素质的发展，更包含着人类社会整体普遍的素质的提高，两者相互制约、相互影响。其三，人的全部才能（才能指的是认识世界的能力和改造世界的能力）的“自由发展”“即每一个个体的人能够完全按照自己的意愿自由地发展自己想要发展的素质和能力”是马克思、恩格斯对未来社会人的全面发展的理想模式。

从马克思主义关于人的全面发展的学说出发，考察一体化视域下大中小学

---

① 王永祥．也谈马克思人的发展三形态说与我国“当前的迫切任务”——与高清海教授商榷[J]．河北学刊，1999（1）：31-35.

思政课内容优化研究，会产生以下两点思考：其一，受到生产力条件的制约与区域发展不平衡不充分等因素，导致我国“每个人的自由而全面的发展”实现的程度不高，社会和个体的不全面发展，进一步导致社会层面上发展的不确定性增大，在个体层面上人的“自由个性”并没有得到全面发展。其二，当前，学生个体的素质与社会成员的素质发展得并不充分，势必成为新时代阻碍人全面发展步伐的一个重大障碍，也不利于培养时代新人。

以此，要进一步优化思政课的内容，使之与学生的自由而全面的发展更契合。新时代大中小学思政课内容优化着眼于推动各学段学生的自由而全面的发展。首先，优化大中小学思政课内容的对象是学生，需要满足各学段不同年龄层次的学生的发展需求。在进行大中小学思政课内容优化设计时，充分考虑学生个体发展的特点和需要，在最大限度上挖掘其潜能，把推动学生个体的成长成才的需要作为最终的发展目标，助推学生的全面发展。其次，新时代大中小学思政课内容优化可以满足不同学段学生的差异性发展需求。在课程内容、教材内容、教学内容与思政课实践内容的安排中，坚持整体性与差异性相结合、系统性与层次性相结合的基本原则，既保证了思政课理论内容与实践内容层次分明，又实现了各学段思政课内容的有机衔接、螺旋式上升。最后，新时代大中小学思政课内容优化，特别关注和推动学生实践能力的养成。在“大思政课”理念下，学生自由而全面的发展离不开社会的大课堂与思政课的小课堂的有机结合，尤其是思政课实践内容要紧密联系社会实践，在实践中培育大中小学学生的学科核心素养。

（二）马克思主义认识论

马克思主义认识论是关于认识的发生、本质、过程及其规律的科学理论。马克思主义认识论是以科学实践观为理论基础。在马克思之前，无论是黑格尔、康德还是费尔巴哈，他们都没有真正理解人类实践的本质。马克思通过对前人思想的扬弃，最终在《关于费尔巴哈的提纲》中提纲挈领地论述了关于人类实践的基本观点，揭示了科学实践观的基本内容。他指出：“从前的一切唯物主义（包括费尔巴哈的唯物主义）的主要缺点是：对对象、现实、感性，只是从客体的或者直观的形式去理解，而不是把它们当作感性的人的活动，当作实践去理解，不是从主体方面去理解。”① 他强调全部社会生活在本质上是实践的。马克思的科学实践观从主观和客观、主体和客体的统一中把握实践，并在这个历史的具体的统一中指出实践是人类能动地改造客观世界的社会物质活动。马克思将实践锚定为人的社会性物质活动完全超越了前人的理论认识，具有深刻的理论颠覆性。马克思的实践观阐明了人类实践活动的特点、结构、形式和实践标准等问题，深刻揭示出实践与认识的发展规律，形成了完整科学的理论体系。②

认识本质上是以实践为基础的主体对客体的能动的反映。人的认识不是一蹴而就的，而是不断在实践过程中的步步深化。随着人的实践的深入，认识也随之发生变化，从一开始对事物的感性认识逐渐跃进到对其基本情况的较为完整深刻的理性认识，再在理性认识的基础上继续实践。如此，从实践中产生和形成的感性认识深化为理性认识，理性认识又将实践步步推进至前所未有的高度和深度，如此循环往复、不断发展，形成了认识到实践到认识再到实践的全过程。因此，对事物的正确认识必然经历如此复杂坎坷的经历，否则便不能真正认识事物，更不能产生对事物的真理性认识，更遑论对事物进一步的能动的改造。列宁认为：“从生动的直观到抽象的思维，并从抽象的思维到实践，这就是认识真理、认识客观实在的辩证途径。”感性认识和理性认识是认识过程的两个不同阶段，也是人对客观世界的两种不同水平的反映形式。在实践和认识的辩证运动中，主观必须统一于客观，认识必须统一于实践。

从马克思主义认识论出发，考察一体化视域下大中小学思政课内容优化研究，会产生以下思考：首先，认识是一个反复循环和无限发展的过程。这个坎坷曲折的过程既是认识科学性和真理性的发展过程，也是实践规律性和合理性的推进过程，这个过程充满了认识和实践的矛盾辩证关系，它不是封闭式的循环和直线式的突进，而是呈现一幅曲折反复的螺旋上升的图景。不同历史阶段，思政课的内容伴随着中华人民共和国成立以来社会主义实践的发展而变

① 中共中央马克思恩格斯列宁斯大林著作编译局．马克思恩格斯选集（第1卷）［M］．北京：人民出版社，2012：122.

② 本书编写组．马克思主义基本原理（2023年版）［M］．北京：高等教育出版社，2023：29.

化，这一变化也是曲折乃至反复的。在认识到思政课的价值地位的时候，思政课受到国家重视，思政课的内容也会根据当时社会发展的需要而不断更新调整。然而，整体而言，我国的思政课内容调整是个波浪式前进和螺旋式上升的过程，是在国家、社会与学生的交互作用中发展的。其次，认识主体在正确接受客体本身的规律性的前提下，就能够有效降低主体认识的受动性的制约性，进而获得更加深刻、根本的高级认识。认识的目的就是要正确反映客体的属性、状态、关系、本质和规律，主体对客体信息的把握和建构就是力求在观念上再现客体，使主观意识能够全面客观地反映客体的存在，即正确地认识事物。因此，就要求作为思政课主体的学生必须首先达成对思政课内容的规律性认识，只要学生认识到思政课内容的规律性，学生的认识和接受水平都会逐步提升。最后，认识结构水平的积累扩大与自我更新、认识结构水平不断提高、认识结构水平相对独立性的不断增强。不同学段的学生对思政课的认识结构水平受到其主观思想水平、知识水平的影响，伴随着思政课实践活动的不断更新，这种主客体的相关创造的认识活动，使学生对思政课的认识结构水平在量上不断扩大，在质上自我更新，认识结构水平不断提高。此外，思政课在不同阶段的内容又是不断深化的，不同阶段衔接的过程也就是再实践的过程。当学生主动应用所学内容向实践转化，其个体的相对独立性会不断发展。

（三）马克思主义唯物辩证法

唯物辩证法的一系列规律和范畴，揭示了世界普遍联系和永恒发展的普遍规律，既是科学的世界观，同时也是我们认识世界和改造世界的基本方法论。①

物质世界处于永恒的运动中，而物质世界的运动中内在地包含着事物的变化和发展，其中变化泛指事物发生的一切改变，发展则是事物变化中前进的、上升的运动。② 现阶段，由于我国并没有成立大中小学思政课教科书统一编写协同中心，所以大中小学思政课内容基本上还是按照不同的学段分别设置的，虽然义务教育学段道德与法治课程标准实现了一体化的思政课内容设计，但是

① 本书编写组．马克思主义基本原理（2023 年版）［M］．北京：高等教育出版社，2023：29.

② 本书编写组．马克思主义基本原理（2023 年版）［M］．北京：高等教育出版社，2023：30.

思政课教材暂时还没有及时修订，这样的教科书编写方式虽然顺应了不同学段学生阶段性成长成才的需要，但是从根本上而言，各学段的思政课内容并不是统筹规划的、整体布局也欠得当，这种局部的教科书编写方式容易将思政课内容这一整体分解成几个相对独立的学段，因此整体性不足，各学段的思政课内容彼此割裂，缺少了相邻学段思政课内容的有机衔接，制约着思政课整体内容的螺旋式上升。因此，一体化视域下大中小学思政课内容优化研究，就需要将大中小学思政课内容看成一个相互联系、相互统一的整体，认识到大中小学思政课内容应当是具有动态性、连贯性的发展过程，避免孤立地去看待它，将整体性贯穿到大中小学思政课内容一体化的全过程。

对立统一的原理。对立统一规律是唯物辩证法的实质和核心。矛盾的普遍性和特殊性是辩证统一的关系。矛盾的共性是无条件的、绝对的，矛盾的个性是有条件的、相对的。任何现实存在的事物的矛盾都是共性和个性的有机统一，共性寓于个性之中。事物是由多种矛盾构成的。主要矛盾是矛盾体系中处于支配地位、对事物发展起决定性作用的矛盾。事物的性质是由主要矛盾的主要方面所决定的，要坚持“两点论”和“重点论”的统一。① 从对立统一的原理出发，考察一体化视域下大中小学思政课内容优化研究，有以下思考。首先，从矛盾的普遍性和特殊性原理思考，在矛盾的普遍性上，我们要充分认识大中小学思政课内容优化过程中存在的各种矛盾，要敢于正视各学段思政课内容衔接中的不足，主动地应对一体化下思政课内容建设可能存在的若干风险和困难。在矛盾的特殊性上，我们需要做到具体问题具体分析，坚持一切以时间、地点、条件为转移，要重点处理好一体化中思政课内容建设的层次性和连贯性，有效施策。其次，要抓好主要矛盾。在一体化视域下大中小学思政课内容优化要善用两点论和重点论二者相结合的方法，标本兼治。在一体化下思政课内容优化过程中，既要注重不同学段思政课内容衔接层次问题，也要合理布局思政课内容横向贯通的问题，同时，也要兼顾在一体化下思政课内容优化的次要矛盾，适时调整和规划合理，防止次要矛盾向不利方向转化导致思政课内

① 本书编写组．马克思主义基本原理（2023 年版）［M］．北京：高等教育出版社，2023：31.

容优化针对性不强、效果不显著。最后，要有效地运用矛盾分析方法来分析和解决一体化视域下大中小学思政课内容优化过程中遇到的各种矛盾，及时化解矛盾。从矛盾的普遍性和特殊性、具体问题具体分析、两点论与重点论等矛盾分析方法出发，将矛盾发展不平衡的理论与方法运用到一体化下思政课内容优化实践中去。

二、中国化的马克思主义理论

（一）党和国家领导人关于思想政治理论教育的相关论述

思想政治理论教育从一开始就和党的理论创新同频共振。中国共产党作为中国特色社会主义伟大事业的开创者，始终致力于将马克思主义普遍原理同中国特色社会主义伟大实践与中华优秀传统文化相结合，不断开辟马克思主义中国化的新境界。作为党的教育工作的重要一环，思想政治理论教育也必然同党的理论创新相协调，是党的理论创新在思想政治工作方面的重要体现之一，尤其是高校思想政治理论教育，担负着培养即将奔赴社会的建设者和接班人的重要使命，具有举足轻重的现实地位和重要意义。

中国共产党人从革命之初就始终将思想政治教育摆在重要位置。从新民主主义革命开始，毛泽东就指出思想政治教育工作的极端重要性。毛泽东指出，掌握思想斗争是一项中心任务，对于集合力量，团结思想，从而做好各种工作完成各种任务都是至关重要的。在实践中，毛泽东突出重视思想政治工作，并将其同动员群众、组织群众紧密地结合起来。1957 年，毛泽东曾就“培养什么人”的问题进行过重要论述，他旗帜鲜明地指出，“我们的教育方针，应该使受教育者在德育、智育、体育几方面都得到发展，成为有社会主义觉悟的有文化的劳动者”。① 1964 年，通过吸取苏联经验教训，分析国际国内形势，毛泽东结合当时历史时期的任务，适时提出了“培养无产阶级的革命接班人”的目标。这些方面构成毛泽东思想政治理论教育思想的重要方面。毛泽东对思想政治理论教育的主客两方面均有重要论述。就学生而言，毛泽东十分重视其

① 中共中央文献研究室．毛泽东文集［M］．北京：人民出版社，1999：226.

全面发展，号召主张学生应与生产劳动相结合，同时要重视启发式教学，使学生全面地、活泼地成长发展。就教师队伍建设而言，毛泽东认为，必须造就一支庞大的知识分子队伍，这些人要先受教育，学好马克思列宁主义理论，树立起科学的世界观。同时，教师应与学生教学相长，应同广大人民群众结合起来，向群众学习。就教育改革创新而言，毛泽东提出教改的关键就是教员，要破除资产阶级思想在学校教育中的统治地位。关于教材建设贴合实际情况，毛泽东的主张可以归结为“教材要服务于工人、服务于农民、服务于社会，将工业农业中的实际问题反映到教材之中，要编一些乡土教材，让学生学到的知识能运用到实际生活之中”。① 关于大中小学教育改革，毛泽东提出过一系列重要讲话、论述，为今天全面加强党对学校的政治领导作出了重要的理论遵循。

随着中国特色社会主义进入改革开放新时期，思想政治教育工作也随之步入新的历史篇章。邓小平作出解放思想、实事求是，团结一致向前看的重要论述，为思想政治教育工作指明了前进方向。在理论和实践中，如何理解好党对“什么是社会主义、怎样建设社会主义”这一时代之问的历史回答，成为摆在教育事业面前的一项重要课题。在事关党和国家事业的重要历史关头，邓小平延续了毛泽东同志关于“培养什么人”这个教育的首要回答。邓小平指出，面对当前社会主义现代化建设的新的历史阶段，要为建设社会主义培养后备人才，并作出了培养“有理想、有道德、有文化、有纪律”的四有新人的教育目标。这是改革开放新时期，党对思想政治教育工作提出的新的现实要求。

改革开放来到世纪之交，国际局势更趋复杂，政治多极化、经济全球化以其不可阻挡的历史潮流席卷全球，面对世纪局势所提出的时代之问，江泽民同志作出“两手抓，两手都要硬”的理论和实践回答。改革开放的事业不能止步，经济发展的同时必须始终抓好年轻一代的教育问题。唯有此，才能为社会主义市场经济培养出合格的建设人才，其中的关键就在于大力加强学校思想政治教育工作。江泽民指出，“思想政治素质是最重要的素质。不断增强爱国主

---

① 潘信林，陈思琪．毛泽东教材建设思想及其当代价值［J］．湘潭大学学报（哲学社会科学版），2019（6）：9-16.

义、集体主义、社会主义思想是素质教育的灵魂”①。他同时强调了思想政治工作作为党的教育工作的“中心环节”“重要优势”和“生命线”的极端重要性。

在改革开放新形势下，胡锦涛同志立足新的历史阶段，对大学生思想政治教育提出了一系列新思想、新见解，对教育事业的发展指明了方向，作出了新的探索。胡锦涛同志牢牢把握住思想理论工作这个牛鼻子，统筹处级以上领导干部的理论学习和高校大学生的思想政治教育两个矛盾，将其作为党的思想政治工作的重要抓手。他强调，这两个方面的学习抓好了，就会带动全党全社会学习的深入；特别是认识到，高校的学习关系到教书育人，关系到党的理论工作②。2004 年 3 月，胡锦涛在《关于高校公共理论课教学情况的调研报告》上作了重要批示，要求中宣部、教育部深入研讨高校思政课教学中存在的问题，与时俱进，从培养师资队伍、加强教材建设、改革教学方法、改进宏观指导等方面下功夫，力争在几年内使公共理论课教学情况明显改善。正是在胡锦涛同志的领导批示下，《中共中央宣传部　教育部关于进一步加强和改进高等学校思想政治理论课的意见》最终形成，成为高校思政课建设新方案的政治根据。

（二）习近平总书记关于思想政治理论课的重要论述

习近平总书记称思想政治理论课建设是自己“非常关心的一件事”，是自己“必须更多强调”③ 的工作，多次作出重要批示和指示，并于 2016 年出席全国高校思想政治工作会议发表重要讲话，习近平总书记在学校思想政治理论课教师座谈会上强调，“思政课是落实立德树人根本任务的关键课程，思政课的作用不可替代，思政课教师队伍责任重大”“在大中小学循序渐进、螺旋式上升地开设思政理论课非常必要，是培养一代又一代社会主义建设者和接班人的重要保障”。习近平总书记在中国人民大学考察时再次强调，思政课的本质是讲道理，要注重方式方法，把道理讲深、讲透、讲活，教师要用心教，学生

① 江泽民．关于教育问题的谈话［N］．人民日报，2000-03-01（1）．

② 教育部思想政治工作司．加强和改进大学生思想政治教育重要文献选编（1978—2014）［M］．北京：知识产权出版社，2015：244.

③ 习近平．思政课是落实立德树人根本任务的关键课程［M］．北京：人民出版社，2020：3-4.

要用心悟，达到沟通心灵、启智润心、激扬斗志。“青少年思想政治教育是一个接续的过程，要针对青少年成长的不同阶段，有针对性地开展思想政治教育。”习近平总书记的系列讲话，内涵丰富，既包含深邃的教育思想，又包含思想政治教育的方法，既讲“是什么”“怎么看”，又讲“怎么办”“怎么干”，为新时代大中小学思政课一体化建设提供了根本遵循和行动指南。在习近平总书记关于高校思想政治理论课建设的重要论述中，有一个极为重要的方面，即思想政治理论课教学要坚持问题导向、增强问题意识。他强调：“学生的疑惑就是思政课要讲清楚的重点”；要“坚持问题导向和目标导向相结合，坚持守正和创新相统一，推动思政课建设内涵式发展”①。我们要深刻理解习近平总书记关于思想政治理论课教学问题导向、问题意识的重要论述，体会其中的精神要义，将之贯穿于思想政治理论课教学的改革创新之中。

三、其他学科的相关理论借鉴

（一）道德教育：道德认知发展理论

道德认知发展理论以皮亚杰（J. Piaget）、科尔伯格（L. Kohlberg）为代表。

皮亚杰在道德认知发展理论上的贡献主要有两大方面：首先，提出了智力发展理论。他认为儿童智力的发展要经过感知运动阶段（0~2 岁）、前运算阶段（2~7 岁）、具体运算阶段（7~12 岁）和形式运算阶段（12~15 岁）。其次，提出了道德发展阶段理论。皮亚杰把儿童的道德发展划分为四个阶段：第一阶段是纯粹的“自我中心主义阶段”或前道德阶段（0~2 岁）；第二阶段是“权威阶段”或他律阶段（2~8 岁）；第三阶段是“可逆性阶段”或自律道德阶段（8~12 岁）；第四阶段是“公正阶段”（12 岁以后）。②

科尔伯格用两难故事法研究儿童在 30 个道德观念（维度）上的道德发展提出了著名的三种水平六个阶段的道德发展阶段理论。表 1-1 是科尔伯格的道德发展阶段划分。

---

① 习近平．思政课是落实立德树人根本任务的关键课程［M］．北京：人民出版社，2020：5-27.

② 王道俊等．教育学（第七版）［M］．北京：人民教育出版社，2016：35.

表 1-1 科尔伯格的道德发展阶段理论

水平	发展阶段	心理特征
前习俗道德（9 岁以下）	惩罚与服从道德定向阶段	评定行为的好坏主要看自己是否受罚
	相对功利道德定向阶段	评定行为的好坏主要看是否符合自己的利益
习俗道德期（9~16 岁）	寻求认可定向阶段	评定行为的好坏主要看是否符合大家的认可和赞赏，是否是大家心目中的好孩子
	维护权威或秩序的道德定向阶段	评定行为的好坏主要看是否遵守法律和社会规范
后习俗道德期（16 岁以下）	社会契约定向阶段	看重法律的效力，认为法律可以帮助人维持公正。但同时认为契约和法律的规定并不是绝对的，可以应大多数人的要求而改变
	普遍原则的道德定向阶段	认为人类普遍的道义高于一切，道德判断是以个人的道义观念为基础的，基于自身良心判定问题好坏

从道德认知发展理论出发，考察一体化视域下大中小学思政课内容优化研究，有以下思考。首先，将学生作为一体化视域下大中小学思政课内容优化的真正主体，肯定学生的主体性，最大程度上调动学生的主动性、创造性。其次，基于不同年龄发展阶段学生道德认知发展呈现不同水平和心理状态这一事实，思政课内容应在学生年龄的不同发展阶段，充分考虑如何呈现出适合该年龄阶段学生成长成才的需要。最后，《新时代学校思想政治理论课改革创新实施方案》中有 12 处提及“道德”，因此如何在大中小学思政课内容中呈现不同的道德教育的内容，怎么样在一体化视域下优化道德教育内容结构体系，都是重点的问题。

（二）教育心理学：学生的身心发展规律理论

《关于深化新时代思政课改革创新的若干意见》指出“要遵循学生认知规律和身心发展规律设计课程内容”，因此在思政课内容优化的过程中，要遵循学生的身心发展规律，表现出了如下带有普遍性的规律，主要包括以下几个方面：①整体性与阶段性。思政课内容优化要善于把握好学生身心发展中各学段之间的联系和过渡，密切其关联、划分其区别，在把握其整体过程中，既不能把上一个学段思政课内容优化的任务推到下一个学段去做，也不能把下一个学段制定的思政课内容优化目标盲目提前。②顺序性和差异性。告诉我们学生个体的身心发展具有顺序性，按照一定的顺序，由简单到复杂、由较低水平到较高水平，持续不断地发展着。但是，学生在身心发展中也存在着个体差异，心理发展速度不完全一致。这就要求我们要善于把握好学生的最近发展区，即“教学必须走在发展前面”，在思政课内容优化的过程中，要始终围绕学生的“最近发展区”展开，适当地为部分学生提供一定难度的思政课内容，引导学生提升甚至超越最近发展区域。同时，也要认识到学生存在个体差异，要主动在思政课教学内容设计中，设置不同程度的思政课教学素材，满足学生个体发展的需要。③发展的不平衡性。与差异性相区别，不平衡性更加突出同一个学生个体在时间上的不平衡，是学生个体在纵向层面的差异。比如，同一个学生对事物感知成熟较早，思维成熟次之，情感成熟则相对较晚。因此，在一体化视域下大中小学思政课内容优化过程中，要善于找切入口，使之能够发挥整体育人作用。此外，心理健康教育始终是一体化视域下大中小学思政课内容优化的重点，需要合理设计一体化视域下优化心理健康教育内容结构体系。

（三）管理学：系统论

系统论，是研究系统的结构、特点、行为、动态、原则、规律以及系统间的联系，并对其功能进行数学描述的新兴学科。

第一，系统具有整体性。系统是由若干要素构成具有某些功能的有机整体。若干要素通过一定的次序有机地结合在一起，实现系统功能大于各要素功能之和的效果即要素以有序、优化的形式组成系统时，可以发挥最佳作用。为了实现教育的根本任务，对一体化视域下大中小学思政课内容优化研究是十分重要的。大中小学各门思政课内容的分别优化是要素，而一体化视域下大中小学思政课内容整体优化就是一个系统。我们在进行一体化视域下大中小学思政课内容优化设计时，要立足于系统，同时密切联系不同学段思政课的内容优化，最终实现系统功能大于各要素之和。

第二，系统具有层次性。各要素是系统的组成部分，系统中的某些要素具有层次性，各要素之间既有差异又有联系。例如，思政课是一个系统，具有差异性。一体化视域下大中小学思政课内容优化研究，就是在一体化视域下把大中小学思政课内容系统设计，系统内部具有差异性，由此，需要差异性有针对性地系统安排大中小学思政课内容，优化就在于突出系统性特征的同时，把握其学段内容的差异性，特别是分析其在地位与作用、结构与功能上的表现，把握其内在的规律性。

第三，系统具有开放性和优化演化律。时代是不断发展变化的，思政课的内容是一个具有开放性的系统，往往根据时代发展的需要及其不同年龄段学生身心发展的需要，进行不断地进行调整。系统的优化演化律即系统不断演化，系统优化最重要的是整体优化，系统优化是系统演化的目的。思政课演进属于系统演化的范畴，一体化视域下大中小学思政课内容优化属于系统优化的范畴，从某种意义上来说，课程演化的最终目的在于实现课程优化。系统演化是系统优化的前提和基础，系统优化是系统演化的目的和归宿。一体化视域下大中小学思政课内容优化是大中小学思政课演进的最终归宿，落脚点就是助力学生的成长和进步。

（四）教育学：课程与教学理论

第一，课程内容的选择。课程内容的基本取向就应该是“课程内容即学习者的经验”“课程内容即当代社会生活的经验”“课程内容即学科知识”。在“课程内容即学习者的经验”的取向下，启示我们在选择思政课内容的时候，要特别重视每个学生的主体地位，尊重学生的个体差异。只有真正尊重了每一位学生的个体差异，这样才能激发每一位学生独特的潜能和价值获得充分表现，由此形成的思政课就是个性丰富的、人性化的课程。同时，学生不只是接受社会生活经验，他们也是一个个具有能动性的个体，在与不同群体、不同年龄阶段的人的交往过程中自己创造着新的社会生活经验，以此，学生也是思政课内容的开发者。当学生的学习经验被确定为学习内容后，学生就可以根据自己的实际需求和目标，与教师和其他同学一起参与开发自己的课程。此时的思政课的内容就是学生的学习经验，取决于学生的心理建构。可以说，学习者的经验与当代社会生活的经验、学科知识是一脉相承的有机统一，只有当代社会生活的经验、学科知识转化为学习者的经验，这样的课程内容对学生的发展才是有意义的。

第二，学科的基本结构。学科的基本结构是指各要素之间按照一定的组织形式和层次关系，形成的学科内部结构。这种结构是学科按照社会发展逻辑、学科知识逻辑以及心理发展逻辑的规律所形成的较为稳定的相互关系。目前来看，学科的基本结构呈现均衡性、综合性和选择性的共性。但是，不同教育阶段还存在差别，义务教育阶段强调均衡性与综合性，而高中及大学阶段追求选择性与综合性。在进行思政课的课程基本结构梳理时，可以按照以下的三种标准进行：①思政课内容的主次性。按照内容的主次性，进行结构分析，分为思政课的主要内容，如重要概念、核心理论、重大主题（中华优秀传统文化、道德教育等），以及思政课的次要内容，如相关的主题学习、实践学习等。②课时的比例。按照思政课建设方案、中小学的课程标准、思政课教材、教师用书，对不同思政课内容的不同课时安排进行结构划分。③重难点安排，按照与思政课程目标相对应的重点、难点内容进行结构分析。需要注意的是，在进行结构划分和分析时，不同学段要采用一致的标准，这样才能使划分的结构具备横向比较性。

第三，课程内容的结构化。课程内容的结构化，并非指弱化学科知识，也非内容越少越好，或简单地删减课程内容，而是以构建学科大主题、大概念、大任务等为课程内容结构单位和教学单元组织形态，有序编排内容，优化呈现方式，增强课程育人的价值，按学生的学习、发展逻辑使各部分内容彼此建立有机联系，将碎片化知识构成一个相互关联的整体，形成横向关联互动、纵向进阶衔接的课程内容结构体系。从课程内容的结构化出发，考察一体化视域下大中小学思政课内容优化研究，有以下几点思考：首先，一体化视域下大中小学思政课内容优化要特别重视发挥课程内容优化在思政课内容优化中的极端重要性，课程内容是教材内容、教学内容的基础，通过以新型课程观（以学习为中心，不仅包括教什么、学什么的内容问题，还包括怎么教、怎么学的过程方式问题，以及为什么教、为什么学的目的价值问题，甚至还有教得怎么样、学得怎么样的结果水平问题）驱动课程内容结构化改革，也是现阶段基础教育课程改革的前沿，更加推进高校思政课改革的必然选择。其次，课程内容的结构化就是改变知识学习的“碎片化”现状，形成一条有内在联系、螺旋式上升的学习链条。一体化视域下大中小学思政课内容优化就是要打破各学段思政课内容彼此割裂、内容简单重复的现状，通过一体化的思政课内容设计，有序编排内容，优化课程内容的呈现方式，呈现出立体、交叉、融合的课程内容体系，增强思政课育人的价值。最后，通过大单元、大主题等的课程内容结构单位和教学单元组织形态建构思政课的课程内容。比如，义务教育道德与法治课程标准中关于课程内容的描述。以道德与法治教育为框架，有机融入国家安全教育、生命安全与健康教育、劳动教育，以及信息素养教育、金融素养教育等相关主题，强化中华民族传统美德、革命传统和法治教育。根据不同阶段学生的身心发展特点，以学生实际生活为基础，分学段按主题对内容进行科学设计，建构学段衔接、循序渐进、螺旋上升的课程体系。[①] 由此，可以看出来，义务教育阶段的思政课的课程内容设计，是通过以大主题作为课程结构单位来进一步驱动课程体系建设，每个学习主题包括“学习活动—学习情境—学习资源—学习任务”等关键要素，按学段呈现课程内容，实现义务教育思政课课程内容结构化。

（五）思想政治教育学：思想政治教育的相关理论

第一，思想政治教育结构论。“所谓结构，是指客观事物构成要素间的稳定联系及其作用方式，它是系统的基本存在方式，是一事物区别他事物的内在规定性。[②]”思想政治教育结构论主要是指思想政治教育的目标及其内容呈现出了一定的结构性。一方面，思想政治教育目标涵盖了从向外构建个体的社会关系以及向内构建个体的思想品德结构两个基本要求。[③] 从向内构建个体的思想品德结构出发，人的思想品德结构是多维立体结构，由心理、思想和行为等子系统要素构成。因此，思想政治教育目标包括思想目标、政治目标、道德目标和心理目标，但是不同的思想政治教育目标对于不同学段的学生又有不同的发展阶段要求，呈现出一定的层次性规律。从向外构建个体的社会关系出发，思想政治教育目标与社会发展规律相契合，与经济结构、文化结构等相适应，

① 中华人民共和国教育部．义务教育道德与法治课程标准（2022 年版）［M］．北京：北京师范大学出版社，2022：90.

② 熊建生．思想政治教育内容结构论［M］．北京：中国社会科学出版社，2012：40.

③ 赵达远，臧宏．思想政治教育目标体系研究［J］．思想教育研究，2016（11）：8-12.

因此，思想政治教育目标包括政治目标、经济目标、文化目标和社会目标等，但是各目标对于不同群体的教育对象要求也不一致。另一方面，一般意义上思想政治教育包括思想教育、政治教育、道德教育、心理教育和法纪教育。不同的思想政治教育内容在不同学段的学生上所起的作用不一样。因此，不同学段的思想政治教育在教育内容的选择上会随着学生的思想品德结构变化及其身心发展特征而呈现不同的侧重点。从这一视角来看，推进一体化视域下大中小学思政课内容优化符合不同学段学生成长和发展的基本规律，着眼于学生成长全过程，在各学段的协同教育下促进学生可持续的发展。

第二，思想政治教育衔接论。思想政治教育衔接一直是思想政治教育学界理论研究和实践关注的热点问题。思想政治教育衔接的概念可以从宏观和微观两个层次理解。从宏观来看，思想政治教育衔接是一个动态的、不断发展的历史过程，大中小学各学段的思想政治教育衔接是一个统一的整体，而且是具有一定特殊规律的实践过程。其理论与实践的过程同党和国家在各个历史阶段的方针、政策保持高度紧密的一致性，同时也深受整个人类社会政治、经济、文化和生态体制的影响和制约。从微观来看，思想政治教育衔接涵盖了大中小学思想政治教育在内容、方法、目标、原则、路径等维度上的衔接，各学段既有横向的沟通联系，又有纵向的螺旋式递进，相互联系、不断发展。由此，推进一体化视域下大中小学思政课内容优化要把握思想政治教育衔接的对立统一规律，从思想政治教育衔接的内在矛盾出发，认识、理解其内容构成要素的差异，明确其内容辩证发展的过程，注重不同学段新旧知识的联系与过渡，促进学生对下一学段思政课内容的有效建构，以便最大程度上实现大中小学思政课内容的高效性，发挥思想政治教育内容系统的合力。

第三节　新时代大中小学思政课内容优化的现实依据

思政课内容作为教育者与教育对象沟通的纽带和桥梁，是整个思想政治教育的基础。不同学段的思政课课程内容虽然有阶段性的差别，但都属于同一教育体系的不同阶段，是一脉相承、不可分割的统一体。然而，受一些因素的影响，基础教育阶段的教师大部分比较关注学业成绩和升学率，而高等教育阶段的主管部门与基础教育的联系不够、教师也没有很好了解学生前一学段课程内容的掌握状况，这影响了整个思政课内容体系的一体化发展。因此，高度关注思想政治内容在基础教育阶段与大学阶段一体化过程中的作用，对做好大中小学思想政治教育一体化问题十分必要。

一、推进思政课创新发展的内在要求

（一）适应思政课改革与发展的需要

思政课历次改革创新都是通过落实到内容层面实现的，思政课内容应与时俱进，紧扣时代脉搏，及时反映国家与社会发展规律和学生的现实状况，不断增强思政课教育内容的时代性。党的十八大以来，在党和国家领导人的高度重视下，我国思政课内容的建设取得了跨越性的发展。随着社会主要矛盾的转变，我国进入新时代，这对大中小学思政课内容体系建构也提出了更为细致的要求。推动新时代大中小学思政课内容优化顺应了新时代发展的需要，进一步推动了我国思政课课程改革与发展。

（二）落实立德树人根本任务的需要

教育现代化关键在于人的现代化、人的全面发展。人才培养在于德育为先。因为德是首要、是方向，一个人只有明大德、守公德、严私德，其才方能用得其所。立德树人不仅是一种教育理论，更是教育的根本任务和最终落脚点。学校思政品德课程内容的衔接既是思政课程教育系统化的迫切要求，同样也是遵循品德发展规律的基本需要，是提高青少年思想政治素质的首要因素。真正实现“立德树人”目标。新形势下要实现立德树人的根本任务，关键就在于推进大中小学思政课内容一体化建设。唯有把思政课内容的系统贯通视为当前每个学段“立德树人”的核心，才能确保“立德树人”根本任务的逐步实现。基于学生身心发展的阶段性要求，对四阶段不同年龄阶段学生的思政课内容进行序列化设计、区分层次、突出重点，从小学到大学逐步涵养、提升学生的核心素质，使大中小学的思政课内容密切承担、相互融入，系统化、有序化、规范化地推进落实立德树人根本任务，教育和引导学生立德成人、立志成才。

二、实现思政课内容系统性的必然要求

新时代思想政治教育内容是一个要素全面、体系完整的结构体系，是多类型、多角度、多层面的统一体，它们相互关联、协同发力，发挥整体效应，共育时代新人。

（一）实现思政课内容系统化的需要

思政课内容是一个多层次、多内涵的体系，也是一个系统工程。各学段的思想政治教育是相互贯通、彼此刺探、互动有序的。在每一阶段开展思政课教学，是保证我国社会主义发展后继有人的必要手段。由于不同学段学生心理发展阶段规律的不同，使思政课教育在大中小学表现出了不同的特点和要求，这就要求我们必须遵循不同阶段的教育规律和学生的身心发展规律进行思想政治教育。因此，保证思政课内容的完整性与协调性，是做好各学段思政课内容系统化工作的现实需要。

在我国，大中小学思政课内容既有系统性发展的要求又有不同的阶段性特征。一方面，大中小学思政课内容伴随学生成长的每个阶段，每个阶段都有不同于其他学段的相对特殊性，是一个漫长而复杂的过程。另一方面，大中小学思政课内容是一个系统施教的过程，整个思政课内容的系统性要求学生所接受的内容是协同发展的。目前，基础教育阶段教师把教学重点放在升学率和学生的考试成绩上，对于所在年级前后阶段的思政课内容关注度不够，使思想政治教育流于形式。学生进入大学本科段之后，由于受上一阶段传统应试思维功利化的影响，学生习惯性地忙于各种专业课和等级考试，加之大学本科段软开放的学习环境，学生的思想易受社会中多元文化的冲击和碰撞，导致学生对一些基本概念、基本原理等内容的重复出现产生消极态度，极大地影响学生的学习热情和积极性。究其原因，大中小学思政课内容统筹不到位是其中一个重要因素。大中小学思政课内容的侧重点有所不同，但都属于整个思想政治教育内容

系统中的一部分，加强思想政治教育内容的系统化建设就必须保证不同学段思政课内容的承前启后与层层递进。

（二）建立完整思政课程体系的需要

完整思政课程体系的构建是当前德育深化发展、教育政策制定与开展关注的重点内容，其中大中小学思政课课程作为思想政治体系的重要组成部分，必须高度重视并努力实现二者的有效协同。而思想政治教育内容既是思想政治教育过程的构成元素，又是思想政治教育过程的主体性元素，思政课的开设和讲授都是围绕着思政课内容所展开的，是在大中小学阶段建构循序渐进、螺旋上升的思政课内容体系，是整体构建思政课程体系的关键部分，是增强思想政治教育实效性的重要途径。

思政课作为一门“补钙”的课程，是学校对学生进行思想政治教育的主渠道。在我国，从基础教育到高等教育都相应地开设了思想政治教育类课程，从形式结构上看是一个完整的教育体系。但由于受教育者的身心发展在大中小学有各自的特点，这就需要协调好不同阶段的关系，避免将大中小学思政课内容分裂开。给学生传授科学、正确的教育内容，使思政课内容更加具体、具有针对性，才能使思政课更加具有吸引力，这是思想政治教育的核心所在。因此根据教育规律和受教育者的身心发展特点，将不同学段的思政课内容进行规划，避免出现内容无效重复，使学生对于思政课内容的学习形成一个联通的整体，才有利于建构完整的思政课体系。

三、提高思政课有效性的必然要求

思想政治教育的有效性是要素有效性、过程有效性和结果有效性的有机融合，大中小学思政课内容作为思想政治教育的核心要素之一，必须成为思想政治教育有效性提升的有力抓手，在对大中小学思政课内容进行细致的分析后，我们发现学校思政课内容一体化不到位是导致整个思想政治教育有效性较差的一个重要因素。因为在现实思想政治教育过程中，各种原因造成学生对思想政治教育的轻视，思想政治教育很难同时做到入脑入心，使其有效性建设不尽如人意，正如《关于深化新时代学校思想政治理论课改革创新的若干意见》指出，思政课课堂教学效果还需提升，教材内容不够鲜活，大中小学思政课一体化建设需要深化。思政课一体化建设，关注不同学段思政课课程内容的衔接性，解决所教内容与阶段性培养目标之间和应知内容错位的问题。因此，对思政课内容进行统筹规划、合理布局，有助于提升思想政治教育有效性。

第二章　中华人民共和国成立以来大中小学思政课内容变迁的历史考察

通过对大中小学思政课内容的历史考察，进一步正确认识思政课内容建设所取得的成就，并在此基础上总结出大中小学思政课内容一体化建设的基本经验和发展趋势。

第一节　起步阶段：中华人民共和国成立到改革开放前大中小学思政课内容

一、中华人民共和国成立到改革开放前中小学思政课内容

中华人民共和国成立之初，在 1949 年 12 月 30 日教育部召开的第一次全国教育工作会议上，就已对开展学校思想政治教育提出了明确要求："在青年学生中进行政治与思想教育，其主要目的乃是逐步地建立革命的人生观。""这种教育首先要反对买办的、封建的、法西斯主义思想，建立为人民服务的思想。但是为了建立和巩固为人民服务的思想，应当提倡和鼓励马克思列宁主

义世界观和毛泽东思想的学习。"①

小学层面，中华人民共和国成立后，虽然多次进行了教学计划的调整，但始终尚未形成统一的、独立的学科形态即政治课程，小学的品德教育课程主要依托各科教学及课外活动教学。各科教学首先要服务于政治需要，而尤其是语文课最为突出政治性，从课文的"字—词—句—段—全文"都体现出了政治教育的要求。同时，爱国主义教育、爱党教育、革命理想教育、爱领袖的教育、革命精神和革命传统教育、阶级教育、共产主义教育、劳动教育、集体主义教育等政治教育的内容，都在中华人民共和国成立初期的小学课程中得到了充分呈现，教材的编写也基本上是围绕这些内容展开。

1950 年 10 月人民教育出版社出版了一套供小学高年级使用的《新编高级小学政治课本》，但是这套教材只用了一年。② 此教材遵循 1950 年 7 月颁布的《小学课程暂行标准初稿》的基本精神，教材内容具有鲜明的时代特点，与当时的社会生活紧密结合，关注儿童道德品质的养成教育，在主题上突出爱祖国、爱人民、爱劳动、爱科学、爱护公共财物的"五爱"教育。全套教材分为两册，每册包括十八课内容。第一册分为爱学习、爱集体和服务社会三个部分；第二册分为爱学习、良好品德、爱党和爱社会主义四个部分。此外，在中华人民共和国成立初期，"周会""班主任工作""少先队活动"是小学阶段品德教育的重要载体。大多数学校通过这些形式进行道德品质教育、时事政治教育，开展系列主题教育活动，其重点是对学生进行"五爱"教育。1955 年 2 月，教育部公布《小学生守则》（20 条），把日常行为规范教育和良好品德教育作为小学德育的主要内容，旨在使学生成为学校里面的好学生，家庭里面的好孩子。

1957 年以后，一些省市相继开设了"小学政治课"，但没有全国统一的教学大纲和教材，各地大都以自编活页材料等形式进行专题性教育。比如，1959 年河南人民教育出版社的高级小学政治教材《少年品德故事教育选》，从教材体裁上来讲，并没有过于强烈的政治性，用儿童能够理解和接受的故事进行品德教育，从而逐步地培养学生的共产主义道德品质。1963 年 5 月，中华人民

① 方晓东．中华人民共和国教育史纲［M］．海口：海南出版社，2002：99.

② 翟楠，薛晓阳．小学思想品德课程 60 年［M］．镇江：江苏大学出版社，2011：37.

共和国教育部在纠正小学德育成人化倾向的基础上，通知试行重新修订的小学生守则（草案）（条）、进一步加强了“五爱”教育和对小学生基本行为习惯的培养，并作为周会或政治课的主要内容。

在中学层面上，政治课承担了重要的政治教育任务，始终是以一门独立的学科课程出现的，由此我们需要深入地分析一下这一历史时期中学政治课的内容。为了进一步厘清这一历史时期中学政治课的内容，大体上再细致划分为两个阶段：第一个时段（1949~1960 年）；第二个时段（1961~1965 年）。

第一时段（1949~1960 年）。中央人民政府教育部于 1951 年 6 月 23 日发出《关于改定中学政治课名称和教学时数及教材的通知》（以下简称《通知》），首次统一规范了中学政治课的名称、课时和教材。《通知》将原有课程进行局部调整：其中，初中三年级开设《中国革命常识》，高中二年级及高中三年级第一学期开设《社会科学基本知识》，高中三年级第二学期开设《共同纲领》课程。中学这三门课的教学时数均为每周 2 小时。同年 11 月 29 日，又颁发《关于中学“政治课”略有变更的通知》，规定“初中三年级开设《中国革命常识课本》，每周 2 小时；高中一年级开设《社会科学基本知识》，每周 2 小时；高中二年级继续开设《社会科学基本知识》，每周 2 小时；高中三年级开设《共同纲领》，每周 1 小时”“从初中一年级到高中三年级各学年增设时事政策一课，每周 1 小时”。1953 年 8 月至 1954 年 7 月试行《中学教学计划（修订草案）的调整办法》，在初二、初三年级开设《中国革命常识》，每周 2 课时，高三年级开设《共同纲领》，每周 2 课时，高一、高二课程不变。《1956-1957 学年度中学授课时数表的通知》规定：初中三年级开设《政治常识》，每周 2 课时；高中二年级开设《社会科学常识》，每周 1 课时；高中三年级开设《中华人民共和国宪法》，每周 1 课时，这一时段的中学政治课的教材内容体系也基本上形成，但仍然是代用教材，政治课的课时由每周 2 小时减少为每周 1 小时。1956 年 8 月，教育部发出“暂时停止中学政治课”的文件，至此，中华人民共和国成立以来中学政治课遭到了削弱与动摇。1957 年 3 月，在毛泽东主席的批示下，中学政治课逐步恢复，同年 8 月，教育部正式恢复中学政治课，明确规定，中学的品德教育类的课程统一为“政治课”，政治课比较系统地向学生“讲授关于共产主义品德的基本道理”“讲授我国的国家制度、社会制度、党和国家当前的任务和国内外的基本政策”“初步讲授社会科学的基本知识”，培养学生无产阶级的道德观念，培养学生为人民、为社会主义服务的思想，培养学生正确的世界观和人生观。此外，对政治课的教学内容做了规定：初中一、二年级讲青年修养；初中三年级讲政治常识；高中一、二年级讲社会科学常识；高中三年级讲社会主义建设。①

第二时段（1961~1965 年）。1961 年 8 月 22 日，教育部发出《关于 1961-1962 学年度中等学校政治课课程设置和教学用书的通知》。明确规定，《中国革命和中国共产党》供初三、高一、高二试用；《道德品质教育》供初一、初二试用；《社会发展简史》供初二、初三试用；《辩证唯物主义常识》供高二、高三试用。1963 年 7 月，教育部发出《关于实行全日制中小学新教学计划（草案）的通知》，规定“中学的政治课，按年级分别设置道德品质教育、社会发展简史、中国革命和建设、政治常识、经济常识、辩证唯物主义常识、时事政策教育”。同时，教育部统一编写了中华人民共和国成立后的第一套政治教材，并在全国统一使用。其中，《做革命的接班人》《社会发展史》《我国社会主义革命和建设》《辩证唯物主义常识》四本被批准作为试用教材于 1964 年正式出版，统称“中学政治课本”。由于这是真正意义上中华人民共和国的第一套中学政治教材，对于新时代大中小学思政课内容优化研究有着极其重要的价值，下面就对这四本教材的内容及其呈现出的特征做出分析。

《做革命的接班人》一书，首先，以摘录一些毛泽东语录和重要文件、社论，然后选几篇具体的为主，通过故事和事例来揭示这部分的中心思想，如图 2-1 所示。所选材料的文字多，而毛泽东语录起统领材料的作用。教材内容大体上由三个部分组成：第一部分包括第一、第二课，第一课讲劳动人民在旧社会受压迫、受剥削的情况，以地主庄园、童工的地狱——八间房等为材料，说明旧中国人民为什么要革命；第二课讲革命前辈为建立中华人民共和国进行英勇斗争的事迹，以毛泽东同志在革命前途遭遇严重挫折的时候毅然选择在井冈

① 中央教育科学研究所．中华人民共和国教育大事记（1949—1982）［M］．北京：教育科学出版社，1984：192.

山建立第一个农村革命根据地，点燃了中国革命的星星之火为材料，使学生了解中华人民共和国成立之不易。学习这两课要启发学生爱国、爱党，继承和发扬中国人民革命的光荣传统。第二部分包括第三、第四、第五课，讲我国建设社会主义的三大革命实践，以一场严峻的考验、虎头山上插红旗、毛主席关怀警卫战士学文化等为材料，目的是启发学生认识这三大革命实践在我国社会主义建设中的重要意义。第三部分即第六课，讲立志做革命的接班人，以雷锋的生平、事迹、日记为材料，目的是启发学生继承革命传统，树立远大的革命理想。本书的主要特点，就是按照专题、以语录加材料的形式构成课文，所设定的专题，具有很强的探索性和不确定性，课文的结构形式更具有非正式性。

四、热爱生产劳动，艰苦奋斗，用自己的双手建设富强的社会主义祖国

毛主席语录

只有热爱劳动，才能永远革命，永不变质（中国共产主义青年团中央委员会向第九次全国代表大会的工作报告摘录）

下乡种地，是否“丢人”“没出息”？（人民日报社论摘录）

材料：

1. 吃大苦，耐大劳，做永不生锈的螺丝钉

2. 虎头山上插红旗

图 2-1　《做革命的接班人》目录节选

《社会发展史》按照人类社会形态的发展过程（“人类社会的产生—原始社会—奴隶社会—封建社会—资本主义社会—社会主义社会—共产主义社会”）撰写而成。《社会发展史》教材内容基本上由四个部分组成，如图 2-2 所示。首先，第一部分即第一课“为什么学习社会发展史”。这一课具有序言性质，主要阐释了“社会发展史这门课究竟讲什么”以及“我们为什么要学习社会发展史这门课”这两个核心问题。其次，第二部分包括第二课“人类社会的产生”、第三课“原始社会”、第四课“奴隶社会”、第五课“封建社会（上）”、第六课“封建社会（下）”，即前资本主义社会部分。这一部分，分析人类社会的产生和从原始社会发展到奴隶社会、封建社会的过程。由于我

国长期处于封建社会阶段，在内容设置中相应地增加了封建社会的比重，把其划分为上、下两课。再次，第三部分包括第七课“资本主义社会（上）”、第八课“资本主义社会（中）”、第九课“资本主义社会（下）”，即资本主义社会部分。这一部分主要分析资本主义社会产生、发展和逐渐趋于衰落的历史过程。如何正确认识资本主义社会的历程、特点以及发展趋势，是社会发展史课程的重中之重，因此，教材设置的内容特别多，分为上、中、下三课分别来揭示其内容。最后，第四部分包括第十课“社会主义社会（上）”、第十一课“社会主义社会（下）”、第十二课“为共产主义在全世界胜利而奋斗”，即社会主义社会和共产主义社会部分。这一部分，着重分析了社会主义社会如何产生、如何发展和必然走向胜利的历史趋势，并强调了新时期的爱国青年一定要顺应历史潮流为社会主义和共产主义事业而奋斗。所以，如何正确认识社会主义社会和共产主义社会的历程、特点以及发展趋势，是社会发展史课程的目标和重点，也分为上、下两课。第十二课“为共产主义在全世界胜利而奋斗”的内容，也属于这一部分。本书初步地，比较全面地体现了中学课本的要求，基本上具有课本的各种要素可视为一本比较成熟的课本。

第一课　为什么学习社会发展史
第二课　人类社会的产生
第三课　原始社会
第四课　奴隶社会
第五课　封建社会（上）
第六课　封建社会（下）
第七课　资本主义社会（上）
第八课　资本主义社会（中）
第九课　资本主义社会（下）
第十课　社会主义社会（上）
第十一课　社会主义社会（下）
第十二课　为共产主义在全世界胜利而奋斗

图 2-2　《社会发展史》目录

《我国社会主义革命和建设》按照社会主义政治、经济和文化的基本线索，由四个部分，共八课组成，如图2-3所示。第一部分即第一课，讲中国共产党是中国革命和建设的领导者。第二部分包括第二课“社会主义时期的阶级斗争和无产阶级专政（上）”、第三课“社会主义时期的阶级斗争和无产阶级专政（下）”、第四课“正确处理人民内部矛盾”、第五课“依靠工人阶级，依靠贫农、下中农”，涵盖了社会主义政治建设的基本问题。第三部分包括第六课“农业为基础、工业为主导”、第七课“自力更生、勤俭建国”，涵盖了社会主义经济建设的基本问题。第四部分即第八课“工农群众知识化，知识分子劳动化”，涵盖了社会主义文化建设的基本问题。《我国社会主义革命和建设》编写意图，在于对学生进行社会主义革命和建设时期的阶级与革命教育，通过典型史料的叙述，使学生初步了解中国共产党在社会主义革命和建设时期政治、经济和文化等方面的基本路线、方针政策，使学生立志做共产主义接班人，把社会主义革命进行到底，为彻底实现共产主义而奋斗。此外，教材在结构划分方面，采用了课题和框题结合的编排方式，基本上每一课下都设置2~4个框题。

第一课　中国共产党是中国革命和建设的领导者

一、我国革命和建设的伟大胜利

二、中国共产党是伟大的、光荣的、正确的

第二课　社会主义时期的阶级斗争和无产阶级专政（上）

一、社会主义时期是从资本主义到共产主义的过渡时期

二、社会主义时期的阶级斗争是长期的，反复的，曲折的，复杂的，有时还是很激烈的

三、社会主义国家长期存在着资本主义复辟的危险

第三课　社会主义时期的阶级斗争和无产阶级专政（下）

一、社会主义国家只能是无产阶级专政

二、把社会主义革命进行到底

三、团结全世界人民和被压迫民族

图2-3　《我国社会主义革命和建设》目录节选

《辩证唯物主义常识》以学习唯物主义和辩证法、反对唯心主义和形而上学为重要线索，课本由十一课组成，如图 2-4 所示。各课和前三本一致，都采用课题与小标题结合的形式来组织课文，小标题相当于框题。比如，第二课和第三课：主观和客观。《辩证唯物主义常识》的内容就是唯物主义和辩证法，因此，教材的内容结构体系比较完整，反映了马克思主义哲学基本的体系架构。《辩证唯物主义常识》突出强调了以下几个核心观点：第一，物质与意识的基本原理及其尊重客观规律的原理；第二，矛盾的基本原理及其发展的基本原理；第三，坚持唯物主义和辩证法要反对唯心主义和形而上学。

第一课　青年学生要学点哲学

第二课　主观和客观（上）

第三课　主观和客观（下）

第四课　理论和实践（上）

第五课　理论和实践（下）

第六课　用发展的观点看问题

第七课　没有矛盾就没有世界

第八课　对一切事物要采取分析的态度

第九课　集中力量解决主要矛盾

第十课　矛盾的转化

第十一课　尊重唯物主义，尊重辩证法

图 2-4　《辩证唯物主义常识》目录

《做革命的接班人》《社会发展史》《我国社会主义革命和建设》《辩证唯物主义常识》这几本具有如下的特征：①探索政治课本的模式；②强调理论与实践相结合；③文字材料力求简明。[①]

① 课程教材研究所．新中国中小学教材建设史（1949-2000）研究丛书·政治卷［M］．北京：人民教育出版社，2010：219.

二、中华人民共和国成立到改革开放前大学思政课内容建设

中华人民共和国成立之初，党和国家对构建新的教育工作高度重视，把政治理论课作为重点建设对象，高校政治理论课程的建设工作逐渐开展起来。高校的政治理论课承载着清除旧教育和旧文化、构建马克思主义理论教育的重要任务，在继承以往解放区政治教育经验的基础上，针对中华人民共和国成立初期思想文化领域面临的新形势与新任务，政治理论课程建设的重点主要集中在课程的整体构建方面，并多次对课程设置制定相应的办法和方案。学界对于这一时期高校的政治理论课有不同的看法，本书从这一时期政治理论课的课程设置、内容的视角，分为探索发展期（1949~1965 年）与曲折发展期（1966~1976 年），如表 2-1 所示。

表 2-1　探索发展期与曲折发展期的政治理论课程设置及其内容特点（内容要求）（1949~1976）

时间	课程设置	内容特点（内容要求）
1949~1950 年	新民主主义论（包括近代中国革命史）、政治经济学、辩证唯物论和历史唯物论（包括社会发展史）	充分反映新民主主义的教育，即民族的、科学的、大众的教育，培养革命的人生观
1950~1952 年	社会发展史、新民主主义论、政治经济学	贯彻土改教育，发扬“五爱教育”，加强爱国主义教育与国际主义教育，从而提高学生的思想和政治水平
1952~1953 年	新民主主义论、政治经济学、辩证唯物论与历史唯物论（师范学院开设马克思列宁主义基础、新民主主义论、政治经济学）	
1953~1955 年	中国革命史、马列主义基础、政治经济学	对学生进行共产主义道德教育，以正面教育为主
1955~1957 年	马列主义基础、辩证唯物主义和历史唯物主义、政治经济学、中国革命史	教育部规范普通高等院校政治理论课程的设置，规定在不同年级开设的门数和学时
1957~1959 年	社会主义教育课程	原有的四门政治理论课停开，统一为社会主义教育课程
1959~1961 年	社会主义教育课程、政治经济学、哲学、中共党史（课程的教材主要是马、恩、列、斯和毛泽东的著作）	把生产劳动列入正式的课程，加强马克思列宁主义的思想和政治教育，培养工人阶级的阶级观点、集体观点和群众观点、劳动观点、辩证唯物主义观点

续表

时间	课程设置	内容特点（内容要求）
1961~1962年	哲学、政治经济学、马克思列宁主义基础（主要学习毛泽东同志的学说）、中共党史（专科学校只开设马克思列宁主义概论；艺术院校只开设马克思列宁主义概论和中共党史）	进行理论和实践统一的马克思列宁主义教育，帮助他们理解马克思列宁主义、毛泽东著作，了解党的路线、方针、政策；引导他们以马克思列宁主义基本原则为指导，去观察问题、研究学问和处理工作，不断地同现代修正主义、资产阶级思想和其他反动思想的影响进行斗争
1962~1966年	本专科：哲学、政治经济学、中共党史、形势与任务 研究生：马克思列宁主义理论、思想政治教育报告	1963年教育部首次规定了研究生层面的政治理论课。此外，强调各阶段的政治理论课必须以毛泽东思想为指针，把宣传毛泽东思想作为最根本的任务，把毛主席著作作为最基本的教材，每门课的教学，要比较有系统地进行，必要时也可以针对学生的活思想，进行专题讲授
1966~1976年	以毛主席语录、毛主席著作和所谓革命大批判的文章、社论作为教材	—

资料来源：教育部社会科学司．普通高校思想政治理论课文献选编（1949—2008）［M］．北京：中国人民大学出版社，2008：1-65.

（一）探索发展期（1949~1956年）

根据政治理论课程建设，可以划分为探索发展期（1949~1956年）和探索动摇期（1957~1965年）。在初步发展期，国民经济恢复、“一边倒”、毛泽东思想取得新发展等背景下，思政课的课程内容的设置主要经历了1952方案。在1949~1952年，我国国民经济的发展、政治格局的稳定为各项事业的发展提供了契机，高校思政课建设亦是如此。1952年10月7日，教育部颁布了《关于全国高等学校马克思列宁主义、毛泽东思想课程的指示》，对全国不同性质的大学、学院（包括综合性大学、师范院校等），以及本科、专科的各门政治课的课程门数、学时、授课次序、考试与考察的方式等提出了具体要求并进行了详细规范，这是中华人民共和国成立后我国首次颁布的具有指导性意义的课程设置方案，标志着高校马克思主义理论课程的初步形成。1956年底，随着“三大改造”基本完成和反右扩大化的出现，我国开始步入社会主义社会的全新的历史阶段。

（二）探索动摇期（1957~1965 年）

由于“大跃进”的影响，“社会主义教育”课程一直开设到 1961 年。1961 年以来，高校思政课的课程体系和内容有所发展调整与恢复。1961 年 4 月 8 日，教育部为了适应国际上中苏关系日趋紧张的形势，贯彻党中央关于国民经济恢复的“八字方针”（调整、巩固、充实、提高），颁布了《改进高等学校共同政治理论课程教学的意见》，指出现阶段高校思政课存在的若干问题（课程与教学内容很不稳定，没有教科书、教师数量与质量不能满足客观需要等），规定了思政课的教学任务、课程设置与学习内容、时间安排、教材、教学方法等内容，突出了对毛泽东思想的教育，明确了以毛泽东思想为指导的高校思想政治理论课教学的方向，也开启了我国高校思政课程建设的差异性发展。

第二节　发展阶段：改革开放后到新时代前大中小学思政课内容

一、改革开放后到新时代前中小学思政课内容

以 1997 年小学与初中政治课的课程标准为界限，大体上细致划分为以下两个时段：第一个时段（1978~1996 年）；第二个时段（1997~2011 年）。

（一）第一个时段（1978~1996 年）

从小学来看，1978~1996 年的小学思想品德课内容的变迁经历了初创阶段和发展阶段，其内容结构的安排，如表 2-2 所示。改革开放以来，小学思想品德课内容逐步凸显出德育的本质，不再完全服务于政治运动的需要。从 1981 年在小学阶段开设思想品德课到 1982 年颁发了中华人民共和国成立后第一个小学思想品德课教学大纲，逐步科学化、规范化、系统化地构建小学思想品德课的内容体系。1986 版的小学思想品德课教学大纲，进一步规范了小学思想品德课的主要内容，尤其在小学的低、中、高学段设置了螺旋式上升的内

容体系，这是我国小学思政课内容建设的重大飞跃。

表 2-2　小学“思想品德”课的教学大纲发展阶段的基本内容

<table>
<tr><th>阶段</th><th>时间</th><th>基本内容</th></tr>
<tr><td>初创阶段</td><td>1981 年</td><td>1981 年颁发的《全日制五年制小学教育计划（修订草案）》，规定小学阶段开设思想品德课，修订说明中指出：“目前四、五年级的政治课脱离学生思想实际，效果不好。根据坚持四项基本原则，加强青少年思想教育的精神，将现行政治课改为思想品德课，一至五年级每周各 1 课时，紧密结合学生的思想实际，进行生动活泼的初步的共产主义思想品德教育和形势教育”
1981 年 3 月 9 日教育部又发出了《关于小学开设思想品德课的通知》，对思想品德课的性质、意义、教学内容和要求以及教学方式方法等作出了全面的规定。“各地根据《通知》精神”，以自编的讲授提纲和参考资料形式开始了思想品德课最初的教学
从 1978 年的小学政治课到 1981 年的小学思想品德课，这一重要变化，有力地纠正了小学德育政治化和成人化的倾向，使小学德育转向培养学生的道德品质</td></tr>
<tr><td rowspan="3">发展阶段</td><td>1982 年</td><td>1982 年，教育部正式颁发了第一个小学思想品德课教学大纲，即《全日制五年制小学思想品德课教学大纲（试行草案）》，明确提出：思想品德课以“五爱”为基本内容，结合贯彻《小学生守则》，向小学生进行社会主义国家公民应有的道德品质和行为规范的教育，着重在小学生中培养爱国主义精神、集体主义精神和主人翁精神，具体内容是：“热爱人民、热爱祖国、热爱中国共产党、热爱劳动、热爱科学、热爱社会主义、勤奋学习、热爱集体、爱护公共财物、遵守纪律、讲文明、有礼貌、诚实谦虚、勇敢活泼、艰苦朴素。”这是我国第一次系统化、科学化地构建小学德育课程内容体系</td></tr>
<tr><td>1986 年</td><td>1986 年 4 月 23 日，国家教委正式颁布了《全日制小学思想品德课教学大纲》。从八个方面对小学思想品德内容做出规定，包括对小学生的爱国主义教育和共产主义理想的启蒙教育、集体主义教育、文明礼貌教育、努力学习、热爱科学的教育和热爱劳动、艰苦奋斗的教育，新增加了良好意志、品格的教育，社会主义的民主和法治观念的启蒙教育等内容，并强调了对学生行为习惯和能力的培养</td></tr>
<tr><td>1992 年</td><td>1992 年国家教委正式颁布《九年义务教育全日制小学思想品德课教学大纲（试用）》。《小学德育纲要》中对思想品德课的地位和作用作了如下表述：“思想品德课是比较系统地直接地向小学生进行思想品德教育的一门课程，它着重提高学生的道德认识和道德判断能力，培养道德情感，以指导他们的行为。”并且规定了小学思想品德课的内容：①热爱祖国的教育；②热爱中国共产党的教育；③热爱人民的教育；④热爱集体的教育；⑤热爱劳动、艰苦奋斗的教育；⑥努力学习、热爱科学的教育；⑦文明礼貌、遵守纪律的教育；⑧民主与法治观念的启蒙教育；⑨良好的意志、品格教育；⑩辩证唯物主义观点的启蒙教育。1992 年教学大纲的指导思想是：小学思想品德课的教学要更加适应社会主义现代化建设对各级各类人才和各行各业劳动者素质的要求，适应改革开放以来面临的新情况、新问题，适应小学生心理发展的基本规律。通过对教学大纲的不断修订，思想品德课的内容更加符合小学生的年龄特征，对小学生来说更加具有道德启蒙性和生活性</td></tr>
</table>

这一时期，小学思想品德课的教材严格按照1982年教学大纲、1986年教学大纲，实现了“一纲多本”，其中以人民教育出版社的教材使用范围最广。根据1986年教学大纲，人民教育出版社出版了全日制小学试用教材《思想品德》（1988年版），根据1992年教学大纲，人民教育出版社出版了九年义务教育小学教科书《思想品德（试用版）》，下文就对这两套教材的内容进行比较分析，如表2-3所示。

表2-3　1986年大纲教材与1992年大纲部教材第二册、第六册内容的比较

课本版本	1986年大纲第二册	1992年大纲第二册	1986年大纲第六册	1992年大纲第六册
第一课	光辉的节日	学习礼貌用语	在我们生活的周围	我爱我的家乡
第二课	我国的传统节日	对人要有礼貌	邻里之间	最可爱的人
第三课	对人说话有礼貌	不随便拿别人的东西	客人到我家	积极参加集体活动
第四课	不打扰别人	不打扰别人	热情大方对外宾	多为集体干好事
第五课	不随便拿别人的东西	保护环境卫生	不讥笑他人	在集体中要守纪律
第六课	做勇敢的孩子	爱护花草树木	帮助残疾人	不讥笑他人
第七课	不说谎话	做勇敢的孩子	劳动光荣	帮助残疾人
第八课	爱护花草树木	不说谎话	积极参加公益劳动	做妈妈的小帮手
第九课	当好值日生	自己的事情自己做	做妈妈的小帮手	珍惜劳动成果
第十课	自己的事情自己做	学做家务活	珍惜劳动成果	节约水电
第十一课	学做家务活	当好值日生	不和别人比吃穿	生活要俭朴
第十二课	东西要放在一定的地方	东西要放在一定的地方	为祖国锻炼身体	人人都要爱护公物

通过比较，可以发现小学思想品德课教材内容上以“五爱教育”为基本内容，按照学生认知发展规律，注重同一教育内容在小学低、中、高不同的学段分层次呈现，虽然也有一定的重复，但是基本上实现了教材内容的螺旋式上升，有效进阶。如表2-3所示，低年级段进行最为基础的道德教育、行为习惯养成教育，而在高年级段教材内容在低、中学段的基础上，逐步深化。具体来看，以热爱劳动的教育为例，在低学段强调自我服务，自己的事情自己做，为自己和家庭做一些服务；在中年级段，教育孩子们珍惜劳动成果、爱护公物；

在高年级段，教育孩子们要懂得劳动人民的伟大，尊重各行各业的劳动者。此外，教材内容的选材上注重农村与城市兼具，具有很强的代表性，加强教材的适应性。而且从教材的标题来看，标题小而具体，具有较强的启发性与趣味性，坚持理论与实践相统一。虽然思政课的本质是讲道理，但是儿童的理性认识不足、感性认识强的特征对于一些既有结论的事情可能也存在理解困难，所以在讲这部分内容的时候，如果不联系这些具体的思想认识，理论联系实际，就不可能启迪儿童的思维。

从中学来看，1978~1995 年的中学思想政治课进入了改革实验与教学大纲阶段。1985 年中共中央印发《关于改革学校思想品德和政治理论课程教学的通知》，作为中学政治课改革的纲领性文件，开启了中学政治课改革的步伐。同年 8 月，中共中央印发《关于改革学校思想品德和政治理论课程教学的通知》指出，改革“现行的政治课的课程设置”及相应“教学内容和教学方法”“紧密联系青少年不同时期的思想、知识、心理发展的特点，循序渐进，由浅入深，从具体到抽象，从现象到本质”，通过对青年一代世界观、人生观和责任意识的培养塑造，更好地适应我国社会主义现代化建设需要。① 具体来看，在中学政治课内容方面，做出如下规定：在初中阶段的政治课，要对学生进行道德教育、民主和法制教育、纪律教育、社会生活和社会发展规律教育以及社会主义建设常识的教育；在高中阶段的政治课，要对学生进行初步的政治经济学教育和其他社会科学的教育，初步学习运用马克思主义的观点、方法分析和观察社会现象。1986 年国家教委印发《中学思想政治课改革实验教学大纲（初稿）》。这是中华人民共和国成立以来第三个重新制定的中学政治课教学大纲。在这个教学大纲的“说明”中，规定中学思想政治课改革实验的课程设置方案是：初中一年级《公民》、初中二年级《社会发展简史》、初中三年级《中国社会主义建设常识》、高中一年级《共产主义人生观》、高中二年级《经济常识》、高中三年级《政治常识》。同时，国家教委组织了多家出版社，按新课程设置编写一套新教材，从 1986 年版的实验本到 1988 年版的试用本教

① 课程教材研究所．新中国中小学教材建设史（1949-2000）研究丛书·政治卷［M］．北京：人民教育出版社，2010：35.

材，整体而言这两套教材的变动不大，由此，以 1986 年版的实验本为例，分析这一时期中学政治课的内容。首先，初中的政治课教材内容，如表 2-4 所示。初中一年级《公民》主要以公民教育、道德教育和法制教育为主，“五爱教育”的内容被继承下来，积极引导学生实现由“知—情—意—行”的过程，在实践中形成良好的品质；初中二年级《社会发展简史》继承了 1963 年《社会发展史》的基本内容，不同于历史课，不需要全面概述每一个国家或者民族的发展情况，而且仍以人类社会形态的发展形态（“人类社会的产生—原始社会—奴隶社会—封建社会—资本主义社会—社会主义社会—共产主义社会”）演进揭示社会发展最本质、最一般的规律；初中三年级《中国社会主义建设常识》重点把握了我国社会主义的性质与所处的发展阶段、党的基本路线、经济发展的战略目标、社会主义精神文明建设、社会主义民主与仿真计算机、青年在社会主义建设中的责任要点，是国情教育的主要呈现，最后落脚到培养“四有公民”这一根本目标上，从而使学生懂得社会主义的建设是一个艰巨的过程，但是前途是光明的。

表 2-4　1986 年版的实验本初中教材

年级课本	初一《公民》	初二《社会发展简史》	初三《中国社会主义建设常识》
第一课	集体	青少年要懂得社会发展史的基本知识	我国社会主义建设的道路
第二课	纪律	人类社会的产生	经济建设是社会主义建设的中心
第三课	交往	原始社会生产的特点	社会主义建设在改革中前进
第四课	劳动	原始社会生产的氏族制度	社会主义建设在开放中发展
第五课	科学	原始社会的解体	社会主义建设与人口问题
第六课	时间	奴隶社会的形成	社会主义精神文明建设
第七课	品德	奴隶社会的生产与文化	建设高度的社会主义民主
第八课	审美情趣	奴隶主与奴隶之间的斗争	社会主义法治建设（一）
第九课	祖国	奴隶社会的瓦解	社会主义法治建设（二）
第十课	人民	封建社会的建立	中国共产党是社会主义建设事业的领导核心

续表

年级课本	初一《公民》	初二《社会发展简史》	初三《中国社会主义建设常识》
第十一课	民主	封建社会的生产关系与生产力	青年在社会主义建设中的责任
第十二课	法律	封建社会的科学与文化	
第十三课	违法	地主阶级对农民的统治和农民起义	
第十四课	犯罪	封建社会的崩溃	
第十五课	司法机关	资本社会的建立	
第十六课	守法用法	资本社会的生产关系与生产力	
第十七课		资本社会的科学与文化	
第十八课		资本主义的政治制度	
第十九课		资本主义社会的不治之症	
第二十课		资本主义社会发展的必然趋势	
第二十一课		社会主义社会的建立	
第二十二课		社会主义社会在实践中前进	
第二十三课		共产主义社会是人类光辉的未来	
第二十四课		学习社会主义发展史，树立共产主义者远大理想	

高中的政治课教材内容，如表2–5所示。高中一年级《共产主义人生观》以人生观教育为主线，以“个人和社会”为基本点，处理好人生观的三个基本命题（人生的理想、价值、自由），把世界观、人生观、价值观教育相结合；高中二年级《经济常识》以我国的经济建设和经济体制改革作为教学的基本内容，以发展我国的社会主义商品经济为教学重点，不同于传统的政治经济学的教学内容，其中第一、二课是经济学教学的基础，第三、四、五课分别按照三大产业来讲述农业、工业和第三产业的发展，第六、七、八、九课讲述我国经济体制的现状以及存在的问题，第十课讲述我国的经济改革和体制面临着什么样的国际经济环境；高中三年级《政治常识》以国家为中心，以民主为主线来组织教材与教学内容，能够使学生使用马克思主义的观点来初步分析社会政治现象，从而有利于增强学生的公民意识、政治责任感、国家观念。

表 2-5 1986 年版的实验本高中教材

课本年级	高一《共产主义人生观》	高二《经济常识》	高三《政治常识》
第一课	青年应当树立共产主义人生观	商品和货币	阶级
第二课	人的社会性	资本主义商品经济	国家
第三课	个人和社会	社会主义社会的商品经济	政党和社会团体
第四课	正确处理人际关系	企业的经营管理	民族与宗教
第五课	理想与现实	第三产业	国际关系与国际组织
第六课	正确理解人生的价值	农业	
第七课	人生的价值在于贡献	国民收入和个人消费品的分配	
第八课	实现人生价值的条件和途径	国民经济管理	
第九课	正确对待人生，必须从实际出发	对外经济关系	
第十课	认识必须，人生才有自由	当代世界经济	
第十一课	处理人生问题，要有全面观点		
第十二课	正确把握人生方向		
第十三课	在实践中赢得人生的幸福		

从整体来看，无论是中学实验本还是试用本教材内容体系的建设，基本都遵循着循序渐进原则，从浅到深、从现象到本质、先易后难等；层次性原则，道德教育、法制教育、理想信念教育等重大主题，并不是简单重复，而是按照层次性，从低阶向高阶逐步进阶，比如，理想教育遵循了“职业理想—共同理想—最高理想”的趋势；相互渗透的原则，知识性与教育学相互渗透、系统性与针对性相互渗透、科学性与趣味性相互渗透等。①

（二）第二个时段（1997~2011 年）

从小学来看，1997~2011 年的小学思想品德课内容的变迁经历了改革和完善阶段，其内容结构的安排，如表 2-6 所示。1997 年，小学思想品德课的课程标准取代了教学大纲，可以说这是小学思想品德课划时代的课程改革，具有重要的历史意义，形成了九年一贯的教学内容体系，有利于克服德育的碎片化、学段脱节的现象。2002 年国家颁布的《全日制义务教育品德与生活、品德与社会课程标准（实验稿）》，一改以往政治教育成人化的特点，回归到儿

① 课程教材研究所．新中国中小学教材建设史（1949-2000）研究丛书·政治卷［M］．北京：人民教育出版社，2010：305.

童的生活，把所有内容设计均以儿童的视角出发，充分考虑儿童的情感与体验，使教育内容的针对性大大增强。2011 年国家为了进一步深化基础教育课程改革，又颁布了品德与生活、品德与社会（2011 年版）课程标准。其中，品德与生活（2011 年版）仍然以儿童的生活为基础，以儿童与自我、社会、自然为主线，涵盖“健康、安全的生活”“愉快、积极的生活”“负责任、友爱的生活”“动手动脑、有创意的生活”等方面；品德与社会（2011 年版）以学生逐步拓展的生活为基础，内容设计以学生的发展生活为主线、点（社会中的要素）面（学生逐步拓展的生活）相结合，在面上选点，组成课程内容。此外，还注重综合交叉（社会生活的内容）、螺旋式上升（不同年级）。

表 2-6　1997~2011 年小学“思想品德”课的课程标准发展阶段的基本内容

<table>
<tr><th>阶段</th><th>年份</th><th colspan="3">内容</th></tr>
<tr><td rowspan="4">改革阶段</td><td rowspan="4">1997 年</td><td colspan="3">1997 年 4 月，国家教委制定了《九年义务教育小学思想品德课和初中思想政治课课程标准（试行）》。这是中华人民共和国成立以后第一次将九年义务教育作为一个有机整体的系统进行整体的综合设计，规划小学思想品德课和初中思想政治课的教学内容体系，其中最显著的变化是用“课程标准”取代了原有“教学大纲”的提法</td></tr>
<tr><td>比较的方面</td><td>1992 年教学大纲</td><td>1997 年课程标准</td></tr>
<tr><td>小学思想品德课的教学内容及基本要求</td><td>“对学生进行以‘五爱’为基本内容的社会公德教育和浅显的政治常识教育，教育学生心中有他人，有集体，有人民，有祖国。着重提高学生的道德认识，培养道德情感，指导道德行为”。具体来说，共有九方面的教学内容：热爱祖国的教育；热爱中国共产党的教育；热爱人民的教育；热爱集体的教育；文明礼貌、遵纪守法的教育；努力学习、热爱科学的教育；热爱劳动、艰苦奋斗的教育；良好品格的教育；辩证唯物主义观点的启蒙教育</td><td>小学一、二年级有 10 个德育目标：热爱祖国、孝亲敬长、团结友爱、文明礼貌、遵守纪律、好好学习、勤俭节约、遵守公德、诚实勇敢、热爱生命
小学三至五年级有 14 个德育目标：热爱祖国、孝亲敬长、团结友爱、关心集体、文明礼貌、遵守纪律、勤奋好学、热爱科学、勤俭节约、遵守公德、诚实守信、勇敢坚毅、自尊自爱、热爱生命
小学六年级有 5 个德育目标：个人生活中的道德规范、家庭生活中的道德规范、学校生活中的道德规范、公共生活中的道德规范、国家民族生活中的道德规范</td></tr>
<tr><td>与 1992 年教学大纲相比，1997 年课标的进步之处</td><td colspan="2">在内容上更强调良好的道德品质培养和文明行为习惯的养成，突出道德教育的基础性和广泛性；在形式上更强调教学的层次性、阶段性、连续性和循序渐进、螺旋上升</td></tr>
</table>

续表

阶段	年份	内容
完善阶段	2001 年	2001 年 10 月，教育部又颁布了《九年义务教育小学思想品德课和初中思想政治课程标准（修订）》，调整和充实教学内容，如小学一二年级加强了文明礼貌行为规范的养成教育，三至五年级增加关心帮助贫困家庭、灾区人民的教育要求加强了关心他人的教育。在小学的教学内容和行为要求中增加了“学会与教师交换意见”“学会与人交流”“要自信、不自卑”等内容，增进了时代性
	2002 年	2002 年，教育部正式颁布《全日制义务教育品德与生活课程标准（实验稿）》和《全日制义务教育品德与社会课程标准（实验稿）》。从思想品德课到品德与生活、品德与社会，这两个课程标准与思想品德课程标准在课程性质、设计思路方面有较大的变化，变化后的课程名称更加强调活动性、综合性，更适合低段和中高段小学生的特点。品德与生活课程与幼儿园课程相衔接，是在小学低年级开设的以儿童生活为基础，以培养品德良好、乐于探究、热爱生活的儿童为目标的活动型综合课程。它根据儿童与自我、儿童与社会、儿童与自然三条轴线设计内容。品德与社会课程是在小学中高年级开设的一门以儿童社会生活为基础、促进学生良好品德形成和社会性发展的综合课程。它以儿童社会生活为主线，从个人、家庭、学校到社区、家乡、祖国和世界，构成了“我在成长”“我与家庭”“我与学校”“我的家乡（社区）”“我是中国人”“走近世界”六大模块
	2011 年	2011 年国家又颁布了品德与生活、品德与社会（2011 年版）课程标准，在内容上更加与时俱进，体现时代的要求

这一时期，小学思想品德课的教材严格按照《义务教育小学品德与生活、品德与社会课程标准（实验稿）》《义务教育小学品德与生活、品德与社会课程标准（2011 年版）》实现了“一标多本”，各地区一共编写了 15 套小学思想品德课的教材，体现出较大的共性。下文就通过对人民教育出版社、广东教育出版社四年级上册教材的内容进行比较分析，在个性分析中彰显共性，如表 2-7 所示。

表 2-7　人民教育出版社、广东教育出版社小学品德与社会四年级上册的教材比较

版本	人民教育出版社四年级上册					广东教育出版社四年级上册		
	第一单元	第二单元	第三单元	第四单元	第五单元	第一单元	第二单元	第三单元
第一课	美丽的生命	今天，你安全吗	预防火灾	家庭小账本	让爷爷奶奶高兴	我家的收支本	做个受欢迎的人	小鸟与榕树的对话

续表

版本	人民教育出版社四年级上册					广东教育出版社四年级上册		
	第一单元	第二单元	第三单元	第四单元	第五单元	第一单元	第二单元	第三单元
第二课	我们的生命	公共场所拒绝危险	预防燃气中毒	钱该怎么花	伸出爱的手	今天我当家	告别不良生活习惯	我家来了新邻居
第三课	呵护我们的身体	当危险发生的时候	防止食物、农药中毒	购物场所我知道	我的邻里乡亲	逛商场	我有我自己的好主意	身边的公共设施
第四课				做个聪明的消费者	大家的事情大家做	我是聪明的消费者	我看家乡的习俗	丰富的社区生活
第五课							我是生活的小设计师	

其中，广东教育出版社小学品德与社会四年级上册一共由三个单元构成，第一单元《生活消费有诀窍》、第二单元《做健康文明的小主人》与第三单元《生活在这里，真好!》；人民教育出版社小学品德与社会四年级上册一共由五个单元构成，第一单元《珍爱生命》、第二单元《安全地生活（一）》、第三单元《安全地生活（二）》、第四单元《花钱是学问》与第五单元《关心你，爱护他》。通过分析课本的内容，发现如下共性：第一，以儿童为本，彰显“我”的主体意识，基本上很多内容都是以儿童自己的口吻在探讨一个问题；第二，立足于学生的生活、凸显本土化资源，力图将学生的成长与地域文化资源相结合；第三，教材内容以单元为框架，以若干学习主题为线索统整相关学科的内容，力图展示给学生完整地认识社会的视角；第四，教材学习主题的设计注重学生的自主建构，利用留白等形式，让学生充分地表达自己的想法；第五，教学内容的设计具有较强的针对性和鲜明的层次性，注重从学生所处的不同学段、不同实践出发，分出层次性，提高教学内容的实效性。

从中学来看，1996 年国家教委颁布了《高级中学思想政治课课程标准》，1997 年国家教委颁布了《九年义务教育小学思想品德课和初中思想政治课课程标准（试行）》，这是中华人民共和国成立以来第一个中学政治课的课程标准，不仅改进了教学内容与方式，更是方法论的重要突破，这意味着中学政治课建设越来越专业，越来越规范，步入成熟时期，其内容结构的安排，如表 2-8 所示。

表 2-8 1981~1992 年中学“思想品德”课的课程标准发展阶段的基本内容

阶段	时间	基本内容
初创阶段	1981 年	1981 年颁发的《全日制五年制小学教育计划（修订草案）》，规定小学阶段开设思想品德课，修订说明中指出：“目前四、五年级的政治课脱离学生思想实际，效果不好。根据坚持四项基本原则，加强青少年思想教育的精神，将现行政治课改为思想品德课，一至五年级每周各 1 课时，紧密结合学生的思想实际，进行生动活泼的初步的共产主义思想品德教育和形势教育。” 1981 年 3 月 9 日教育部又发出了《关于小学开设思想品德课的通知》，对思想品德课的性质、意义、教学内容和要求以及教学方式方法等作出了全面的规定。“各地根据《通知》精神”，以自编的讲授提纲和参考资料形式开始了思想品德课最初的教学 从 1978 年的小学政治课到 1981 年的小学思想品德课，这一重要变化，有力地纠正了小学德育政治化和成人化的倾向，使小学德育转向培养学生的道德品质
发展阶段	1982 年	1982 年，教育部正式颁发了第一个小学思想品德课教学大纲，即《全日制五年制小学思想品德课教学大纲（试行草案）》，明确提出：思想品德课以“五爱”为基本内容，结合贯彻《小学生守则》，向小学生进行社会主义国家公民应有的道德品质和行为规范的教育，着重在小学生中培养爱国主义精神、集体主义精神和主人翁精神，具体内容是：“热爱人民、热爱祖国、热爱中国共产党、热爱劳动、热爱科学、热爱社会主义、勤奋学习、热爱集体、爱护公共财物、遵守纪律、讲文明、有礼貌、诚实谦虚、勇敢活泼、艰苦朴素。”这是我国第一次系统化、科学化地构建小学德育课程内容体系
	1986 年	1986 年 4 月 23 日，国家教委正式颁布了《全日制小学思想品德课教学大纲》。从 8 个方面对小学思想品德内容做出了规定，包括对小学生的爱国主义教育和共产主义理想的启蒙教育、集体主义教育、文明礼貌教育、努力学习、热爱科学的教育和热爱劳动、艰苦奋斗的教育，新增加了良好意志、品格的教育，社会主义的民主和法治观念的启蒙教育等内容，并强调了对学生行为习惯和能力的培养
	1992 年	1992 年国家教委正式颁布《九年义务教育全日制小学思想品德课教学大纲（试用）》。《小学德育纲要》中对思想品德课的地位和作用作了如下表述：“思想品德课是比较系统地直接地向小学生进行思想品德教育的一门课程，它着重提高学生的道德认识和道德判断能力，培养道德情感，以指导他们的行为。”并且规定了小学思想品德课的内容：①热爱祖国的教育；②热爱中国共产党的教育；③热爱人民的教育；④热爱集体的教育；⑤热爱劳动、艰苦奋斗的教育；⑥努力学习、热爱科学的教育；⑦文明礼貌、遵守纪律的教育；⑧民主与法治观念的启蒙教育；⑨良好的意志、品格教育；⑩辩证唯物主义观点的启蒙教育。1992 年教学大纲的指导思想是：小学思想品德课的教学要更加适应社会主义现代化建设对各级各类人才和各行各业劳动者素质的要求，适应改革开放以来面临的新情况、新问题，适应小学生心理发展的基本规律。通过对教学大纲的不断修订，思想品德课的内容更加符合小学生的年龄特征，对小学生来说更加具有道德启蒙性和生活性

这一时期，初中阶段的思想品德课程，先后颁布了 1997 版、2001 版、2003 版与 2011 版课程标准，其中 1997 版是第一个初中政治课的课程标准，2001 版是 1997 版课程标准的修订版。2003 版是进入 21 世纪以来独立颁布的初中思想品德课程标准，以往无论是教学大纲时期，还是课程标准时期，初中思想品德课与小学思想品德课都是合在一起的，进行义务教育思想品德课九年一贯制设计。2011 版是 2003 版初中思想品德课程标准的修订版。2003 版初中思想品德课程标准在初中思想品德课程发展史上具有重要的地位，发挥着承前启后的作用，对新时代的思政课内容改革也具有极大的参考价值。从 2003 版初中思想品德课程标准来看，其内容结构，以学生的成长为核心，从横向的层面，围绕成长中的“我—我与他人—我与集体、国家和社会”等关系来设计，确立初中思想品德课程内容结构的基点，进一步增强初中思想品德课内容结构的针对性。从纵向的层面，确定了初中思想品德课主要教育内容，道德、心理、法律、国情四大主题，还结合教师的教学实际和学生的学习实践活动在初中思想品德课程内容中统筹安排了相关教育（环境保护教育、安全教育、社会发展常识教育等）。由此，形成了纵横交错的初中思想品德课程内容结构体系，如图 2-5 所示。

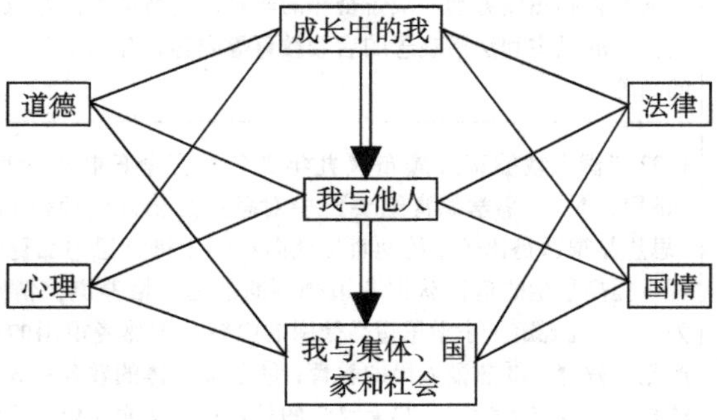

图 2-5　2003 版初中思想品德课程标准中“课程内容结构体系”

这一时期，初中思想品德课的教材按照 1997 版、2001 版、2003 版与 2011 版课程标准，经营部组织多家出版社编写了多套教材，下面以人民教育出版社 2008 年出版的初中思想品德课为例（后续改进课程标准多次修改，在全国使用范围最广），探究这一阶段初中思想品德课内容的结构体系，如表 2-9 所示。这套教材一共由 5 册组成，其内容以 2003 版与 2011 版课程标准所规定的“成长中的我”“我与他人和集体”“我与国家和社会”三大横向板块，在纵向上融合了道德教育、法律教育、心理健康教育、国情教育等主题的教育内容，旨在引导初中学生思想品德的健康发展，逐步树立正确的三观。

表 2-9　2008 年人民教育出版社初中思想品德课教材

课本年级	七年级上册	七年级下册	八年级上册	八年级下册	九年级全一册
第一课	珍惜新起点	珍惜无价的自尊	爱在屋檐下	国家主人广泛的权利	责任与角色同在
第二课	把握学习新节奏	扬起自信的风帆	我与父母交朋友	我们应尽的义务	在承担责任中成长
第三课	珍爱生命	走向自立人生	同济携手共进	生命健康权与我同在	认清基本国情
第四课	欢快的青春节拍	人生当自强	老师伴我成长	维护我们的人格尊严	了解基本国策与发展战略
第五课	自我新期待	让挫折丰富我们的人生	多元文化“地球村”	隐私受保护	中华文化与民族精神
第六课	做情绪的主人	为坚强喝彩	网络交友新空间	终身受益的权利	参与政治生活
第七课	品味生活	感受法律的尊严	友好交往礼为先	拥有财产的权利	关注经济发展
第八课	学会拒绝	法律护我成长	竞争合作求双赢	消费者的权益	投身于精神文明建设
第九课	保护自我		心有他人天地宽	我们崇尚公平	实现我们的共同理想
第十课			诚信做人到永远	我们维护正义	选择希望人生

这一时期，高中的思想品德课程，先后颁布了 1996 版与 2003 版课程标准。1996 版课程标准在高中政治课建设历史上具有重大的意义，是第一个高中政治课的课程标准，这标志着 1992 年高中政治课教学大纲停止使用，高中政治课进入了课程标准时代。1996 版课程标准在教学内容的调整上具有以下几点要求：第一，以邓小平建设中国特色社会主义理论为学校马克思主义理论教育的中心内容。强调将“特色理论”贯穿于整个高中阶段，形散而神聚。第二，必须正面回答“五个如何”，充分体现时代特征。强调以正面教育为

主，贴近学生实际。第三，编写出具有相当稳定性、规范性的教材。强调要厘清高中政治课与相关学科、与时事政治、与各项德育工作的区别。第四，高中政治课各种教育内容的深浅度和侧重点，要充分考虑高中生的理解和接受能力。强调转变建立教学体系的基本思路，有效解决“多、难、深”的问题。第五，贯彻整体规划课程体系的思想。高中是一个既具过渡性而又相对独立的阶段，有三个显著的学段特点，其一，不同于初中按道德教育、心理健康教育、法制教育思想等要素系统考虑课程设置，而采取按经济、哲学、政治之学科分类的方式设置课程。其二，义务教育思想品德课遵循树立观点、形成观念的逻辑顺序建构教学体系，安排相关知识，而高中政治课则把树立观点、形成观念的目标寓于传授知识的逻辑过程之中。其三，在注重教学的长期效果的同时，也注重具体知识在实际生活中的运用；在坚持讲基本理论观点的同时，也强调知识的常识性。第六，贴近学生生活，力戒简单说教。强调把大道理的灌输和具体的知识传授结合起来，把形成观念的目标寓于传授知识之中。[①] 2003 版高中思想政治课程标准呈现以下两点新的特征：其一，表述方式相比较 1996 版来说有较大变化，目标内容上由“教学内容+基本要求”改为“内容目标+提示与建议”；陈述格式上由“学习领域+学习水平”改变为“主题分级的模块单元式”。其二，教学内容上突出教学生活化的导向，更加注重在真实情境中高中学生关键能力的培养，将生活主题、学科知识学习和价值观教育相结合。

这一时期，高中政治课的教材按照 1996 版课程标准编写了跨世纪的“示范性教材”，按照 2004 年课程标准编写了中华人民共和国成立以来第一套统编高中政治课教材，实现了“一纲一本”。首先，探究 1999 年秋在全国使用的“示范性教材”内容的结构体系，如表 2-10 所示。这套教材高一政治课讲经济学常识，其内容结构概况来讲就是“一个理论支点、两条基本线索”。一个理论支点是从传统政治经济学的商品入手，逐步分析到社会主义市场经济，体现出历史与逻辑相统一、一般与个别相统一。两条基本线索是全书的主线，包

① 人民教育出版社政治编辑室．高中思想政治课课程标准学习读本［M］．北京：人民教育出版社，1996：25-38.

括社会主义再生产、公民在经济生活中扮演的角色。高二政治课讲哲学常识，以世界观为教材的基础与主线，把人生观和价值观纳入世界观体系之中，教材编写的总体思路是“基本事实→基本结论→基本应用”。高二教材的上下册所规定的教学内容，都属于世界观问题。上册教材的第一课到第四课主要是讲辩证唯物主义的一些观点，下册第二课到第四课主要是讲历史唯物主义的某些观点。可以认为世界观的大部分内容在全册，而下册第二课、第三课的中心议题是讲价值观和人生观问题，第四课则把“三观”教育结合为一体。高三政治课讲政治常识，教材的编写并不是按照政治学的基本内容的罗列式集成，是根据基础教育课程的需要来构建教材的内容体系的，全册以邓小平理论为指导，“以我国的国家制度为核心、以我国的民主法治建设为主线，以提高公民参与政治生活的能力为落脚点，讲述我国的政治制度、我国的民族与宗教的基本原则及国际社会与我国的对外政策等知识”，把学科的基本概念、基本原理和基本方法合成有机的知识体系，使学科内容结构化。

表 2-10 1999 年“示范性高中思想政治教材”

课本年级	高一上册	高一下册	高二上册	高二下册	高三全一册
第一课	商品和商品经济	财政税收与纳税人	一切从实际出发	透过现象认识本质	我国的国家制度（上）
第二课	社会主义经济制度和社会主义市场经济制度	银行与储蓄者	联系地、发展地看问题	坚持正确的价值取向	我国的国家制度（下）
第三课	企业和经营者	商品服务市场与消费者	坚持矛盾的分析方法	选择崇高的人生目标	我国的政党与政党制度
第四课	产业与劳动者	当代世界市场与我国的对外贸易	正确认识事物发展的原因、状态和趋势	自觉投身社会实践	我国的民族与宗教
第五课					国际社会与我国的对外政策

其次，按照 2004 年课程标准编写了高中思想政治新教材，分为必修课程和选修课程两个主要部分，必修课程设置为《经济生活》《政治生活》《文化生活》与《生活与哲学》；选修课程设置为《社会主义常识》《国家和国际组

织常识》《经济学常识》《科学思维常识》《生活中的法律常识》与《公民道德与伦理常识》，这些方面作为必修课程的延伸和拓展，供学生自主选择。必修教材的内容的结构体系，如表2-11所示。其中，必修的前三个课程模块分别讲述经济领域、政治领域与文化领域的知识，以对应社会主义的物质文明、政治文明、精神文明的协调发展，而生活与哲学为上述三个模块提供价值观和方法论指导。

表2-11　2004年普通高中思想政治新教材内容结构

课本	《经济生活》	《政治生活》	《文化生活》	《生活与哲学》
第一课	神奇的货币	生活在人民当家作主的国家	文化与社会	美好生活的向导
第二课	多变的价格	我国公民的政治参与	文化对人的影响	百舸争流的思想
第三课	多彩的消费	我国政府是人民的政府	文化的多样性与文化传播	时代精神的精华
第四课	生产与经济制度	我国政府受人民的监督	文化的继承与文化发展	探究世界的本质
第五课	企业与劳动者	我国的人民代表大会制度	文化创新	把握思维的奥妙
第六课	投资理财的选择	中国共产党领导的多党合作和政治协商制度	我们的中华文化	求索真理的历程
第七课	个人收入的分配	民族区域自治制度和宗教工作基本方针	我们的民族精神	唯物辩证法的联系观
第八课	财政与税收	走进国际社会	走进文化生活	唯物辩证法的发展观
第九课	走进社会主义市场经济	维护世界和平　促进共同发展	坚持中国特色社会主义文化发展道路	唯物辩证法的实质与核心
第十课	社会发展观与小康社会的经济建设		培养担当民族复兴大任的时代新人	创新意识与社会进步
第十一课	经济全球化与对外开放			寻觅社会的真谛
第十二课				实现人生的价值

二、改革开放后到新时代前大学思政课内容

改革开放后思政课内容建设又相继经过了“78方案”“85方案”“98方

案”以及“05 方案”，具体内容，如表 2-12 所示。[1]

表 2-12　改革开放后到新时代前大学思政课内容

方案	课程设置（内容安排）	课程内容呈现的特点
“78 方案”	《中国共产党党史》《政治经济学》《辩证唯物主义与历史唯物主义》《国际共产主义运动史》	“78 方案”强调从哲学、政治经济学和科学社会主义理论上批判，把“四人帮”颠倒的是非纠正过来，发挥理论课对转变学生思想的作用，培养又红又专的社会主义建设人才
“85 方案”	（一）本科课程设置：1986 年开设《中国革命史》《中国社会主义建设》《马克思主义原理》《世界政治经济和国际关系》等新课程 （二）研究生课程设置：1987 年在硕士研究生阶段，文科开设《马克思主义经典著作选读》、理工科开设《自然辩证法概论》；在博士研究生阶段，文科开设《马克思主义与当代社会思潮》、理工科开设《现代科学技术革命与马克思主义》	（1）“85 方案”开启了高校思政课的全面改革，课程内容设置上重申了理论联系实际是马克思主义教育的根本方法 （2）“85 方案”的课程内容安排标志着“两课”课程体系初步形成，研究生思政课建设的探索趋于完善
“98 方案”两课（普通高等学校马克思主义理论课和思想品德课）	（一）专科课程设置：二年制专科马克思主义理论课开设《马克思主义哲学原理》《邓小平理论概论》；三年制专科马克思主义理论课开设《马克思主义哲学原理》《邓小平理论概论》《毛泽东思想概论》；二年制和三年制专科思想品德课：《思想道德修养》《法律基础》 （二）本科课程设置：①马克思主义理论课开设《马克思主义哲学原理》《邓小平理论概论》《毛泽东思想概论》《马克思主义政治经济学原理》《当代世界经济与政治》（文科）；②思想品德课：《思想道德修养》《法律基础》 （三）研究生课程设置：①统一开设《科学社会主义理论与实践》；文科开设《马克思主义经典著作选读》、理工科开设《自然辩证法概论》；②在博士研究生阶段，文科开设《马克思主义与当代社会思潮》、理工科开设《现代科学技术革命与马克思主义》 各层次各科类学生都开设《形势与政策》	（1）“98 方案”明确提出思想政治理论课程是系统对大学生进行思想政治教育的主渠道、主阵地，“两课”课程内容进一步规范，逐步完善了课程体系，课程中进一步增加了爱国主义、社会主义教育、法制教育等内容，有效引导与帮助学生掌握马克思主义观点、方法论的能力，促进大学生树立正确的“三观” （2）“98 方案”最为中心的内容是把邓小平理论放进“两课”教学内容的核心，积极贯彻党的十五大精神，进一步解决好邓小平理论“进教材、进课堂、进头脑”的重要任务

① 郭凤志．高校思想政治理论课程建设研究［M］．北京：北京师范大学出版社，2019：60-95.

续表

方案	课程设置（内容安排）	课程内容呈现的特点
“05 方案”	（一）专科课程设置：2 门必修课开设《毛泽东思想、邓小平理论和“三个代表”重要思想概论》《思想道德修养与法律基础》 （二）本科课程设置：4 门必修课开设《马克思主义基本原理》《毛泽东思想、邓小平理论和“三个代表”重要思想概论》《中国近现代史纲要》《思想道德修养与法律基础》，同时，开设《形势与政策》课 另外，开设《当代世界经济与政治》等选修课 硕士、博士课程沿用“98 方案”的课程安排	（1）加强了道德教育与法制教育的力度，注重了两者之间的有机联系，改变了以往独立的课程形式 （2）教学内容更加注重结合国内外形势，紧贴学生实际，敢于回应学生普遍关心的问题

第三节 深化阶段：新时代以来大中小学思政课内容

一、新时代以来中小学思政课内容

伴随着基础教育课程改革，进入新时代以来中小学思政课内容发生了较大的变化，不仅体现在新的课程标准的实施、新教材的编写，而且还是中小学思政课被统筹在大中小学思政课一体化的体系下，有了更符合新时代特点的思政课内容体系建设。

从义务教育阶段思政课建设来看，2016 年教育部历时四年出版了统一编写的《道德与法治》教材。这套部编版的教材具有划时代的意义，无论是小学的品德与生活课还是初中的思想品德课，都统一更名为道德与法治课，这说明新时代义务教育阶段思政课在传统的道德教育中，进一步突出了法治教育的重要性，使思政课的内容结构体系有了重大变化。在内容结构安排上，小学《道德与法治》教材编写克服以往教材存在的低幼化、缺乏吸引力、理论性过强、要求过于拔高、重在说教、语言生硬等问题①，进一步改变了以往的“德目主义”教材的编写方式（即“什么是—为什么要—如何做”的论证逻辑，说服风格），而是注重教材为学生成长服务。小学《道德与法治》教材内容选择并不是从课程标准出发来安排，而是从儿童的日常生活出发，从儿童生活中生成教育主题，然后再将生成的教育主题去覆盖课程标准的要求。教材内容上从“生活领域—学习主题—单元—课题—框题”的基本线索展开，以三年级上册《道德与法治》教材为例，如图 2-6 示。

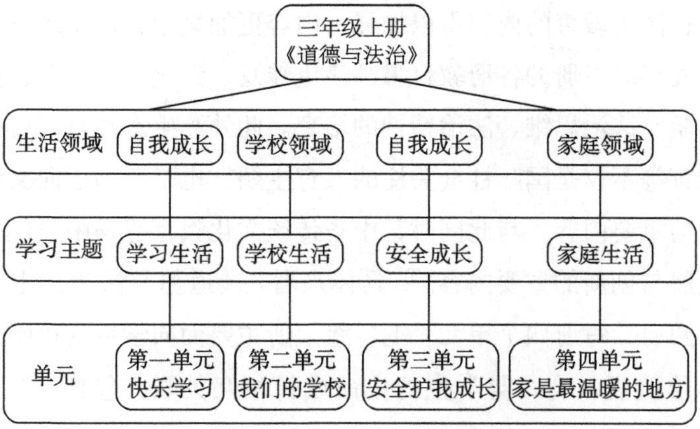

图 2-6 三年级上册《道德与法治》教材内容结构

小学《道德与法治》教材是为儿童编写的，是为儿童的道德发展服务的，将儿童自在的经验作为教材编写的基本素材，学习主题、单元、课题的选择都是按照儿童成长规律设计的，比如诚信教育这一主题，不是按照学科专业领域对诚实的论述，而是把儿童道德品质形成的基本规律来进行活动设计，而这些主题和内容是适合儿童的，不仅有助于孩子们的理解，而且有利于唤起儿童已有经验激发他们去主动探索，追求更好生活、更好自我的存在。

初中《道德与法治》是根据 2011 版课程标准编写的，但依然存在“老课

① 范小江．使用好部编《道德与法治》教材的几点建议［J］．中学政治教学参考，2017（2）：7-8.

标一新教材的矛盾”，特别是新时代以来，中华优秀传统文化教育、生命教育、国家安全观教育等主题教育突破了2011版课程标准所规定的内容。初中《道德与法治》教材以社会主义核心价值观为统领，七年级以学校日常生活为主、八年级以社会公共生活为主、九年级以国家政治生活为主，具体通过道德教育、法制教育、国情教育、生命教育等不同的学习主题进行落实，实现了社会主义核心价值观教育的全覆盖。在社会主义核心价值观教育的引领下，初中《道德与法治》教材内容选取，既关注培育学生全球视野的养成，又充分体现国情的教育内容。比如，公民意识教育不仅仅强调公民道德教育，又拓展到公民身份教育；法治教育的内容得以加强，内容更加集中，八年级下册是法治教育专册，除九年级下册的各册教科书都注重涉及、强化法治教育，重在强调青少年法治体验、法治思维、法治精神的培育。此外，生态教育、可持续发展教育、生命教育等不仅是国际社会关注的教育主题，也是我国迈向文明强国、培育时代新人的重要内容。与此同时，中华传统文化教育等是中华优秀传统文化的传承、发展与创新的重要内容。① 具体来看，《道德与法治》七、八、九年级均有上下两册，每册四个单元。七年级上册主要面向学生的校园生活，注重对学生进行价值观教育，与学生的生命成长相互关联，包括“成长的节拍”“友谊的天空”“师长情谊”与“生命的思考”四个单元；七年级下册重在培养学生的集体意识，让学生在集体生活中成长，包括“青春时光”“做情绪情感的主人”“在集体中成长”与“走进法治天地”四个单元；八年级上册主要面向学生的公共生活，注重对学生进行道德品质教育、国家安全观教育，包括“走进社会生活”“遵守社会规则”“勇担社会责任”与“维护国家利益”四个单元；八年级下册突出法治教育的内容，让学生成为法治中国建设的参与人，树立法律信仰，包括“坚持宪法至上”“理解权利义务”“人民当家作主”与“崇尚法治精神”四个单元；九年级上册主要面向学生国家政治生活，是国情教育的重要载体，包括“富强与创新”“民主与法治”“文明与家园”与“和谐与梦想”四个单元；九年级下册重在培育学生全球视野的养成，让学生

① 人民教育出版社课程教材研究所．义务教育教科书教师教学用书．道德与法治七年级．上册［M］．北京：人民教育出版社，2016：3.

能够站在世界视角，思考中国如何与世界深度互动，包括“我们共同的世界”“世界舞台上的中国”与“走向未来的少年”三个单元。

2022年教育部正式颁布了《义务教育道德与法治课程标准（2022年版）》，落实了大中小学思政课一体化的理念、思路与要求，整合了三个学段的课程标准，进行了一体化的设计，以主题组合课程内容；凝炼了政治认同、道德修养、法治观念、健全人格、责任意识五个方面的核心素养；强调课程内容的综合性和生活实践性。①

从高中阶段思政课建设来看，2017年教育部颁布了普通高中思想政治课程标准，2020年进行了新的修订，其规定的课程内容，从必修课程、选择性必修课程、选修课程三大类展开。高中思想政治必修课程以中国特色社会主义为中心，阐述了每一个必修课程的逻辑框架，如表2–13所示。

表2–13 《普通高中思想政治课程标准（2022年版）》必修课程内容结构体系

模块	内容	主题	主线	主旨
中国特色社会主义	基本原则	中国特色社会主义的选择	社会形态的历史演进	树立理想信念
经济与社会	经济建设	中国特色社会主义经济	全面深化改革	树立新发展理念
政治与法治	政治建设	中国特色社会主义政治	党的领导、人民当家作主与依法治国三者统一	坚定政治立场和方向
哲学与文化	哲学基础	马克思主义哲学	实践的观点、历史的观点、辩证的观点与发展的观点	树立世界观、人生观和价值观

《中国特色社会主义》是高中思想政治必修课程中的第一模块，一共两个单元，其课程内容以发展中国特色社会主义为主轴，以四个自信教育为基石，采取历时性方式，由表及里、由浅入深、由具体到抽象的叙事，重点讲授为何开创和发展中国特色社会主义，从教材内容来看，该模块涵盖了社会发展史以及中国特色社会主义两部分内容，既着眼于人类社会的发展历程，又立足于中

① 中华人民共和国教育部．义务教育道德与法治课程标准（2022年版）［M］．北京：北京师范大学出版社，2022.

国特色社会主义的伟大实践，围绕中国特色社会主义伟大实践的理论与实践的主题，体现了新时代中国特色社会主义理论创新和实践创新；《经济与社会》一共两个单元，相比以往的实验版《经济生活》，其内容结构有了较大的变化，涵盖了"五位一体"总体布局中的经济建设与社会建设，着眼于中国特色社会主义政治经济学，以习近平新时代中国特色社会主义思想为核心，以我国经济建设中最基本的原理为基本内容，分别讲述我国的所有制结构和经济体制、我国经济建设的新发展理念以及有关收入分配公平、共同富裕、社会保障等基本原理，构成了动静结合的经济学教学整体架构；《政治与法治》是在实验版《政治生活》的基础上重新建构的新模块，增加了法治的相关内容（这里的法治特指社会主义中国的法治，是中国共产党领导的法治，强调法治国家、法治政府、法治社会建设等），把法治与政治联系起来，注重培养学生的法治思维，从其核心内容来看，教材以党的领导、人民当家作主、依法治国有机统一为主线，突出革命传统文化教育，主要包括三部分，中国共产党的领导、人民当家作主、依法治国；《哲学与文化》是在整合实验版《文化生活》《生活与哲学》的基础上重新建构的新模块，其核心内容主要包括三个单元：探索世界与追求真理，认识社会与价值选择，文化传承与文化创新。第一单元"探索世界与追求真理"，重点讲述哲学的基本问题，阐明马克思主义哲学的历史使命和基本特征、讲述世界物质统一性原理、唯物辩证法的总特征和根本观点；第二单元"认识社会与价值选择"，回答了人能否认识世界、人怎样认识和把握世界等问题，阐明了马克思主义认识论、历史唯物主义、马克思主义价值论和社会主义核心价值观；第三单元"文化传承与文化创新"，阐述文化的基本理论，文化具有承载和传递文明，塑造民族精神的功能，文化的力量深深熔铸在民族的生命力、创造力和凝聚力之中。

选择性必修一《当代国际政治与经济》教材，其内容涵盖了马克思主义国家观、当今国际政治与经济格局、中国与世界关系的发展变化以及中国在世界上的角色等内容。第一单元从理论上介绍了参与国际政治与经济活动的主体，第二单元和第三单元分别从政治和经济两个维度讲述了当今世界发展趋势，表现为政治上"世界多极化"，经济上"经济全球化"，第四单元介绍了当今国际社会日益重要的行为体—国际组织的产生和发展。以上四个单元构成了抽象与具体、宏观与微观有机结合的立体知识体系，展示了一幅全方位的当代国际政治与经济图景。选择性必修二《法律与生活》教材，在内容体系上紧扣法律与生活的关系，选择与学生日常生活密切的法律，在内容构成上依次展现民事权利义务、家庭和婚姻、就业与创业、社会争议的解决，强调运用法治思维、法治方式来解决日常生活、社会生活中遇到的问题。具体来看，包含四个单元，其中第一单元侧重谈一般的民事权利义务。这个开篇是整个课程的重心，让学生对于民事法律关系有个总体的认识。第二单元重点谈家庭和婚姻。第三单元讲就业与创业。这两个单元都是与学生生活密切相关的内容。第四单元主要讲纠纷的解决、争议的解决。四个单元的设置有其自身的逻辑：先从综述开始，阐述一般的民事权利和义务，然后由近及远，从家庭到社会，再到就业创业，最后说明一旦发生侵权、争议如何解决。内容安排既遵循了一定的学科逻辑，也符合我们在社会生活中的基本认知，体现了理论逻辑和生活逻辑、实践逻辑的统一。选择性必修三《逻辑与思维》教材，关注点聚焦于思维方法，科学思维是其主线，教材编写围绕科学思维这一主线进行逻辑架构与逐层铺展，在内容安排上由“树立科学思维观念”“遵循逻辑思维规则”“运用辩证思维方法”和“提高创新思维能力”四个单元构成。四个单元之间具有内在的逻辑关联，形成了“1+2+1”即“一总+二分+运用”的逻辑结构。

二、新时代以来大学思政课内容

根据中共中央宣传部、教育局印发的《新时代学校思想政治理论课改革创新实施方案》的通知，大学四年制本科阶段思政课主要采取学分制，重在引导学生了解我国历史的发展历程、领会习近平新时代中国特色社会主义思想，以培养担当民族复兴大任的时代新人为总体要求。高校思想政治理论课正在使用高等教育出版社的2023年版统编教材，新版高校思政课教材是为了进一步推进习近平新时代中国特色社会主义思想进教材、进课堂。本科阶段主要开设的课程有《习近平新时代中国特色社会主义思想概论》《毛泽东思想和中国特色社会主义理论体系概论》《中国近现代史纲要》《马克思主义基本原理》

《思想道德与法治》《形势与政策》六门必修课程和一门选择性必修课程。各高校在必修课程的基础上根据自己的实际需要，围绕马克思主义经典著作和“四史”选修一门课程。

《习近平新时代中国特色社会主义思想概论》全面展现了习近平新时代中国特色社会主义思想的科学体系、主要内容、理论精髓和根本方法。旨在通过系统掌握习近平新时代中国特色社会主义思想的主要内容和科学体系，把握这一思想的世界观、方法论和贯穿其中的立场观点方法，增进青年大学生政治认同、思想认同、理论认同、情感认同，切实做到学思用贯通、知信行统一。①

《马克思主义基本原理》主要由马克思主义哲学、政治经济学和社会主义三部分组成，重在让学生掌握马克思主义理论的世界观与方法论，增强学生分析世界、认识问题的能力，以及对中国特色社会主义发展规律的把握。《毛泽东思想和中国特色社会主义理论体系概论》主要阐述毛泽东思想和邓小平理论、“三个代表”重要思想、科学发展观构成的中国特色社会主义理论体系，重在引导学生了解中国最终选择马克思主义的历史必然性，掌握中国共产党人提出并不断推进马克思主义中国化的历史进程。《中国近现代史纲要》阐述中国近代以来争取民族独立、人民解放和实现国家富强、人民幸福的发展历史。主要为了帮助学生了解国家历史和国情，让学生领会历史和人民怎样选择了马克思主义、选择了中国共产党、选择了社会主义道路、选择了改革开放的重要性。《思想道德与法治》针对大学生成长过程中面临的思想道德和法律问题，开展马克思主义的世界观、人生观、价值观和道德观、法治观教育，全面提高大学生的思想道德素质和法律素养。《形势与政策》主要讲授新时代中国特色社会主义的生动实践与最新理论成果，党的路线方针政策、基本国情、国内外形势及其热点难点问题，主要引导学生正确认识世界和中国发展大势。同时大学本科段的思政课内容在以课本内容为主线的同时，还必须不断吸收理论与实践发展的最新成果。

① 顾海良.《习近平新时代中国特色社会主义思想概论》体系结构述要［J］. 思想理论教育导刊，2023（11）：4-14.

第四节　基本经验：中华人民共和国成立以来大中小学思政课内容建设

通过以上历史的回顾，可以发现中华人民共和国成立以来，大中小学思政课内容建设有很多可供借鉴的经验。坚持以贯彻党的教育方针为内在规定性；重视构建相对完整的思政课课程体系与教材体系；注重把党和国家的重大理论创新与思政课内容建设同步推进。

一、坚持以贯彻党的教育方针为内在规定性

习近平总书记指出："办好思政课，最根本的是要全面贯彻党的教育方针。"[①] 思政课内容建设在中华人民共和国成立以来的任何历史阶段都非常牢牢注重将政治性放在首位。这是贯彻党的教育方针所遵循的根本方向。1957 年 2 月，毛泽东提出，"我们的教育方针，应使受教育者在德育、智育、体育几方面都得到发展，成为有社会主义觉悟的有文化的劳动者"。这是党和国家领导人第一次正式阐述的教育方针，强调以德育的中心地位，为中华人民共和国成立初期的思政课内容建设奠定基调。1983 年 9 月，邓小平提出，"教育要面向现代化、面向世界、面向未来"。党的十八大以来，明确了新时代"培养什么人、怎样培养人、为谁培养人"的教育方针。这要求新时代思政课内容要以立德树人为要求，全面贯彻党的教育方针为内在规定性。

二、重视构建相对完整的思政课课程体系与教材体系

受苏联教育模式的影响，我国非常注重构建相对完整的思政课课程和教材体系。从 1981 年首次颁布小学思想品德课教学大纲开始，我国进一步科学构

① 习近平．思政课是落实立德树人根本任务的关键课程［M］．北京：人民出版社，2020：9-10.

建了螺旋上升的大中小学思政课内容体系，并根据学段设置了相对应的思政课课程及其教材。新时代以来，党和国家非常注重全学段育人，注重义务教育和高等教育思政课内容的有机衔接，基本上形成了由简单到复杂、由低到高、由整体到部分的思政课内容体系。在义务教育阶段，明确了以核心素养为导向的思政课内容结构化体系，在高等教育阶段，形成了以立德树人为导向的思政课内容体系，构建了从认识到责任使命的内在结构。

三、注重把党和国家的重大理论创新与思政课内容建设同步推进

中华人民共和国成立之初，国家明确提出了对马克思列宁主义和毛泽东思想的学习，确立新的世界观教育。比如 1951 年出版的思政课教材，重点开设了中国革命常识和共同纲领等课程。改革开放以来，为适应社会主义现代化建设的需要，开设了中国社会主义建设常识等课程，呈现了我国社会主义的性质与所处的发展阶段、党的基本路线、经济发展的战略目标、社会主义精神文明建设等党和国家的重大理论创新。新时代以来，习近平新时代中国特色社会主义思想实现了马克思主义中国化新的飞跃。思政课的内容设计要依据党和国家重大理论创新，不断丰富教学内容，承担起宣传与教育的责任，引导学生感受思想伟力，帮助学生在学习最新理论成果的过程中，实现从具体到抽象、从学习到实践的转变，进一步引导学生将理论学习转化为实践的行动指南。

第三章　新时代大中小学思政课教材内容的纵向比较

党的十八大以来，大中小学思政课内容建设取得了一系列新的成就，但仍存在着一些亟待解决的问题。为了全面掌握新时代大中小学思政课内容的现状，本文从小学与初中、初中与高中、高中与大学三组相邻学段思政课统编教材的内容比较与衔接情况的分析出发，细致地考察了大中小学思政课教材内容的螺旋式上升的现状，为第四章分析大中小学思政课存在的问题及其原因做了实证分析，为第四章建构新时代大中小学思政课内容体系的构成要素进行了前置性研究。

为了更充分把握新时代大中小学思政课一体化视域下思政课内容的现状，需要指出以下三点：其一，本文对新时代大中小学思政课内容的界定不仅限制在教材内容，还包括课程内容、教学内容。其二，通过梳理，发现现阶段学界对于大中小学思政课教材内容的横向分析成果非常集中，而对教材内容纵向之间的联系研究过少。本文侧重从纵向把握思政课教材内容，主要解决如何处理好相邻学段教材内容的关系及其如何处理好同一学段不同册之间教材内容的关联性（如小学低、中、高年龄段各分册之间的教学内容的联系与梯度）。其三，如果仅是分析课程内容、教材内容对把握新时代大中小学思政课内容建设还是不足的。教学内容在很大程度上是对课程内容、教材内容的延伸，而课堂教学是教学内容呈现的重要场域，是师生教与学中发生交互作用的重要载体。

第一节　小学与初中思政课教材内容的纵向比较

对于小学与初中思政课内容的现状分析，首先，通过义务教育道德与法治课程标准中关于课程内容主题及其具体内容设计的分析，把握课程内容的现状；其次，通过对目前统编小学、初中（最新版）教材内容的分析，把握教材内容的现状。

一、课程标准中课程内容的比较及衔接分析

2022年教育部正式颁布了《义务教育道德与法治课程标准（2022年版）》（以下简称“2022年版课标”）①，相较于《小学品德与生活、品德与社会课程标准（2011年版）》《初中思想品德课程标准（2011年版）》而言，这是我国第一次将义务教育三个学段的课程标准按照大中小学思政课一体化的理念、思路与要求，进行了一体化的设计。以往学界对小学与初中课程标准的研究，均认为义务教育课程标准制定并未实现同步。伴随着“2022年版课标”的颁布，给本书带来了全新的研究对象，极大地提升了对现阶段小学和初中道德与法治课程内容的理解。

课程内容是“2022年版课标”的主体。从课程内容的结构上看，“2022年版课标”分为“学习主题”“内容要求”和“教学提示”。“2022年版课标”根据不同学段学生心理发展特点，以学生逐步拓展的生活为基础，把小学划分为第一学段（1~2年级）、第二学段（3~4年级）及第三学段（5~6年级）；初中划分为第四学段（7~9年级）。分学段按不同的主题对课程内容进行结构化设计，建构学段间螺旋式上升的课程内容体系，既体现了课程内容安排的整体性，又凸显了各学段的差异性，如表3-1所示。

① 中华人民共和国教育部．义务教育道德与法治课程标准（2022年版）［M］．北京：北京师范大学出版社，2022：84.

表 3-1 “2022 年版课标”课程内容结构体系

第一学段（1~2 年级）		第二学段（3~4 年级）		第三学段（5~6 年级）		第四学段（7~9 年级）	
主题	内容要求的条目数	主题	内容要求的条目数	主题	内容要求的条目数	主题	内容要求的条目数
入学教育	7	道德教育	11	道德教育	7	生命安全与健康教育	5
道德教育	10	生命安全与健康教育	5	生命安全与健康教育	4	法治教育	16
生命安全与健康教育	6	法治教育	4	法治教育	8	中华优秀传统文化教育	5
法治教育	3	中华优秀传统文化与革命传统教育	7	中华优秀传统文化与革命传统教育	6	革命传统教育	5
中华优秀传统文化与革命传统教育	10	国情教育	4	国情教育	5	国情教育	4

从表 3-1 中可以看出，义务教育道德与法治的课程内容是按照主题呈现的。课程内容一般包括了入学教育、道德教育、生命安全与健康教育、法治教育、中华优秀传统文化与革命传统教育、国情教育等主题，其中单独设置入学教育供第一学段（1~2 年级）的小学生学习，帮助他们较快地适应学校生活；在第四学段（7~9 年级）道德教育没有独立设置，而是融入其他主题。此外，从课程内容要求的条目数来看，在四个学段出现总次数排序为中华优秀传统文化与革命传统教育（33 次）、法治教育（31 次）、道德教育（28 次）、生命安全与健康教育（20 次）、国情教育（13 次）、入学教育（7 次）。整体而言，各主题在不同的学段出现的次数基本一致，但落实课程内容的方式有所不同。至于，这些主题在各学段之间是如何梯度式呈现，本研究结合教材进行具体分析。

“2022 年版课标”这一系列关于课程内容的安排充分体现了统一性、多样性与开放性相结合。统一性体现在，同一内容在不同学段被置于同样的主题框架之内；多样性体现在，主题框架里的具体内容和呈现形式等在不同学段会有所不同，如在第一、二、三学段均有的道德教育主题，在初中阶段融入其他主题；开放性体现在，每一个主题都有之前原有的三个课程标准难以覆盖的内容，如基层民主制度、习近平外交思想、习近平法治思想等，这都是党和国家最新教育文件精神的体现，将课程内容主题呈现，为未来党和国家最新教育理念、思想的融入提供了条件。[①] 此外，关于义务教育道德与法治的课程内容的衔接还有关键之处，就是突出义务教育道德与法治课程核心素养的培养导向。“2022 年版课标”中的课程内容是基于核心素养培育要求，遴选核心观念、主题内容和知识点，强化素养导向的学科内容观。但是“2022 年版课标”中“学习主题”与“核心素养”并不是一一对应的关系，具体的“内容要求”与“核心素养”是一对多的关系，形成了其他素养并育的内容观。如“法治教育”主题下的课程内容要求，不仅是落实“法治观念”的这一素养的要求。

二、统编思政课教材内容的比较及衔接分析

通过第二章大中小学思政课教材建设历史的回顾，可知改革开放以来中小学思政课教材从“一纲一本”到“一纲多本”再到“统编统审统用”。教材内容的分析是教学内容形成的基础，如果缺少对教材内容的深刻把握，教师难以形成对教学内容的转换。因此，本文选用部编小学与初中思政课教科书为例进行初中与小学思政课教材比较及衔接研究。以往思政课教材知识内容的比较及衔接分析的基本研究思路。第一种：对小学和初中思政课教材内容分别做内容要素分析（教科书内容的结构、单元结构、课时结构等），然后进行比较分析（比较两个学段思政课教材内容呈现的共性与超越）。[②] 但第一种分析思路基本上把小学与初中的思政课教材割裂。第二种：从义务教育阶段思政课教材基于学生个体所面临的关系出发，从“自我认识”“我与家庭与他人”“我与国家、社会”及“我与世界（国际社会）”四个模块进行比较及衔接分析。第二种分析思路虽然有效，也值得采用，但此类研究方法在一定程度上忽视了其他要

① 李晓东．义务教育课程标准（2022 年版）课例式解读道德与法治［M］．北京：教育科学出版社，2022：37.

② 肖磊，王宁．中国教材分析：历程回顾与未来展望［J］．课程·教材·教法，2021，41（10）：42-50.

素，如自然等。基于此，本书从大中小学思政课一体化的视角，以“2022年版课标”所规定的内容主题出发，分析小学和初中思政教材中共有的内容，即小学、初中思政课教材独有的内容。

（一）小学和初中思政教材中共有的内容

小学和初中思政教材中共有的内容为道德教育、生命安全与健康教育、法治教育、中华优秀传统文化与革命传统教育、国情教育。

1. 道德教育

（1）第一学段（1~2年级）。

“2022年版课标”第一学段（1~2年级）“道德教育”主题提出了10条内容要求及相应的教学提示。这10条内容要求分别涉及如何发现问题并解决问题、如何做事养成好习惯、学会明辨是非和勇于对待错误和改正、学会正确看待自己的成长（进步）和学习成绩、学会欣赏他人的优点并以此激励自己、学会关心他人且乐于合作探究、学会遇到困难求助他人且乐于助人、亲近自然保护自然、了解家乡关注家乡变化、知道识记社会主义核心价值观等。这10条内容体现了小学生学会以什么样的状态参与校园生活并更好地适应这种生活，内容上实现了由简单到复杂、由常见的生活事情到较抽象的概念（社会主义核心价值观）的螺旋式上升，这也是第一学段“道德教育”主题所要反映的核心内容。在教学提示中，基本上是采用“动词+任务”的形式呈现的，如观看、制作、接触等，反映了让学生“看到什么”“听到什么”的启蒙性学习要求，是为学生的道德启蒙打基础。①

从第一学段（1~2年级）“道德教育”主题教材内容来看，在一年级下册第一单元《我们的好习惯》，由“我们爱整洁—我们有精神—我不拖拉—不做‘小马虎’”组成，引导小学生养成讲文明、讲卫生、乐学、勤学的好习惯，属于好习惯养成教育，与“2022年版课标”规定的“如何做事养成好习惯”相符合；第二单元《我和大自然》，由“风儿轻轻吹—花儿草儿真美丽—可爱的动物—大自然谢谢您”组成，它主要涉及大自然中的风、动物与人们生活

① 李晓东．义务教育课程标准（2022年版）课例式解读　道德与法治［M］．北京：教育科学出版社，2022：26.

的密切相关，主旨是让孩子们与自然共存，感恩自然，与“2022 年版课标”规定的“亲近自然保护自然”相符合；第四单元《我们在一起》，由“我想和你们一起玩—请帮助我一下吧—分享真快乐—大家一起来合作”组成，它侧重引导小学生学习如何和同伴相处，围绕同伴相处中的“乐群、互助、分享、合作”四个核心主题，帮助小学生形成共同成长的同伴关系，同伴交往的教育在小学低年级段贯穿始终，与“2022 年版课标”规定的“学会关心他人且乐于合作探究”相符合。

在二年级上册第三单元《我们在公共场所》，由“这些是大家的—我们不乱扔—大家排好队—我们小点声”组成，教材主要通过公共财物、公共卫生、公共秩序、公共文明修养四个方面的重点引导，帮助小学生养成在公共场所所需要的文明习惯，并在其中融入社会主义核心价值观的教育，也属于好习惯养成教育，与“2022 年版课标”规定的“如何做事养成好习惯”“知道识记社会主义核心价值观”等相符合；第四单元《我们生活的地方》，由“我爱家乡山和水—家乡物产养育—我可亲可敬的家乡人—家乡新变化”组成。教材主要通过将家乡抽象为我们生活的地方，引导低年龄段的小学生感受家乡的山水风情、物产和人们的生活，从而形成积极健康的发展观，发现家乡尚需改进的地方，从而产生让家乡更美好的责任意识，与“2022 年版课标”规定的“了解家乡关注家乡变化”相符合。在二年级下册第一单元《让我试试看》，由“挑战第一次—学做快乐鸟—做个开心果—试种一粒籽”组成。教材主要旨在引导小学生敢于挑战、勇于尝试、学会辨识并调节不同情绪、体察身边人的情绪状态、关心身边的同学，从而与同伴一起愉快地生活，通过做事（例如种植）学做人，养成积极乐观的生活态度，与“2022 年版课标”规定的学会明辨是非、学会正确看待自己成长（进步）、学会关心他人、学会乐于助人等相符合；第三单元《绿色小卫士》，由“小水滴的诉说—清新空气是个宝—我是一张纸—我的环保小搭档”组成，教材从小学生自己身边可触可感的资源（水、空气、纸三个元素）出发，从小学生日常生活中体验到的问题入手，采用对话的方式（通过“小水滴”的歌唱与遭遇不幸后的诉说等），引导小学生理解“绿色与环保”，并通过自己的创造，改善生活环境，节约资源，文明生活，让自己成长为“绿色小卫士”，从而培养好小学生的环保意识，与“2022年版课标”规定的“亲近自然保护自然”相符合。

（2）第二学段（3~4年级）。

“2022年版课标”第二学段（3~4年级）“道德教育”主题提出了11条内容要求及相应的教学提示。与第一学段（1~2年级）相比，第二学段的课程内容明显地体现了“从小学低段向小学高段过渡”的特征。从内容要求的条目来说，比第一学段多1条，其范围也较多覆盖小学道德教育的主要方面。对于这部分内容，可以从这种“中间环节”的属性来理解。这一部分的11条内容要求主要涉及关心家庭和主动承担家务、树立正确的消费观和勤俭节约、学会与掌握日常基本礼仪、尊重老师、同学之间要平等相处、树立正确的集体观、懂得处理好邻里关系、尊重劳动者、爱护公共设施、增强环境保护意识、学习基本的网络道德规范文明上网、初步理解并践行社会主义核心价值观等方面。与第一学段相比，内容范围逐步扩大，即使是同样的内容要求上也有显著的提升，如对社会主义核心价值观的要求，就从“知道”提高到了“初步理解并践行”。这种变化，主要是基于小学生生活视野扩大的实际情况，着眼于学生的成长需要，更多关注社会公德的方面，为小学生融入社会、观察社会和理解社会提供了知识支持。从这些要求用的动词来看，不同于第一学段的了解、感受，第二学段开始注重具体行为，如学习、关心、体验、懂得、做到、践行等，这是与这一阶段小学生的成长阶段相适应的。“道德教育”主题内容的教学提示，主要是解释和细化内容要求，基本指向具体行为，对学生如何更好地在行动中达到内容要求作出提示。

从第二学段（3~4年级）“道德教育”主题教材内容来看，三年级上册第二单元《我们的学校》的第5课《走进我们的老师》由两个板块组成。第一个板块的话题是“我和老师的故事”，从学生与教师交往的角度入手，用具体鲜活的事例引导学生感恩教师、理解教师；第二个板块的话题是“老师，您辛苦了”，主要从理性分析入手，让学生学会为教师分忧减负，学会尊重教师，与“2022年版课标”规定的“尊重老师”相符合。第四单元《家是最温暖的地方》，由“父母多爱我—爸爸妈妈在我心中—家庭的记忆”组成，教材的前两课侧重讲父母对孩子的爱，引导小学生体会父母的爱，多了解、体贴父母并将自己对父母的爱落实在行动中。“家庭的记忆”引导小学生通过了解家庭这一基本的社会单位，了解自己家庭的历史、变迁，进而体会中国人重视家庭的文化传统，与“2022年版课标”规定的“关心家庭和主动承担家务”相符合。在三年级下册第一单元围绕“自我与同伴”这一学习主题，由“我是独特的—不一样的你我他—我很诚实—同学相伴”组成。先从儿童的自我认识与同伴交往为主体，帮助三年级的小学生认识自我、了解同伴，引导其建立积极的、支持性的同伴关系，在此基础上，引导学生学习诚实品质，帮助学生在同伴交往、师生互动中努力做一个诚实的人，为将来四年级解决更多同伴交往问题打下了基础，与“2022年版课标”规定的“尊重老师、同学之间要平等相处”相符合。如何解决社区中出现的邻里关系淡漠的问题，建构一种温馨和谐、具有人情味的社区邻里关系，引导儿童建立一种具有归属感的社区生活，也是应该拓展的社会性学习内容，据此第二单元围绕“社区与家乡”这一学习主题，由“我的家在这里—我家的好邻居—请到我的家乡来”组成。首先，从热爱社区的一草一木，从情感上引导小学生对社区生活的感受与认同，再从认识上推动小学生对社区人、事、物的了解，进一步引导小学生主动维护社区利益，积极为社区生活的改善建言献策。其次，聚焦到互动性更强、与儿童生活更直接的邻里生活中，引导小学生学习正确的邻里交往方式，学会处理邻里纠纷，与“2022年版课标”规定的“懂得处理好邻里关系”相符合。最后，在社区邻里生活的基础上，扩展到对“家乡”这一更广阔的生活环境的学习中，从感性上认识家乡的物产，进而从情感上认同家乡。第三单元《我们的公共生活》的第8课《大家的“朋友”》由两个板块组成。第一个板块的话题是“认识我们的‘朋友’”，以具有童趣的拟人化手法，采用自述的表现方式让小学生懂得公共设施的作用，让小学生了解公共设施给人们生活带来的便利，并引导小学生对公共设施的完善、发展和创新展开；第二个板块的话题是“善待我们的‘朋友’”，引导小学生懂得人人都应爱护公共设施，并知道怎样爱护公共设施。旨在帮助小学生从小树立爱护公共设施的意识，知道合理使用和爱护公共设施很重要，与“2022年版课标”规定的“爱护公共设施”相符合。

在四年级上册第二单元围绕“为父母分担”这一学习主题，由“少让父母为我操心—这些事我来做—我的家庭贡献与责任”组成，这三课有着较为清晰的逻辑层次。首先，通过观察、采访、体验等多种方式，引导小学生学会体谅父母辛苦；其次，学会换位思考，在行动上管好自己，主动分担家务劳动，并使小学生体验到学做家务的快乐；最后，激发小学生用自己的行动来为家庭作出贡献，懂得在承担家庭事务的过程中建立家庭责任。与“2022 年版课标”规定的关心家庭和主动承担家务相符合。第四单元围绕“让生活多一些绿色”这一学习主题，由“我们所了解的环境污染—变废为宝有妙招—低碳生活每一天”组成。引导小学生从“白色污染”问题入手，关注垃圾的分类、回收再利用，倡导小学生过低碳、绿色的生活，体现了从知到行的递进过程。第 10 课《我们所了解的环境污染》，侧重于引导学生认识、体会环境污染的现状及其危害，在日常生活中有环保意识。第 11 课《变废为宝有妙招》，侧重于引导学生认识垃圾分类、回收、循环再利用的意义，并学会节约资源。第 12 课《低碳生活每一天》，侧重引导学生反思自己的生活，减少碳排放，学会过绿色生活，并积极参与环保活动。

（3）第三学段（5~6 年级）。

“2022 年版课标”第三学段（5~6 年级）“道德教育”主题提出了 7 条内容要求及相应的教学提示。就其内容要求来看，它对前两个学段中的一些内容进行了整合提升。其内容要求主要包括做人要诚信自尊自爱自强、反思自己的生活和行为做出理性思考和正确判断、学会平等待人且具有团结互助的精神、懂得感恩父母和主动参与家务、具有集体意识和团队精神、参与社会实践和增强社会责任感、了解社会规则和文明规范等。与前两个学段相比，这一学段的条目数减少了三四条，但就内容要求的内涵意蕴与实践要求来说，不仅没有减少的趋势，反而有所增加。如诚信自尊自爱自强、团队精神、社会责任感、社会规则和文明规范等内容，既与小学低、中学段对小学生的道德认识水平的要求相接，又对中学阶段学生不断扩大道德认识范围打下了良好基础。尤其要注重教学提示部分，表现出高阶的思维含量，如情景剧、社会实践活动等创新的道德教育形式在教学中的实施，对于提高学生的道德认识水平发挥着重要的作用。

从第三学段（5~6 年级）“道德教育”主题教材内容来看，五年级下册第一单元《我们一家人》第 1 课《读懂彼此的心》引导小学生正视自己成长过程中的变化（自主意识的增强和心理的变化），帮助小学生学会体会家长各种行为背后的良苦用心，学会用积极主动的态度、有效的方法，与家人沟通并化解矛盾；第 2 课《让我们的家更美好》引导小学生认识到自己在家庭中扮演的角色，应尽自己的努力，主动为家庭分担责任，从家庭福利的享受者转化为家庭责任的承担者和美好家庭的创造者，并在过程中，真正实现与父母平等相处，与“2022 年版课标”规定的“懂得感恩父母和主动参与家务”相符合。六年级下册第一单元围绕“自我完善”这一学习主题，用“尊重”“宽容”“反思”三个话题，设计了《学会尊重》《学会宽容》《学会反思》三课内容。第 1 课先从“哪些人值得我们尊重”的话题入手，让小学生体会每个人都拥有生而为人的尊严。然后通过情景与案例分析去引导小学生认识尊重自己和尊重他人的含义与具体表现，并努力做到尊重自己和他人。第 2 课先从宽容对生活的价值入手，引导学生体会宽容的意义；然后针对宽容的不计较和包容两层含义设计教材内容，引导学生体会宽容的心理过程，树立有原则、有限度的宽容意识，理解宽容亦是对他人不同兴趣爱好、观点的包容；最后进入反思主题的学习，引导学生回顾个人的反思经历，在此基础上进一步促使小学生养成与其他社会成员友好交往的基本品质。

（4）第四学段（7~9 年级）。

“2022 年版课标”第四学段（7~9 年级）“道德教育”主题并没有独立设置，这是因为道德教育的主题内容非常充分，已经融合到其他主题的有关表述之中了。

从第四学段（7~9 年级）“道德教育”主题教材内容来看，初中阶段道德教育发布在 6 本教材之中，以道德修养作为统领，涵盖个人品德、家庭美德、社会公德、职业道德四个方面。首先，从个人品德方面而言，七年级的教材以呵护友谊、网上交友、与老师交往等主题呈现。呵护友谊从朋友的重要性入手，让初中生体悟到生命的美好，引导学生要敞开心扉、真诚待人，并且要关怀和尊重对方。从而指出了友谊的内涵与特质、原则及其怎样澄清友谊上的误区。网上交友通过情景与案例分析去引导学生学会理性辨别、慎重选择朋友，增强自我保护意识。与老师交往从尊重老师的重要性入手，引导学生正确对待老师的表扬和批评以及理解老师、尊重老师。其次，从家庭美德方面而言，七年级的教材以孝亲敬长、与父母沟通等主题呈现。孝亲敬长方面，从中国的家庭文化出发，"孝"是重要的精神内涵，强调孝亲敬长是中华民族的传统美德，也是每个中国公民的法律义务。作为学生应当用行动表达孝敬之心，做到尊敬、倾听、感恩；与父母沟通方面，作为学生要学会接纳父母，理解父母的难处，主动与父母沟通，用不伤害父母感情和不影响亲情关系的方法来表达我们的爱。此外，家庭成员之间要信任、体谅和包容，通过有效的交流和沟通增进理解，化解矛盾和冲突，让亲情更浓，家庭更和睦。再次，从社会公德方面而言，七年级教材以建设美好集体、个人利益与集体利益的关系等主题来呈现，八年级教材以亲社会行为、理性参与网络生活、维护规则、尊重他人、文明有礼、诚实守信主题来呈现。在个人利益与集体利益的关系方面，教材从过集体生活的好处（涵养品格，发展个性）入手，引导学生应心中有集体，识大体、顾大局，不得因个人之间的矛盾做有损集体利益的事情，应把集体利益放在个人利益之上，反对小团体主义；在建设美好集体方面，教材分析了美好集体的特征及青少年如何在集体生活中学会承担责任；在亲社会行为方面，亲社会行为是初中生步入社会生活遇到的重要概念，旨在引导学生关注社会发展，积极投身于社会实践，遵守社会规则；在理性参与网络生活方面，网络虚拟生活与现实生活相辅相成，是青少年参与社会生活常见的平台，网络是把双刃剑，因此要引导学生理性参与网络生活，提高媒介素养，学会"信息节食"，学会辨析网络信息，自觉抵制不良信息，自觉遵守道德和法律，做一名负责的网络参与者；在社会生活讲道德方面，从尊重他人、文明有礼、诚实守信的内涵和重要性践行展开，促使初中生过上有道德的生活。最后，从职业道德方面而言，教材围绕敬业精神、劳动意识、开拓创新、艰苦奋斗展开，旨在引导学生懂得劳动的意义及其劳动者值得我们尊敬和学习；发扬实干精神，让青春绽放；要树立远大理想，发扬艰苦奋斗精神，不畏困难，奋发进取。

2. 生命安全与健康教育

（1）第一学段（1~2 年级）。

对于小学生而言，生命安全与健康教育具有非常重要的意义，因为他们身心发展不充分，尚不充分具备照顾自己的能力，因此，这一主题以“如何保护自己”为基本内容，为小学生参与社会生活提供基础的身体保障，让小学生对生命安全与健康有最基础的理解和感受。“2022 年版课标”第一学段（1~2 年级）“生命安全与健康教育”主题提出了 6 条内容要求及相应的教学提示。这 6 条内容要求分别涉及认识道路交通标志和掌握报警的基本常识、识别公共环境中的安全标识和安全有序使用与爱护公共设施、学会发现和识别身边的安全隐患并保护自己、学会用适当的方式化解自己的消极情绪、养成良好的饮食和个人卫生习惯以及爱护家庭，以及学校和公共环境卫生。[①] 这些都是小学生在社会生活范围内可能接触到的真实存在的问题。在这个阶段的小学生经常接触到的是上学和放学路上的场景，就这些场景给小学生简单明确的提示，对于小学生的健康成长来说具有非常重要的意义。这 6 条内容要求的教学提示，或是内容要求的细化，或是从另一角度提高学生的基础能力，其主要着眼点依旧是增强小学生“保护自己”的能力，让小学生能更好地善待生命、呵护健康。这些指向具体行为的要求与小学生的学段相匹配。[②]

从第一学段（1~2 年级）“生命安全与健康教育”主题教材内容来看，一年级上册第三单元《家中的安全与健康》，是公共教育对儿童健康文明的家庭生活方式的引导，分别围绕家庭生活中的游戏、饮食、安全与作息习惯这四个主题开展，由第 9 课《玩得真开心》、第 10 课《吃饭有讲究》、第 11 课《别伤着自己》、第 12 课《早睡早起》四课组成，引导儿童在“上学了”之后的新生活情境中反思家庭生活，由自然的家庭生活状态，进入到文明健康、安全愉快、自主治理的家庭生活状态，旨在提升儿童家庭生活的品质，使小学生热

---

① 中华人民共和国教育部．义务教育道德与法治课程标准（2022 年版）［M］．北京：北京师范大学出版社，2022：19.

② 李晓东．义务教育课程标准（2022 年版）课例式解读　道德与法治［M］．北京：教育科学出版社，2022：27.

爱生活、学会生活、讲究文明与自治、注重安全与健康、与学校生活相协调的状态，这与“2022 年版课标”规定的“养成良好的饮食和个人卫生习惯”相符合；二年级上册第三单元《我们在公共场所》，由班级空间扩大到小学生时常进出的真正公共场所（这个年龄段的小学生基本上还是跟家人一起进入公共场所），通过对“公共财物”“公共卫生”“公共秩序”以及“公共文明修养”（如针对当前广受诟病的“大声喧哗”这一习惯）这四个方面的重点引导，旨在帮助学生养成公共场所需要的文明行为习惯，并在其中融入社会主义核心价值观教育，包括第 9 课《这些是大家的》、第 10 课《我们不乱扔》、第 11 课《大家排好队》、第 12 课《我们小点儿声》四课。其中，第 9 课公共财物的范围基本上是以学校生活为主，目的就在于帮助学生培养爱护公物，养成主人翁意识为核心，树立公共观念“这些是大家的”，这与“2022 年版课标”规定的“识别公共环境中的安全标识和安全有序使用与爱护公共设施”相符合；二年级下册第二单元《我们好好玩》第 8 课《我们安全地玩》，旨在引导小学生创设有安全警示的环境，帮助小学生了解游戏场所与游戏过程中可能存在的安全隐患，自觉地远离这些安全隐患，学会健康、安全地生活，过有道德的生活。

（2）第二学段（3~4 年级）。

“2022 年版课标”第二学段（3~4 年级）“生命安全与健康教育”主题提出了 5 条内容要求及相应的教学提示。第二学段的生命安全与健康教育面向小学 3~4 年级的学生，主要指向他们在社会生活中更为扩展的认识和扩大的交往圈，因而在具体内容的选择上更加突出学生对自我意识的关注，让学生在“如何认识自己、融入社会”方面有更好的参考。[①] 这 5 条内容要求主要涉及学会悦纳自己和正确对待挫折与困难、掌握良好的人际交往技能和养成礼貌友好的交往品质、养成自主学习的习惯并正确对待学习中遇到的困难、珍惜生命呵护生命、树立安全自律意识和知道保护隐私的重要性等。这些方面都是小学生进入扩展的社会生活中比较关注的，因此积极参与的倾向更加显著，为他们

① 李晓东．义务教育课程标准（2022 年版）课例式解读　道德与法治［M］．北京：教育科学出版社，2022：29.

更加主动地参与社会生活提供了很好的帮助。教学提示部分的内容更加丰富，也更加复杂。就其丰富性而言，在每一条内容要求之后，都提供了丰富多样的建议，从而为教学实施提供了更多的可能性，也为教师在教学中落实相关要求提供了思路。

从第二学段（3~4 年级）“生命安全与健康教育”主题教材内容来看，三年级上册第一单元《快乐学习》。升入三年级的小学生，伴随着学科内容的加深，学习任务的加重，学习难度的加大，学习烦恼和学习困难也相应地增加。因此，教材设置本单元以“明确学习意义”“体验学习快乐”“掌握学习方法”构成逻辑主线。尤其是第 2 课《我学习，我快乐》从正面引导学生体会学习本身所蕴含的快乐，激发学生的学习兴趣，还引导小学生体验战胜困难的快乐，让小学生懂得在学习上遇到困难时，要树立战胜困难的信心和勇气，找到解决困难的方法。第 3 课《做学习的主人》从帮助学生树立学习自信心出发，引导学生从多问、多思、合理安排和利用时间、养成良好学习习惯等方面做学习的主人，这些与“2022 年版课标”规定的“养成自主学习的习惯并正确对待学习中遇到的困难”相符合。针对小学阶段各种层出不穷的安全伤害事故，教材设置了第三单元《安全护我成长》，以“体会生命宝贵”“学会自护自救”“警惕人际安全”构成单元的逻辑主线。第 1 课《生命最宝贵》是本单元的基础和起点，旨在让小学生体会生命来之不易，逐步认识到保护好生命不仅要靠父母，还要靠自己，树立珍爱生命的意识。第 2 课《安全记心上》里有交通安全、预防溺水、预防火灾等内容，从正面引导学生发现生活中的安全隐患，初步学会日常生活中基本的自护自救方法，增强安全意识。第 3 课《心中的“110”》包含防盗、防骗、防拐、防性侵教育内容，引导学生初步形成人身安全意识，这与“2022 年版课标”规定的“珍惜生命呵护生命、树立安全自律意识”相符合。

四年级下册第一单元《同伴与交往》，以“真正的友谊”“做讲诚信的人”“化解校园冲突”构成单元的逻辑主线。第 1 课《我们的好朋友》是本单元的基础和起点，旨在让小学生感受到友谊的美好，并能区分益友与损友，珍惜友情的来之不易；第 2 课《说话要算数》，从“爱保证”同学多次说话不算数会怎么样及其“爱保证”同学为什么说到做不到等一系列问题出发，让小学生体悟诚实守信的重要性，改正自身不诚信的行为；第3课《当冲突发生》，从产生冲突的原因、表现入手，教小学生如何采用正确的方法，很好地化解冲突。在生活中，我们不仅会遇到一些矛盾和摩擦，也可能会遇到被他人欺负的情况，采取什么样的好方法帮助被欺负者摆脱烦恼，这与“2022年版课标”规定的“掌握良好的人际交往技能和养成礼貌友好的交往品质”相符合。

（3）第三学段（5~6年级）。

对于第三学段的“生命安全与健康教育”而言，其承上启下的作用尤为显著。“2022年版课标”第三学段（5~6年级）“生命安全与健康教育”主题提出了4条内容要求及相应的教学提示。本主题的4条内容要求主要涉及珍爱生命、远离烟酒和拒绝毒品、识别与防范性侵害和欺凌、初步树立社会安全意识和遵守公共卫生规则的意识、了解突发公共卫生事件（地震、抗疫等伟大实践）和认识人民至上、生命至上的价值理念等。教学提示部分比较详细地列举了反烟酒、反毒品、反欺凌、防止性侵害、认识人民至上、生命至上理念等内容，为小学生更好地理解与我们生命安全和健康密切相关的若干热点问题，学会用正确的方法做好自我防护、维护社会安全，提供了具体的建议。

从第三学段（5~6年级）“生命安全与健康教育”主题教材内容来看，五年级上册第一单元第3课《主动拒绝烟酒与毒品》，从看图片、列数据到举例子，使用生动、直观的视频资源，由浅入深，让小学生认识吸烟、饮酒对人体的危害，并知道什么是毒品，以及毒品是怎样害人的。用展板的形式介绍了许多禁烟、戒酒、禁毒的常识，并联系学生的生活实际，设计了“参观展览”和“做宣传员”等活动，让学生通过参与活动，初步树立吸烟、饮酒、吸毒有害身体健康的意识，懂得珍爱生命、远离危险①，这与“2022年版课标”规定的“珍爱生命、远离烟酒和拒绝毒品”相符合。六年级下册第二单元《爱护地球　共同责任》第5课《应对自然灾害》，首先通过地图让小学生认识我国自然灾害的总体状况；其次通过我国常见的自然灾害案例，引导小学生初步

① 人民教育出版社课程教材研究所．义务教育教科书教师教学用书．道德与法治五年级．上册［M］．北京：人民教育出版社，2019：72.

了解自然灾害的表现及其带来的损失，认识自然灾害发生的原因除了自然因素以外，人类不合理的行为也是重要因素；最后在此基础上，培养小学生应对自然灾害的自救意识、自救能力，并从人类不屈的抗灾精神中感受人类在灾害中团结互助的人道主义精神，这与“2022年版课标”规定的“了解突发公共卫生事件（地震、抗疫等伟大实践）和认识人民至上、生命至上的价值理念”相符合。

（4）第四学段（7~9年级）。

“2022年版课标”第四学段（7~9年级）“生命安全与健康教育”主题的内容要求主要涵盖以下几个方面：认识青春期生理、心理变化和正确对待两性关系，客观认识和对待自己、理解不同社会角色形成的社会行为以及能够正确处理自己与同学、朋友的关系、个人与集体的关系，认识顺境和逆境的关系以及学会情绪调控、正确看待挫折、树立正确的人生观价值观和尊重敬畏生命，遵守基本的社交礼仪和维护社会公德及公共秩序等。应该说，这几个方面都是初中生在成长中面临的关键问题和敏感问题，有利于培育健全人格。这一学段的教学提示与内容要求彼此呼应，以“议题”形式为生命安全与健康教育的教学提供了建议。

从第四学段（7~9年级）“生命安全与健康教育”主题教材内容来看，广泛分布在七年级上下册、八年级上册。从七年级上册来看，第一单元第3课《发现自己》第一部分“认识自己”，通过让学生选取三个镜头反映自己的中学生活，让学生在集体生活中觉察自我形象，明确认识自己的重要性。通过活动，明确对自己的认识可分为三个方面，同时认识自我评价和他人评价之间的共同之处和差异，掌握自我认识的途径和方法，学会用理性的心态面对他人的评价。第二部分“做更好的自己”，分析接纳与欣赏自己在行为上的表现和要求，鼓励学生做更好的自己，不断发展和完善自己，进一步理解接纳、欣赏自己的内涵，这与“2022年版课标”规定的“客观认识和对待自己”相符合。七年级下册第一单元中“成长的不仅仅是身体”“青春萌动”“青春飞扬”“青春有格”等内容，是在肯定青春期身心发展带来的美好感觉的基础上，引导学生在思维方式、爱情观念、创造力以及道德规范等方面的学习和发展；第二单元中的“在品味情感中成长”等内容，强调引导学生获得正面、积极的情感体验，引导学生如何在现实生活中“传递情感正能量”，这与“2022 年版课标”规定的“认识青春期生理和心理变化和正确对待两性关系”相符合。七年级上册第二单元“友谊的天空”，引导学生从与朋友交往方面体会相互依存的生命关系；第四单元“生命的思考”，以一个单元的内容探讨生命主题，在带领学生寻找、思考生命的意义与价值，探讨生命关系的过程中渗透社会主义核心价值观教育。七年级下册第三单元通过“集体生活的邀请”“我与集体共成长”等内容，帮助学生认识集体生活对于个人的意义，培养学生在集体生活中的责任和担当。这些内容的安排有助于初中生在不断扩展的生活中处理好与自我、与他人和集体、与国家和社会等方面的关系。而面对这些关系的处理，教材的内容设计强调以相互依存的生命关系为基础，这与“2022 年版课标”规定的“能够正确处理自己与同学、朋友的关系、个人与集体的关系、树立正确的人生观价值观和尊重敬畏生命”相符合。

从八年级上册来看，第一单元《走进社会生活》引导初中生基于自己的社会生活经验和情感体验，将其对生活的认识由感性上升到理性，理解个人与社会的相互依存关系，社会因人的生产、生活和交往活动而产生和存在，个人是社会的一分子，而社会是个人的成长课堂，是人由自然的生物个体转变为社会人的必要条件。基于这种理性认识，引导青少年养成亲社会行为，以积极入世的态度参与社会事务、实现人生价值，这与“2022 年版课标”规定的“理解不同社会角色形成亲社会行为”相符合。

3. 法治教育

（1）第一学段（1~2 年级）。

法治教育是党和国家非常重视的内容。2016 年，教育部等部门联合发布《青少年法治教育大纲》，明确提出了“加强青少年法治教育，使广大青少年学生从小树立法治观念”的要求。就第一学段的学生而言，法治教育依旧着眼于启蒙性学习，引导学生从最基础的生活感受出发，理解社会生活中的规则。“2022 年版课标”第一学段（1~2 年级）“法治教育”主题提出了 3 条内容要求及相应的教学提示，分别涉及了解学校生活中的规则并养成规则意识、信守承诺、爱护国旗国徽。其中，爱护国旗国徽是落实宪法意识培养的内容。在教学提示部分，3条内容要求都有着非常明确的扩展内容。规则意识对应的扩展内容为《中小学生守则》，这是小学生在学校接触到的第一个国家层面的规则，将其与校规校纪一起了解，可以让小学生更好地感受规则的作用。信守承诺对应的扩展内容为“诚实守信”，这是“诚信”的明确呈现，在法治教育的背景下还指向诚实信用原则。在这里，道德和法治融为一体。最后一条教学提示则将国歌和国旗、国徽并列，为学生了解国家标识提供了完整参考。《青少年法治教育大纲》中明确提出，对小学生进行法治教育的目标是“着重普及宪法常识，养成守法意识和行为习惯，让学生感知生活中的法、身边的法，培育学生的国家观念、规则意识、诚信观念和遵纪守法的行为习惯”。①

从第一学段（1~2年级）“法治教育”主题教材内容来看，一年级上册第一单元第4课《上学路上》中不同的上学路主要让小学生了解道路警示标志、采取防护措施，尤其是能够准确地识别交通信号灯、安全过马路，这是培养小学生遵守法律，增强公民意识的体现，这与“2022年版课标”规定的“了解学校生活中的规则并养成规则意识”相符合；二年级上册第一单元第3课《欢欢喜喜庆国庆》让小学生了解我国的国旗、国徽以及唱国歌，这与“2022年版课标”规定的“爱护国旗国徽”相符合。

（2）第二学段（3~4年级）。

“2022年版课标”第二学段（3~4年级）“法治教育”主题提出了4条内容要求及相应的教学提示，分别涉及树立参与意识和规则意识、知道法律的作用和了解生活中常用的法律、树立民主和平等观念、树立维护民族团结和国家统一的意识等。相比于第一学段，无论是内容要求还是教学提示，在深度和广度上均有了比较明显的提升。

从第二学段（3~4年级）“法治教育”主题教材内容来看，教材关于法治教育内容都是以隐性呈现。例如，三年级上册第二单元《让我们的学校更美好》中“你能理解这些失学女童上学的渴望吗?”“她们能用法律来保护自己

---

① 李晓东．义务教育课程标准（2022年版）课例式解读　道德与法治［M］．北京：教育科学出版社，2022：27.

受教育的权利吗?”等内容与普及《中华人民共和国义务教育法》密切相关;同时教材中还以“知识窗”的小贴士形式，补充了与规则、法治相关的一些内容，如四年级上册《变废为宝有妙招》体现了垃圾分类的相关管理办法、《正确认识广告》的“知识窗”补充了《中华人民共和国广告法》的相关规定。

(3) 第三学段(5~6年级)。

从“2022年版课标”对第三学段的“法治教育”内容的规定来看，这极有可能改变以往教学实践中小学六年级上册是以宪法教育为主要内容的“法治教育专册”的地位，比如宪法的主要内容和社会主义制度、公民的权利和义务等，这些内容都是在六年级上册教材中呈现的，“2022年版课标”对此的规定，在很大程度上改变了“法治教育”内容的教材内容分布。具体来看，“2022年版课标”第三学段(5~6年级)“法治教育”主题提出了8条内容要求及相应的教学提示，分别涉及初步认识法律的概念及特征、了解宪法的主要内容和社会主义制度、认识公民的权利和义务、初步具备民主参与和责任担当意识、了解消费者权益保护和食品安全等法律常识并且初步学会运用法律维护自身权益、认识未成年人保护、预防未成年人犯罪、危害国家安全特别是社会安全的行为及防范措施等。这些内容的规定比前两个学段的内容更难，也是社会生活中具有广泛影响的法治教育内容。本主题的教学，需要结合法治教育专册的设计来考虑。

在前五年的小学道德与法治课程中，教材采取了分散教育的方式，进行以纪律、规则为主要内容的法治意识教育。从第三学段(5~6年级)“法治教育”主题教材内容来看，法治教育的内容集中于法治教育专册，其内容结构，如图3-1所示。教材以“知识生活化、道德法治相融合”为出发点，根据“生活与法”“公民与法”“国家与法”“社会与法”四个学习领域，以宪法精神为主线来安排单元及课时内容，设计了“我们的守护者”“我们是公民”“我们的国家机构”“法律保护我们健康成长”四个单元。第一单元“我们的守护者”主要介绍了法律就在生活中，宪法是根本法。第二单元“我们是公民”介绍了公民这一法律身份，以及公民的基本权利和义务。第三单元“我们的国家机构”主要包括我国的国家机构、人民代表大会制度、权力监督等内容。第四单元“法律保护我们健康成长”介绍了法律对于未成年人的特殊保护，以及运用法律维护权利的方法。从教材呈现方式来看，教材首先设置了导入、感知、总览的单元作为法治专册的起始，让学生对法律和法律体系有初步的认知。接下来，学生初步认识法律上的人，了解法律如何定义“公民”，并学习法律对于公民基本权利和义务的具体规定。然后，通过学习有关国家机构的知识，学生初步了解国家机构的类型、职权和产生方式，理解人民代表大会制度，认识到权力受到制约和监督。在教材的最后环节，学生学习关于未成年人的法律知识，了解如何运用法律维护权利，将法律规定落实到生活中，帮助学生了解法律在保护未成年人健康成长过程中发挥的作用，有利于学生循序渐进地理解，使其在初学法律阶段便形成体系化认知。[①]

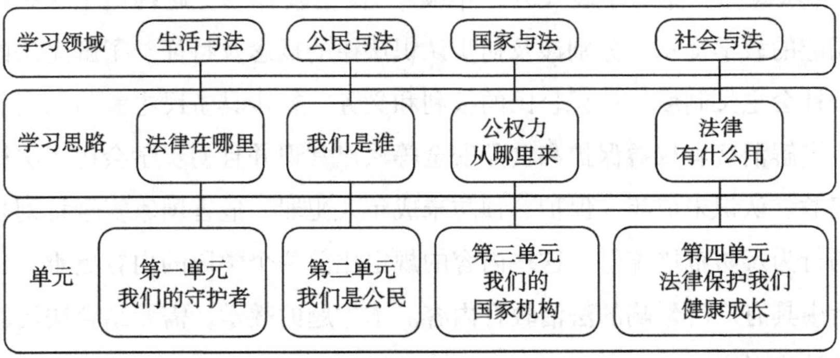

图 3-1　法治教育专册（六年级上册）内容结构

（4）第四学段（7~9 年级）。

“2022 年版课标”第四学段（7~9 年级）“法治教育”主题提出了 16 条内容要求及相应的教学提示。无论是从主题来看还是从学段来看，第四学段法治教育的分量都是最重的。这与落实《青少年法治教育大纲》的现实要求有关，也是由初中生在成长过程中的现实需要决定的。这一部分的内容要求主要涉及了解习近平法治思想、了解宪法基本知识并明确宪法法律至上的观念、懂

① 人民教育出版社课程教材研究所．义务教育教科书教师教学用书．道德与法治六年级．上册［M］．北京：人民教育出版社，2019：18.

得公民的基本权利和义务、初步认识法治的基本内涵、认识国家统一的重要性和理解“和平统一、一国两制”的重要意义、了解人民代表大会制度并理解全过程人民民主的制度优势、了解中国共产党领导的多党合作和政治协商制度、了解民族区域自治制度、了解基层民主制度、认识主要国家机关、认识民法典对保障人身权与财产权的意义、认识犯罪与刑罚以及预防未成年人犯罪、辨别不良信息并了解网络环境中的隐私保护、了解环境保护的法律规定与树立生态文明观念、认识国家主权和总体国家安全观、了解国际组织和国际体系等。尤其是随着习近平法治思想、全过程人民民主、总体国家安全观等一大批重要的理论创新成果，要转化成教学内容，从而更好地培养初中生的思想意识与核心素养，需要教师做很多创造性的工作。从当前的教育教学实践来看，八年级下册的“法治教育专册”在落实青少年法治教育中起到了非常关键的作用。

从第四学段（7~9 年级）“法治教育”主题教材内容来看，在初中阶段的道德与法治课程中，教材采取了分散教育与集中教育相结合的方式，但法治教育的内容仍然集中于法治教育专册（八年级下册），如图 3-2 所示。

八年级下册作为初级中学阶段法治教育专册教材，教材以宪法精神为主线，重点进行公民意识与国家意识的教育。公民与国家的关系是宪法调整的基本社会关系，宪法关系的实质内容是公民权利与国家权力的关系。从学生角度来看，在初中阶段，随着生活领域的扩展、生活经验的增长以及行为能力的增强，他们不仅要在家庭、学校、社会生活中面对和处理各种社会关系，还要在国家生活中以公民身份面对和处理与国家的关系。在生活实践中，他们更深切地感受国家对个人成长的影响，更深刻地体会公民身份的含义，更深入地思考公民与国家的关系。在这一阶段，围绕公民与国家的关系，以宪法精神为主线，将青少年宪法教育引向深入，是遵循生活逻辑的必然选择。宪法的核心精神就是授予并规范国家权力运行，以保障公民权利的实现。因此，公民与国家的关系成为建构教材内容体系的逻辑起点，也是第一单元的逻辑起点。①

---

① 人民教育出版社课程教材研究所．义务教育教科书教师教学用书．道德与法治八年级下册［M］．北京：人民教育出版社，2018：1.

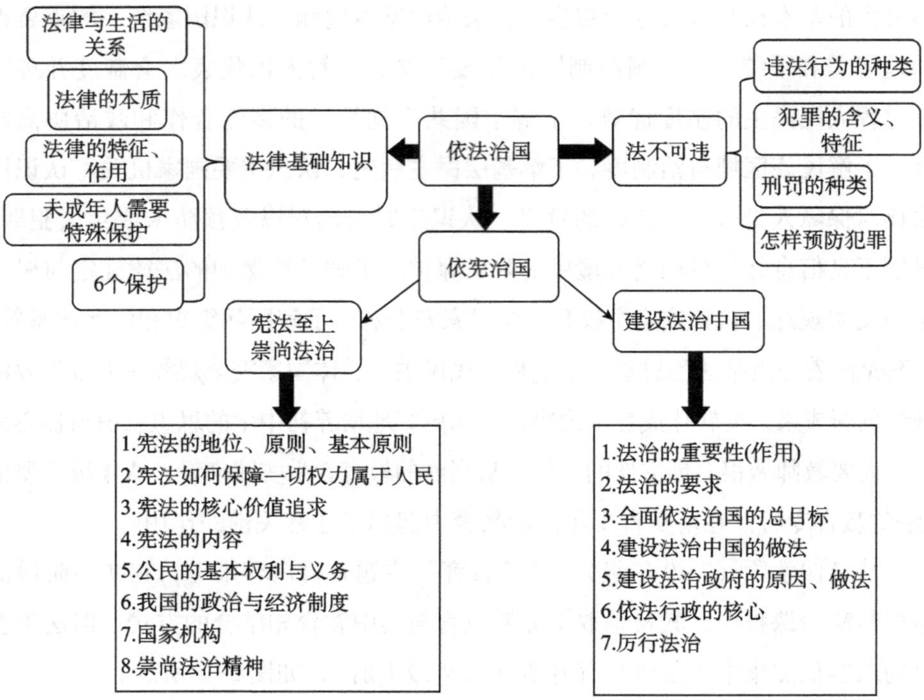

图 3-2　四学段（7~9 年级）“法治教育”教材内容分布

第二单元首先明确中学生在国家中具有公民身份，是国家的主人，依法享有公民权利并承担公民义务，指明公民基本权利和义务是宪法的核心内容，从而激发学生学习公民基本权利和义务具体内容的兴趣，引导学生进一步探究如何依法行使公民权利、如何依法履行公民义务，思考依法行使权利、履行义务对于个人、家庭、社会及国家的重要意义。第三单元“人民当家作主”着重介绍宪法规定的国家制度和国家机构，是前两个单元内容的延续和深化。教材以“人民当家作主”为主题，帮助学生正确认识我国的国家制度和国家机构，引导学生明白，公有制为主体、多种所有制经济共同发展，按劳分配为主体、多种分配方式并存，社会主义市场经济体制是我国社会主义基本经济制度，这一制度是中国特色社会主义制度的重要支柱，是人民当家作主的经济保证，也决定了我国必须坚持人民代表大会制度，这一根本政治制度，必须坚持中国共产党领导的多党合作和政治协商制度、民族区域自治制度、基层群众自治制度等基本政治制度。这些政治制度保障了人民通过各种途径和形式，管理国家事务，管理经济和文化事业，管理社会事务。使学生认识到人民当家作主需要通过国家机构行使国家权力来实现，我国国家机构有权力机关、行政机关、监察机关、司法机关，还有国家主席、中央军事委员会等。不同国家机构通过行使各自职权，维护人民当家作主的地位。第四单元以“崇尚法治精神”为题，以宪法为视角，重点剖析自由、平等、公平、正义等法治精神的核心价值要素，引导学生正确认识自由、平等、公平、正义的内涵及其价值，理解法治对自由、平等、公平、正义的保障作用，并引导学生在实际生活中努力践行自由平等，力所能及地维护公平正义。本单元立意高远，从前面单元的知识层面上升到理念层面，基于宪法和法律相关知识的讲解，引领学生领悟知识背后的东西，以及法治的价值追求、法治的精神，从而真正从内心认同法治，真正树立法治信仰、践行法治精神。

4. 中华优秀传统文化与革命传统教育

（1）第一学段（1~2 年级）。

为了推动中华优秀传统文化与革命传统教育进教材，2021 年教育部发布了《中华优秀传统文化进中小学课程教材指南》和《革命传统进中小学课程教材指南》，对开展中华优秀传统文化与革命传统教育提出了明确要求。本主题就是落实这一要求的具体体现。“2022 年版课标”第一学段（1~2 年级）“中华优秀传统文化与革命传统教育”主题提出了 10 条内容要求及相应的教学提示。就其内容要求而言，主要涉及了解勤俭节约、尊敬父母长辈、感受中华民族传统美德、通过认识国旗国徽增强中国人的身份认同、认识中国版图和了解国家安全日、知道我国的民族情况、认识党旗和热爱中国共产党、了解中国少年先锋队、了解革命领袖和民族英雄、了解当代英雄模范等。对于这些内容的学习，要着眼于小学阶段启蒙性学习的基本落脚点，结合每一个特殊日期背后的故事，让小学生初步感受中华文化的优秀传统和革命传统的赓续传承。

从“2022 年版课标”第一学段（1~2 年级）“中华优秀传统文化与革命传统教育”教材内容来看，分布在二年级上册第一单元《我们的节假日》第

3课《欢欢喜喜庆国庆》、第4课《团团圆圆过中秋》，旨在引导学生了解节假日的文化意义。第3课和第4课，按照学生生活的时间逻辑，引导学生认识我国的重要节日——国家意义上的“国庆节”、文化传统意义上的“中秋节”和其他民族的节日文化活动，旨在引导小学生理解自己生活中节日的不同风俗及其文化含义，以文化之光点亮他们的生活世界。二年级下册《我是一张纸》教材借助绘本故事《你知道吗》介绍了我国传统的造纸工艺流程以及造纸术产生对世界文明发展的深远意义，便于引导小学生继续探索造纸术发明的过程、蔡伦的事迹、造纸为文明传播做出的贡献等，这一方面可以丰富学生对传统文化的了解；另一方面更会激发学生的民族自豪感和爱国主义情感。

（2）第二学段（3~4年级）。

“2022年版课标”第二学段（3~4年级）“中华优秀传统文化与革命传统教育”主题提出了7条内容要求及相应的教学提示。就其内容要求而言，主要涉及感恩父母长辈的养育之恩、知道弘扬优秀家风的意义、理解中华民族传统美德、知道伟大的民族精神、知道中华优秀传统文化的主要代表性成果及其魅力、了解革命英雄人物故事、感受新中国成立以来的伟大成就等。这些内容虽然在第一学段均有所涉及，但是主要从教学情境及其活动的复杂性等方面，增加了抽象思维的维度。

从“2022年版课标”第二学段（3~4年级）“中华优秀传统文化与革命传统教育”教材内容来看，三年级上册第四单元《家是最温暖的地方》第12课《家庭的记忆》一课中，将学生相对比较陌生的中国传统“家庭”的概念带给学生，并在课程中积极构建与挖掘中华传统文化中与“家庭”有关的文化元素；四年级下册《合理消费》中除了以上一些直接或间接与传统文化相关的主题，还大量地引用一些传统文化“碎片”作为教学资源，课本中几乎随处可见这样的例子。

（3）第三学段（5~6年级）。

“2022年版课标”第三学段（5~6年级）“中华优秀传统文化与革命传统教育”主题提出了6条内容要求及相应的教学提示。就其内容要求而言，主要涉及了解中华优秀传统文化的特征及精髓、坚定文化自信，了解不同文明之间交流互鉴的重要性，了解人民军队与英雄人物并感受人民军队的革命精神，了解中国共产党的相关历史，初步理解中国人民“站起来了”的历史意义等。就这几个方面来说，其所涉及的内容难度显著高于前两个学段，要求小学生对党和国家发展历程中的突出成就、重大贡献的理解和认识相对比较充分，为小学高段的学习打下了坚实的基础。对于本主题的内容要求，教师需要从“了解历史发展”和“着眼当下启示”的结合中予以落实。中华优秀传统文化教育和革命传统教育具有相对独立性，但不是两个独立的体系，其核心内容的彼此作用，使得中华民族的精神品质得以传承和发扬。①

从“2022年版课标”第三学段（5~6年级）“中华优秀传统文化与革命传统教育”教材内容来看，五年级上册第四单元《骄人祖先　灿烂文化》共三课，分别以文字、科技和美德为中心，勾勒出中华优秀传统文化的不同方面。介绍了我国优秀传统文化，旨在让学生通过学习，建立文化认同，树立文化自信，为中华民族拥有悠久、灿烂的文化而自豪；五年级下册第三单元《复兴中华百年追梦》共六课，以时间为脉络，以精神为核心，呈现了近代以来中国人民为实现民族复兴走过的历史进程，歌颂了仁人志士的革命精神与爱国精神。以重大历史事件、重要历史人物为主线，进行国情教育、革命传统教育和爱国主义教育。其内容包括从鸦片战争到中华人民共和国成立再到改革开放，以及走进中国特色社会主义新时代等内容，引导学生了解、认识和感悟先辈们走出苦难、复兴中华的艰难历程，树立奋发图强的爱国志向。六年级下册第三单元《多样文明　多彩生活》围绕“共同的世界——历史与文化”这一学习主题，设计了《探访古代文明》《多元文化　多样魅力》两课内容，旨在让小学生感受人们生活自然环境的千差万别，引导学生了解不同地区人们生活方式的多样性，进而认识世界文化的多样性、差异性。在此基础上，引导学生形成尊重差异、平等相处的观念。

（4）第四学段（7~9年级）。

“2022年版课标”第四学段（7~9年级）“中华优秀传统文化与革命传统

① 李晓东．义务教育课程标准（2022年版）课例式解读　道德与法治［M］．北京：教育科学出版社，2022：32.

教育”主题采取了分别列举的方式，包括中华优秀传统文化、革命传统教育两部分。“中华优秀传统文化教育”包括5条内容要求及相应的教学提示。这5条内容要求主要涉及弘扬中华优秀传统文化的核心理念、理解荣辱观念和社会风尚、践行中华民族自强不息和敬业乐群的思想、理解中华优秀传统文化理想追求和高尚人格、感悟天下兴亡匹夫有责的担当意识和爱国主义情怀等。“2022年版课标”围绕五大核心素养提出了初中学段中华优秀传统文化教育的内容要求，包括：濡染中华优秀传统文化所传递的核心理念，增进政治认同；理解中华优秀传统文化所培育的社会风尚，提高道德修养；践行中华优秀传统文化所蕴含的思想精华，培育健全人格；了解中华优秀传统文化所追寻的人格理想，成就个人价值；感悟中华优秀传统文化所强调的责任意识，厚植家国情怀。

“革命传统教育”包括5条内容要求及相应的教学提示。其内容要求主要涉及理解伟大建党精神的内涵及其价值、了解新民主主义革命的伟大成就、了解社会主义革命和建设的伟大成就、了解改革开放和社会主义现代化建设的伟大成就、新时代的伟大成就和“两个确立”等。

从“2022年版课标”第四学段（5~6年级）“中华优秀传统文化与革命传统教育”教材内容来看，在关注人类优秀文化的基础上，教材重视通过中华优秀传统文化促进初中学生品德发展。弘扬中华优秀传统文化融入初中道德与法治，既能够抵御历史虚无主义、民族虚无主义、文化虚无主义等的消极影响，又可培养学生做堂堂正正的中国人，增进国家认同，树立为中华民族伟大复兴而奋斗的志向；践行中华优秀传统文化以增强和提升文化自信，有益于弘扬民族精神、引导学生在新时代做一个脚踏实地、积极进取以及自立自强的时代新人。

首先，无论是学习主题的命名，还是正文的表述，教材语言都尽可能引入传统文化经典；其次，在案例选择、活动设计等方面也尽可能安排优秀传统文化的内容。在对文化内容的处理上，教材不仅引经据典，而且积极思考和探索中华优秀传统文化融入方式，力图展现中华优秀传统文化的精髓，使用在现代生活中还富有生命活力的传统文化经典，力求避免表面化的“寻章摘句”。例如，在七年级下册《青春有格》一课中，将古典用语“格”返本开新，从“行己有耻”的道德底线到“止于至善”的道德境界，让学生体会和认同“修身齐家治国平天下”的精神内涵。此外，初中教材关于中华优秀传统文化比较集中于九年级上册第三单元《文明与家园》。以九年级上册第五课《守望精神家园》为例，这一课主题式地呈现了中华文化传承、发展与创新的时代图景。作为中华优秀传统文化有机融入教学的重点课时，教师要抓住核心知识，提炼“课时大概念”。在大概念的引领下，教师既要对教材中“相关链接”“探究与分享”等材料进行重构，也要积极取材于时政热点或现实生活，挖掘更丰富的中华优秀传统文化资源，创设大情境，从而拓展融入内容的广度、深度与力度。例如，在第一框“延续文化血脉”的探究与分享活动中，课时大概念是“文化自信”，教师除充分开发教材相关资源，还可以结合《我在故宫修文物》的精选视频，设计“保护文化遗产，传承中华智慧”的主题活动，创设“我在故宫修文物”的情境，引导学生身临其境地思考和讨论“我国文化遗产有哪些？如何保护这些文化遗产？”等问题，使学生认识到保护文化遗产的价值、延续文化血脉的意义，从而坚定文化自信、传承中华智慧、弘扬传统美德、提升核心素养。①

通过以上对小学和初中思政教材中共有的内容（道德教育、生命安全与健康教育、法治教育、中华优秀传统文化与革命传统教育）的系统分析，“2022 年版课标”在思政课内容衔接与螺旋式上升发挥了重要的作用，总体而言，小学和初中思政教材的衔接比较得当，但思政课教材滞后于“2022 年版课标”，仍然存在内容脱节问题。

（二）小学思政课教材独有的内容

“入学教育”是小学道德与法治课程内容的起始部分，也是四个学段中唯一的学生入学教育内容。“2022 年版课标”第一学段（1~2 年级）“入学教育”主题提出了 7 条内容要求及相应的教学提示。小学生刚步入学校生活的阶段，是他们离开家庭，开启以“学习”为主题的一段人生经历的起点。在这

① 于惠玲，刘乐，闻婧，孔繁悦，马媛媛．中华优秀传统文化融入初中道德与法治教学研究[J]．天津师范大学学报（基础教育版），2023（3）：97.

个阶段，就学生适应学校生活的基本方面设计内容要求，是道德与法治精准确定课程内容起点的现实努力，也是道德与法治尊重学习实际情况、尊重学生实际需求的具体表现。就其内容要求而言，主要涉及知道学生身份的变化并了解学校环境、知道课堂常规并学会自己的事情自己干、制定目标与完成任务、制订学习和作息计划、尊敬师长、喜欢与同学与老师交往、融入班集体生活并爱护班级荣誉等。这些方面都属于小学生第一次拥有学生身份之后必须面对和处理的主要事务，对小学生成长的意义不言而喻。这 7 条内容要求的教学提示，立足于入学适应期的实际情况，用“通过活动，能够（学会、展示、懂得等）……”的方式，为小学生更快更好地适应小学生活提供了可操作性指引。

从“2022 年版课标”第一学段（1~2 年级）“入学教育”教材内容来看，一年级上册第一、第二单元比较集中地反映此主题。对于一年级儿童来说，“上学”开始成为他们生活中最重要的事件，相应地，其生活也会发生一系列变化。总体而言，儿童生活由原来的自然状态，进入一种“文化式”“文明式”状态，由原来依循自然需要的安排方式，进入一种有目的的理性安排方式。这一生活方式的转变是缓慢而长期的，一年级是这一过程的开始。因此，适应生活方式的转变，顺利开启另一种存在样态，是一年级儿童生活引导中的重大主题。第一单元《我是小学生啦》，由《开开心心上学去》《拉拉手，交朋友》《我认识您了》《上学路上》四课组成。针对儿童开始上学所需要解决的首要问题，教材分别对儿童的学生身份认同、建立新的同侪社交群体、熟悉和了解新生活中与自己有密切关系的成人群体、认识与熟悉自己的求学之路这四个方面进行引导，帮助儿童以积极的心态顺利开启小学生活。第二单元《校园生活真快乐》，由第 5 课《我们的校园》、第 6 课《校园里的号令》、第 7 课《课间十分钟》、第 8 课《上课了》四课组成。围绕学生学校生活这一新的生活空间及其中的重要生活事件展开，分别对应认识与了解自己的新校园，知道新校园中的相关设施与使用方法；了解与熟悉学校生活的制度化象征——号令，并能够依据号令做出相应的行动；掌握“上课”与“下课”两种最主要的学校生活形式，实现课间积极游戏与做好上课准备及积极参与课堂生活的引导目的。旨在通过对校园环境与新生活的了解，增进学生对校园及学校生活的亲近感，为小学生愉快积极地适应制度化学校生活打下基础。

第二节　初中与高中思政课教材内容的纵向比较

现行初中思政课教材共计6册，现行高中思政课教材由必修、选择性必修和选修组成，必修教材有4册，选择性必修教材有3册，选修教材有3册。目前，高中选修课程教材主要满足学生个性化发展的需要并且尚未正式出版，选择性必修教材主要满足高考选考学生升学的需要，适用性相对有限。因此，本文对初中与高中思政课内容的现状分析，就教材内容而言，只针对初中思政课教材6册和高中思政课教材4册必修教材（均以2023年最新版教材为准）。

一、课程标准中课程内容的比较及衔接分析

初中道德与法治课程以发展学生的核心素养为导向，以“成长中的我”为原点，由自我认识到“我与自然”“我与家庭”“我与他人”“我与社会”“我与国家和人类文明”，不断扩展学生的认识和生活范围，以道德与法治教育为框架，有机融入国家安全教育、生命安全与健康教育、劳动教育，以及信息素养教育、金融素养教育等相关主题，强化中华民族传统美德、革命传统和法治教育。根据不同阶段学生的身心发展特点，以学生实际生活为基础，分学段按主题对内容进行科学设计，建构学段衔接、循序渐进、螺旋上升的课程体系。①

高中思想政治课程内容结构的设计，贯彻整体构建、有序衔接、依次递进的思路，聚焦思想政治学科核心素养，以发展中国特色社会主义为主线，设计必修课程的整体框架，包括四个模块：模块1“中国特色社会主义”、模块2“经济与社会”、模块3“政治与法治”、模块4“哲学与文化”。②

① 中华人民共和国教育部．义务教育道德与法治课程标准（2022年版）［M］．北京：北京师范大学出版社，2022：17.

② 韩震，朱明光．普通高中思想政治课程标准（2017年版2020年修订）解读［M］．北京：高等教育出版社，2020：9.

二、统编思政课教材内容的比较及衔接分析

本书从大中小学思政课一体化的视角，不同于小学与初中统编思政课教材内容以“2022年版课标”所规定的内容进行主题分析，而采用高中统编思政课教材的主题作为分类线索。同样分析初中和高中思政教材中共有的内容，以及初中和高中思政课教材独有的内容。

（一）初中和高中思政教材中共有的内容

初中和高中统编思政课教材共有的内容，如图3-3所示，包括中国特色社会主义内容、经济发展内容、政治建设内容、法治建设内容、文化发展内容。

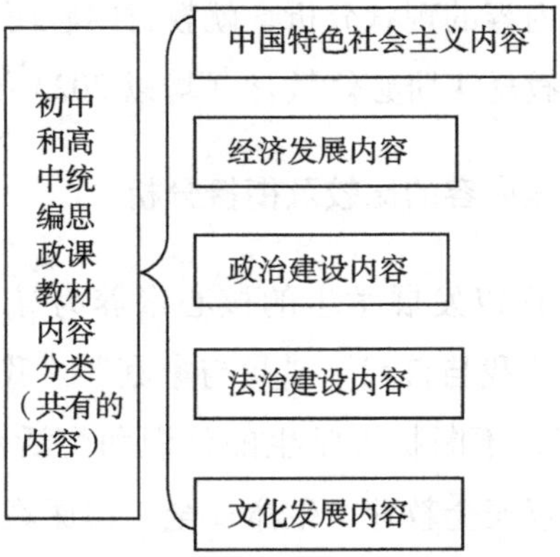

图3-3 初中和高中统编思政课教材共有的内容

1. 中国特色社会主义内容

按照“2022年版课标”“2020版高中课标”和课程内容的要求，分别整理了初高中教材中相应章节的内容。初中阶段的学生正处在世界观、人生观、价值观形成的关键时期，加强对这一年龄段学生的理想信念教育和爱国主义教育尤为重要。初中阶段的学生正处于由形象思维向抽象思维过渡的阶段，对国家和社会的发展有认识、有感知，对未来社会发展有感性地憧憬和梦想，对个人的发展也有美好的愿望，这是学生学习的起点。同时，初中阶段学生的辩证思维能力还比较弱，还不能理性地、全面地看待社会的发展，对国家快速发展

的原因也了解不多，对中国梦的美好蓝图、实现路径、领导力量、理论指导等内容也没有深入系统地了解。因此，初中阶段的中国特色社会主义内容比较集中于九年级上册，其教材的内容设计，集中反映了社会主义核心价值观在国家层面的价值追求即以“富强、民主、文明、和谐”作为内容主线，以人类文明发展为宏观背景，以全景展现中国式现代化的历史进程、取得的伟大历史成就、面临的时代挑战和作出的积极应对作为核心内容，引导初中学生心怀祖国，聆听与讲好中国故事，感受与弘扬中国精神，凝聚与传递中国力量，共享共创同新时代一起成长与进步的机会，做自信的中国人。具体来看，第一单元《富强与创新》通过回顾近代以来中国人民追求强国富民的历史进程，阐述了中国共产党带领中华民族及中国人民迎来了从站起来、富起来到强起来的伟大飞跃；只有社会主义才能救中国；改革开放是决定当代中国命运的关键抉择；解放和发展社会生产力、实现共同富裕，是建设社会主义现代化强国的应有之义。在追求建设富强中国的时代进程中，党的十八大明确提出实施创新驱动发展战略，教材借助“创新改变生活”这一命题，从个人、社会、国家三个视角分析创新与生活的关系，在人类文明发展的背景下明确创新的内涵、特征和价值，如何推进创新型强国建设，加快实现中华民族伟大复兴。第四单元第8课《中国人中国梦》设计了“我们的梦想”和“共圆中国梦”两部分内容，意在使初中学生认识到，实现中华民族伟大复兴是近代以来中华民族最伟大的梦想，现在、我们比历史上任何时期都更接近中华民族伟大复兴的目标，进而引导初中学生感受改革开放以来中国特色社会主义事业所取得的伟大成就，理解中国特色社会主义进入新时代的重要意义，明白中国共产党是中国特色社会主义事业的坚强领导核心，在坚定道路自信、理论自信、制度自信、文化自信的基础上，明白自己所肩负的责任与使命，从而自觉将个人价值的实现与国家的发展进步结合起来，做自信的中国人。

高中阶段的中国特色社会主义内容在比较集中于必修第一册《中国特色社会主义》，其教材的内容设计，主要是对高中学生进行马克思主义基本原理及中国特色社会主义道路、理论、制度、文化，特别是习近平新时代中国特色社会主义思想的教育。从内容叙述的方式来看，教材以习近平新时代中国特色社会主义思想教育为主线引领，其他内容或辅或从或暗，都一以贯之，比较系统讲述习近平新时代中国特色社会主义思想的时代背景、承担的历史使命、包含的主要内容及其在党和国家建设发展中的重要地位（第4课），引导高中学生理解中国特色社会主义不是从天上掉下来的，而是在改革开放的伟大实践中得来的，是在中华人民共和国成立以来的持续探索中得来的，是在我们党领导人民进行伟大社会革命的实践中得来的（第3课），是在近代以来中华民族由衰到盛的历史进程中得来的，是对中华文明5000多年的传承发展中得来的，是党和人民历经千辛万苦、付出各种代价取得的宝贵成果（第2课）。教材紧紧抓住人类社会发展的基本规律，讲述人类社会形态经历原始社会、奴隶社会、封建社会、资本主义社会、社会主义社会的发展历程，阐明资本主义必然灭亡、社会主义必然胜利的人类社会发展趋势（第1课）。

2. 经济发展内容

按照“2022年版课标”“2020版高中课标”和课程内容的要求，本书分别整理了初高中教材中相应章节的内容。经济发展的内容在初中和高中阶段均以习近平新时代中国特色社会主义思想为主线与思想指导，突出习近平新时代中国特色社会主义政治经济学的系列成果，涵盖“五位一体”总体布局中的经济建设。

初中阶段经济发展的内容主要分布于八年级下册第三单元第5课、九年级上册第一单元第1课、九年级下册第一单元第1课与第二单元第4课。其中，八年级下册第三单元第5课《我国的政治和经济制度》重点突出的是基本经济制度，教材内容考虑到初中生的认知水平，教材一共用了四页篇幅，简洁明了地介绍了基本经济制度的内容、地位、作用，突出了社会主义经济制度的基本制度的显著优势，让学生认识到我国的社会主义基本经济制度是保障我国经济发展的重要基础；九年级上册第一单元第1课《踏上强国之路》是从国内经济发展的角度，通过回顾改革开放以来，尤其是新时代以来，我国经济建设取得的辉煌成就，以及从主要矛盾视角诠释了经济建设面临的严峻挑战（如区域发展不平衡、城乡发展不协调等）和做出的积极应对（如转变发展方式、建设现代化经济体系等），引导初中学生认识到改革开放是决定当代中国命运的关键抉择，实现中华民族伟大复兴，走全面深化改革、实现共同富裕的发展道路，要坚持以人民为中心，要实施创新驱动发展战略，加快推进创新型国家建设；九年级下册第一单元第1课《同住地球村》与第二单元第4课《与世界共发展》是从我国的对外经济（国际经济）角度，从经济的维度分析当今世界发展的突出特点——经济全球化。教材的核心内容是阐释经济全球化的主要表现与重要影响，引导初中学生感受经济全球化的浪潮不可阻挡，对经济全球化进行理性的认识和思考，明确我国在经济全球化浪潮中应有的态度和行动。第4课《与世界共发展》从“中国制造”向“中国智造”转型出发，概述了我国经济发展在取得巨大成就的同时，还面临着诸多的新挑战、新困难（如老龄化加剧、资源急缺等）。我国的经济发展机遇与挑战并存，只有抓住机遇，克服困难，我国的经济发展才能更进一步，并促进世界各国的共同发展、共同繁荣。

高中阶段经济发展的内容集中分布于《经济与社会》，不同于以往的《经济生活》从马克思主义政治经济学的传统体系（生产—消费—交换—分配），《经济与社会》注重“把最有价值的知识编进教材”，围绕以经济建设为中心和我国经济社会发展这条主线，以习近平新时代中国特色社会主义经济思想为指导，教材内容既贴近社会、贴近学生的经济生活，又依托马克思主义政治经济学知识，使高中学生真切感受中国社会主义现代化建设伟大成就、切实认识社会主义制度优越性。第一单元《基本经济制度与经济体制》，主要讲述中国特色社会主义经济建设中最基本的原理（我国的基本经济制度及其社会主义市场经济体制）；第二单元《经济发展与社会进步》，主要讲述指导我国经济建设中的新思想、新理念和社会建设中有关收入分配、共同富裕、社会保障的基本原理。《经济与社会》中经济内容的呈现特别注重创设解决经济问题的各种情境及任务，用丰富的经济数据、经济图表、经济图示、图片与漫画烘托经济主题，以直观明了的形式呈现，充分反映我国经济社会建设取得的巨大成就，使高中学生在探究过程中锻炼思维、生成新知。

3. 政治建设内容

按照“2022年版课标”“2020版高中课标”和课程内容的要求，本书分别整理了初高中教材中相应的内容。政治建设内容具有鲜明的政治属性，突出政治性，着力培养学生的政治素养。

初中阶段政治建设的内容主要分布于八年级下册第三单元第5课、九年级上册第二单元第3课。其中，八年级下册第三单元第5课《我国的政治和经济制度》首先点明我国的根本政治制度、基本政治制度的内容，使初中学生对整体的制度框架有了明晰的认知，进一步引导初中学生探讨这些制度有什么显著优势，这些制度是如何保证政治稳定与人民幸福的。具体来看，第二部分“根本政治制度”，主要阐释了人民代表大会制度的政治地位、作为人大代表享有的权利和义务以及现阶段如何坚持和完善人民代表大会制度三个问题；第三部分“基本政治制度”，主要阐释多党合作的基本方针、人民政协的性质、地位和职能以及制度的优越性、民族区域自治制度重在揭示其制度的主要内容和优越性、基层群众自治制度重点分析居民委员会和村民委员会的性质、产生方式、主要工作及其优越性。九年级上册第二单元第3课《追求民主价值》通过回顾近代以来中国人民追求民主价值、探索社会主义新型民主道路的历史进程，阐述了社会主义民主的本质特征、本质属性、特点、重要形式、重要途径以及增强公民民主意识。尤其是党的二十大以来，全过程人民民主、中国式现代化等重大命题的提出，极大地丰富了社会主义民主、人民民主等内容。

高中阶段政治建设的内容主要分布于必修三《政治与法治》的第一单元、第二单元。从教材内容来看，教材具有鲜明的政治属性，充分反映了新时代中国特色社会主义政治建设的重要任务，主要由三部分组成，分别是党的领导、人民当家作主、全面依法治国。这三部分内容具有突出的政治性。其中，党的领导是中国特色社会主义最本质的特征，坚持党的领导是当代青少年学生应具有的最核心的政治素养。人民当家作主体现了社会主义中国的国家性质和制度本质，体现了我们党以人民为中心的发展思想，是我们应该始终坚持的政治立场和价值理念。具体来看，第一单元《中国共产党的领导》，阐述了中国共产党领导是历史和人民的选择、中国共产党先进性的基本内涵、坚持和加强党的领导的意义和要求；第二单元《人民当家作主》，阐述了我国人民民主专政的性质、我国的根本政治制度、我国的基本政治制度。

需要特别注意的是，高中阶段的政治建设内容相较于初中阶段的内容，不仅是知识点分布和难度的提升，更要重视高中阶段侧重于讲授三者各自的基本内容、要求及其对三者有机统一的理论内涵和内在机理，在呈现方式上通过设计和组织一些教学活动，体现活动型学科课程的要求。

4. 法治建设内容

按照“2022 年版课标”“2020 版高中课标”和课程内容的要求，本书分别整理了初高中教材中相应章节的内容。法治建设的内容在初中和高中阶段有着较为系统的解读，这里的法治教育专门指中国共产党领导的法治。在初中阶段法治教育的核心是宪法教育，重在帮助学生养成和增强公民意识；高中阶段法治教育的核心是着力培养学生的法治素养，将政治与法治联系起来，将法治上升到政治高度去认识和把握，因而，高中阶段最重要的并不是对学生进行一般法律知识的教育，而是把法治作为一种政治素养去培养，养成学生的法治思维。

初中阶段的法治教育已在前面的第四学段（7~9 年级）“法治教育”主题中进行了深入的分析，在此不过度展开。初中阶段法治教育的核心是宪法教育，在八年级下册的第一单元引导学生学习宪法的地位、作用、基本原则和监督与实施等基础知识的基础上，进一步引导初中学生理解宪法精神，恪守一切权力属于人民、尊重和保障人权等宪法原则，增强宪法意识，认同宪法价值，树立宪法信仰。同时，第 2 课通过讲授我国的国家性质、国家制度、国家机构、人民当家作主的基本途径和形式、公民享有广泛的基本权利、宪法对国家权力的规范和限制等内容，让初中学生对宪法教育有一个最基本的认识和理解。

高中阶段法治教育主要分布于必修三《政治与法治》的第三单元，围绕“全面依法治国”展开阐述，如图 3-4 所示，在回顾我国法治建设成就、理解马克思主义法律思想的基础上，引导高中学生深刻理解全面依法治国的总目标和原则，进而在总目标统领下明确重点任务，坚持法治国家、法治政府、法治社会一体建设的意义和措施，实现科学立法、严格执法、公正司法、全民守法的基本要求，理解依法治国是党领导人民治理国家的基本方式，理解推进国家治理体系和治理能力现代化的重要性，坚持依法治国首先要坚持依宪治国，坚持依法执政首先要坚持依宪执政，体会坚持党的领导、人民当家作主、依法治国有机统一，从而培养有序参与政治生活和公共生活的能力。

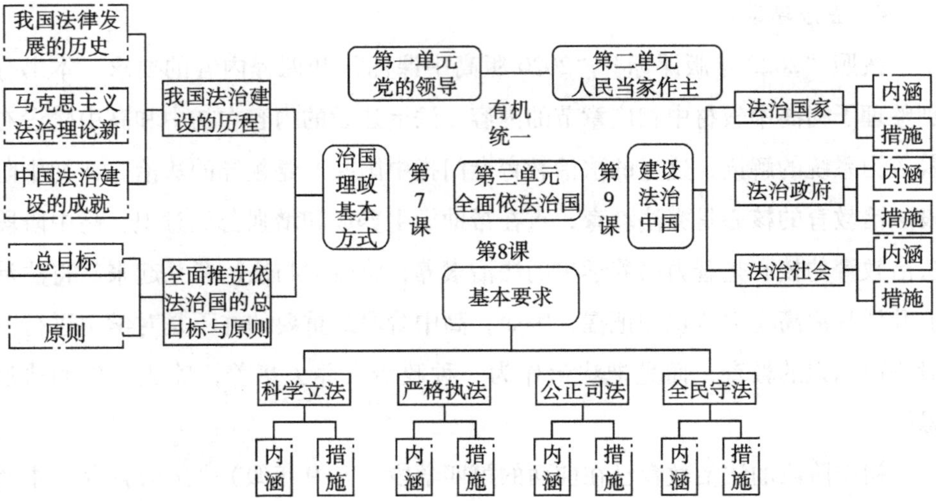

图 3-4　高中阶段“法治教育”教材内容分布

5. 文化发展内容

按照“2022 年版课标”“2020 版高中课标”和课程内容的要求，本书分别整理了初高中教材中相应章节的内容。文化是一个国家、一个民族的灵魂。新时代文化发展内容在初中和高中有着较为系统的解读，初中阶段的文化发展内容已经在“2022 年版课标”第四学段（7~9 年级）“中华优秀传统文化与革命传统教育”主题中进行了深入的分析，在此不做过度展开。初中阶段的文化发展内容在九年级上册第 5 课围绕中国特色社会主义文化展开，阐释了中华文化传承、发展与创新。九年级下册第一单元第 1 课《同住地球村》从文化的维度来分析当今世界的文化多样性。随着各国交往的日益增多，文化交流也成为国家间交往的重要内容。在与不同文化交流的过程中，我们要尊重其他文化，吸收和借鉴优秀外来文化。九年级下册第二单元第 3 课《与世界紧相连》阐释了不同文化之间兼收并蓄、交流互鉴，旨在引导初中学生认识到包括中华文明在内的世界各国文明，只有在交流互鉴中才能更加丰富多彩。

高中阶段的文化发展内容主要分布于必修四《哲学与文化》的第三单元，紧紧围绕不忘本来（古今文化）、吸收外来（中外文化）、面向未来（当代文化）展开，如图 3-5 所示，集中讲述文化理论和我国文化建设，主要落实习近平新时代中国特色社会主义思想中关于文化建设的内容，核心是正确认识和对待中华传统文化、国外文化有益成果，发展中国特色社会主义文化，坚定文化自信。教材以文化的内涵和功能为起点，讲述中华传统文化、外来文化、中国特色社会主义文化。具体来看，第 7 课《继承发展中华优秀传统文化》围绕中华传统文化，阐释了文化的内涵和功能，区分了文化与文明，指明了文化的载体，明确了中华优秀传统文化的主要内容和特点；第 8 课《学习借鉴外来文化的有益成果》围绕外来文化，阐释了文化的民族性、多样性及其价值，说明了如何正确对待外来文化；第 9 课《发展中国特色社会主义文化》围绕中国特色社会主义文化，阐明了中华民族精神，进而阐明中国人民选择中国特色社会主义文化发展道路的历史必然性，理清了如何走中国特色社会主义文化发展道路。

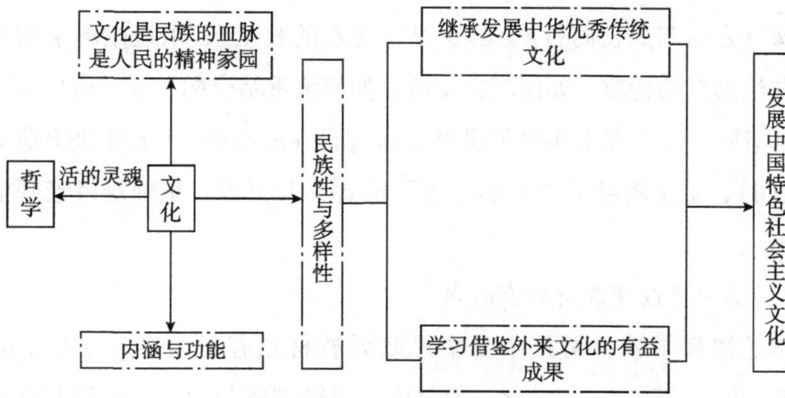

图 3-5　高中阶段“文化发展内容”教材内容分布

（二）初中思政课教材独有的内容

心理健康教育是初高中教材衔接中初中思政课教材独有的内容。初中阶段的心理健康教育是落实“2022年版课标”中生命安全与健康教育的核心内容。从教材来看，初中阶段的心理健康教育内容，主要集中在七年级上册的第一、二、三、四单元和七年级下册的第一、二、三单元，主要针对刚步入青春期的初中学生开展心理健康教育，旨在帮助其尽快适应初中生活、平稳度过青春期。本书对初中阶段的心理健康教育相关模块进行了整合，主要涵盖了认识自我、交往与沟通、适应社会的发展和进步。

认识自我的内容，首先体现在青春期，分布在七年级下册第1课《青春的邀约》，重点阐释了青春期在生理、心理、思维等三方面存在的变化；其次体现在情绪和情感，分布在七年级下册第4课《揭开情绪的面纱》、第5课《品出情感的滋味》，重点阐释了情绪与情感在认知（类型、影响因素、作用）和管理（表达、调节）方面存在的差异；最后体现在认识自己，分布在七年级上册第3课《发现自己》，重点阐释了认识自己的途径（自我认知、自我评价、他人评价）及其自我发展。

交往与沟通的内容，首先体现在父母长辈，分布在七年级上册第7课《亲情之爱》，重点阐释了家庭的含义及其重要性、孝亲敬长的原因及其重要性、亲情的含义及其产生、化解亲子冲突；其次体现在同学朋友，分布在七年级上册第4课《友谊与成长同行》、第5课《交友的智慧》，重点阐释了朋友的重要性、友谊具有的特质、如何呵护友谊、如何慎重结交网友等；最后体现在异性同学与老师，分布在七年级下册第2课《青春的心弦》、七年级上册第6课《师生之间》，重点阐释了“教学相长”的含义与要求、正确对待老师的表扬与批评等。

（三）高中思政课教材独有的内容

哲学是初高中教材衔接中高中思政课教材独有的内容，分布于必修四《哲学与文化》的第一、二单元，教材内容遵循逻辑与历史、理论与现实相统一的原则，通过阐述辩证唯物主义和历史唯物主义的基本内容、核心观点等，帮助高中学生掌握马克思主义的基本原理，懂得马克思主义为什么行，初步形成正确的世界观、历史观、人生观和价值观。

第一单元《探索世界与把握规律》，其逻辑体系如图3-6所示，核心任务是系统讲述辩证唯物主义的基本观点，紧紧围绕马克思主义世界观和方法论展开，核心问题是回答什么是科学的世界观和方法论，坚定理论自信。本单元以哲学的内涵和作用为起点，系统讲述马克思主义哲学的基本原理、思想精髓、历史地位和重要意义，阐明马克思主义哲学是科学的世界观和方法论。

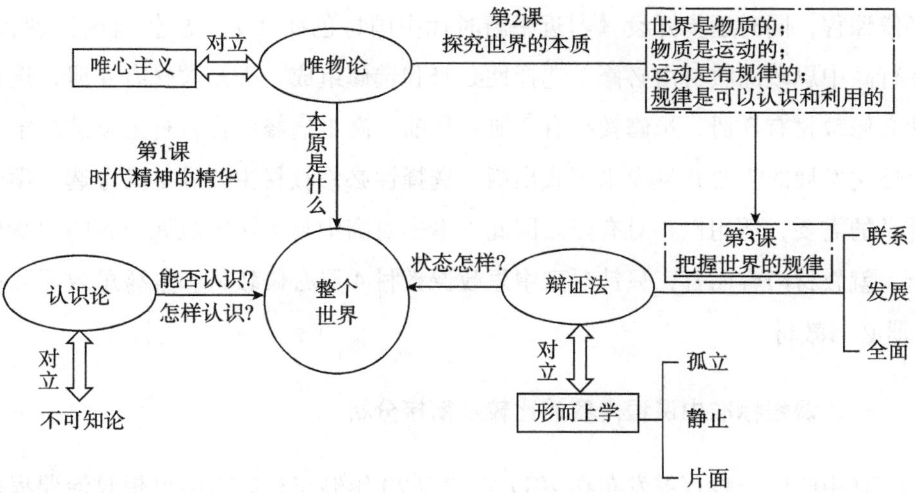

图3-6　高中阶段哲学教材第一单元《探索世界与把握规律》内容分布

第二单元《认识社会与价值选择》紧紧围绕马克思主义认识论、历史唯物主义、价值论等展开，核心是正确理解认识与实践的关系，明确社会历史的本质、发展规律、主体，正确认识人的价值和实现人生价值。教材以人的认识从何而来、认识真理性标准是以什么为起点，讲述马克思主义认识论、历史唯物主义、价值论。第二单元是第一单元的拓展，是从讲述一般的逻辑走向对实践、历史的阐述。

第三节 高中与大学思政课教材内容的纵向比较

现行大学思政课教材使用的最新版是2021年版统编的教材。本科阶段主要开设的课程有《思想道德与法治》《中国近现代史纲要》《马克思主义基本原理》《毛泽东思想和中国特色社会主义理论体系概论》《形势与政策》五门必修课程，同时逐步开设《习近平新时代中国特色社会主义思想概论》课程。现行高中思政课教材由必修、选择性必修和选修组成，必修教材有4册，选择性必修教材有3册，选修教材有3册。目前，高中选修课程教材主要满足学生个性化发展的需要并且尚未正式出版，选择性必修教材主要满足高考选考学生升学的需要，适用性相对有限。因此，本书对高中与大学思政课内容的现状分析，就教材内容而言，只针对高中思政课教材4册必修教材和本科思政课教材4册必修教材。

一、课程标准中课程内容的比较及衔接分析

高中阶段，教育部发布在2017年和2020年颁布普通高中思想政治课程标准，其中2020年版为2017年版的修订。相较于高中而言，大学阶段是大中小学中唯一缺乏明确课程标准的学段，但是教育部颁布了一系列高等院校思想政治理论课指导文件，尤其是《高等学校思想政治理论课建设标准（2023年版）》，是深化新时代高校思政课改革创新的举措。

“2020版高中课标”指出高中思想政治课程内容结构的设计，聚焦思想政治学科核心素养，讲述马克思主义基本原理，紧跟实践基础上的理论创新进程，阐明习近平新时代中国特色社会主义思想，落实立德树人根本任务，全面加强爱国主义、集体主义、社会主义教育，体现思想政治课程的性质与理念。贯彻整体构建、有序衔接、依次递进的思路，在统筹规划大中小学德育课程的框架中，定位高中阶段的内容目标，以发展中国特色社会主义为主线，设计必

修课程的整体框架，包括四个模块：模块 1“中国特色社会主义”，依循历史进程，讲述为何开创和发展中国特色社会主义；模块 2“经济与社会”；模块 3“政治与法治”；模块 4“哲学与文化”，依托模块 1 的基本原理，讲述如何坚持和发展中国特色社会主义。

《普通高等学校马克思主义学院建设标准（2023 年版）》强调更加突出课程群建设。为进一步完善以习近平新时代中国特色社会主义思想为核心内容的高校思政课课程群建设，明确强调重点以习近平新时代中国特色社会主义思想为核心内容的思政课课程群建设，重点围绕新时代伟大变革、“四史”、中华优秀传统文化等开设选择性必修课程，将三级指标中第十八条的权重由 A 提升至 A* 级别。

二、统编思政课教材内容的比较及衔接分析

本文从大中小学思政课一体化的视角，对比了解高中与大学思政课的主干内容，坚持做到整体视图与过程关照相结合，并且以高中思政课必修模块为比较的基础，从内容模块、内容目录、内容要素及内容要求等几个维度进行高中与大学思政课内容的对比解读，侧重找出高中思政课内容在高校思政课内容中对应内容的分布，同时对于两个学段独有的内容也做简要分析。

（一）中国特色社会主义

《中国特色社会主义》课程作为该阶段的“拔节孕穗期”教材，是依据新课标编写的一个全新的课程模块，旨在让学生系统地接受马克思主义理论教育，通过体现“常识性”的学习特征，既全面梳理了科学社会主义的基础知识，又深刻体现着习近平新时代中国特色社会主义思想的历史方位、理论创新和实践创新的内在逻辑。此模块内容在高校思政课中，对应于不同课程不同章节。就内容要点来看，高中阶段主要是定位“常识”维度，而高校对该主题的内容在理论深度与广度上都有较大超越，这也符合两个学段的目标要求差异。

《中国特色社会主义》主要是以历史性地叙述视角与全领域覆盖的讲授方式，在科学社会主义基本原理的理论基础上，“讲述为何开创和发展中国特色社会主义”。在高中学科课程体系的教学视野下，全面把握中国特色社会主义

理论体系，重点突出新时代中国特色社会主义的教学内容，既是彰显课程建构目标的主旨所在，又是对教材编写这一教学使命的实践回应。然而，在现实情况下，此模块内容往往在高校思政课中以系列专题的形式呈现，无论是教师的教学要求还是学生学习的需求，都需要进一步提高课程衔接的有效性以满足教师与学生的更高层次发展（见表3-2）。

表3-2 《中国特色社会主义》课程高中思政课与大学思政课的对比

	高中思政课	大学思政课
内容模块	必修一《中国特色社会主义》	①《中国近现代史纲要》 （主要集中于第八、九章及第十章） ②《马克思主义基本原理》 （主要集中在第三、五、六章及第七章） ③《毛泽东思想与中国特色社会主义理论体系概论》 （主要集中在第二、三、四章及第八章） ④《习近平新时代中国特色社会主义思想概论》 （主要集中在第一、二章及第五章）
内容目录	第一课　社会主义从空想到科学、从理论到实践的发展 第二课　只有社会主义才能救中国 第三课　只有中国特色社会主义才能发展中国 第四课　只有坚持和发展中国特色社会主义才能实现中华民族伟大复兴	相对集中对应于以下篇目 ①《中国近现代史纲要》 第八章　中华人民共和国的成立与中国社会主义建设道路的探索 第九章　改革开放与中国特色社会主义的开创和发展 第十章　中国特色社会主义进入新时代 ②《马克思主义基本原理》 第三章　人类社会及其发展规律 第四章　资本主义的本质及其规律 第六章　社会主义的发展及其规律 第七章　共产主义崇高理想及其最终实现 ③《毛泽东思想与中国特色社会主义理论体系概论》 第二章　新民主主义革命理论 第三章　社会主义改造理论 第四章　社会主义建设道路初步探索的理论成果 第五章　中国特色社会主义理论体系的形成与发展 ④《习近平新时代中国特色社会主义思想概论》 第一章　新时代坚持和发展中国特色社会主义 第二章　以中国式现代化全面推进中华民族伟大复兴 第五章　全面深化改革开放

续表

	高中思政课	大学思政课
内容要素	着眼于整个人类社会的发展历程，以中国特色社会主义的伟大实践为教学立足点，明确分析了中国特色社会主义是科学社会主义理论逻辑与中国社会发展历史逻辑的辩证统一关系，着重把握中国特色社会主义进入了新时代的重大历史判断	其中，《习近平新时代中国特色社会主义思想概论》着重从“新时代坚持和发展中国特色社会主义”，对新时代坚持和发展什么样的中国特色社会主义、怎样坚持和发展中国特色社会主义时代课题的根本内容和核心论题作出阐释。要以理论清醒保持政治坚定、以理论认同筑牢信念根基、以理论素养厚培实践本领、以理论自信鼓足奋斗精神，深入学习、理解和运用习近平新时代中国特色社会主义思想
内容要求	通过结合社会实践活动以及议题式教学、活动型课程的实施，引导青少年认识整个人类社会发展的一般过程和基本规律；引导学生坚信社会主义终将代替资本主义这一不可抗拒的历史趋势；帮助学生理解中国特色社会主义不仅是科学社会主义的胜利实践，也是中华民族近代发展的必然历史选择；引导学生深刻领会实现中华民族伟大复兴中国梦必须坚持和发展中国特色社会主义的重要意义；引导学生自觉坚定“四个自信”	学习理解科学社会主义一般原则的“是什么、为什么及怎么办（主要指历史经验）”，这对青少年学生深刻领会中国特色社会主义的成功经验与坚持发展科学社会主义一般原则二者关系有重大意义。了解马克思主义经典作家预见未来社会的科学立场和正确方法，初步理解“两个必然”论断，助推青少年学生在形成与时代发展同心同向的理想信念的基础上勇于承担新时代赋予的历史责任

（二）经济与社会

《经济与社会》教材着重介绍习近平新时代中国特色社会主义思想中的基本经济制度与市场经济体制思想，经济发展新思想和经济发展新理念以及收入分配和社会保障体制建设的思想。此模块内容在高校思政课中，对应于不同课程不同章节。

《经济与社会》教材的编写在这个方面做了比较大的努力，例如：在讲基本经济制度的时候，初中教材也介绍了，但初中教材主要介绍是什么，即不同所有制经济的含义和作用，高中教材没有机械重复这一点，而是侧重讲为什么和怎么做。由此看出，高中阶段这一模块的内容主要是引导高中生理解我国当前推进中国特色社会主义经济发展的指导思想以及相关战略措施，而到了高校阶段，这一主题的内容学习，则更为系统与全面（见表3-3）。

表 3–3 《经济与社会》课程高中思政课与大学思政课的对比

	高中思政课	大学思政课
内容模块	必修二《经济与社会》	①《毛泽东思想与中国特色社会主义理论体系概论》（主要集中在第五章、第九章、第十章） ②《马克思主义基本原理》 第四章第一节（商品经济与价值规律） ③《习近平新时代中国特色社会主义思想概论》（主要集中在第四、六章及第七章）
内容目录	第一单元　基本经济制度与经济体制 第一课　我国的基本经济制度 第二课　我国的社会主义市场经济体制 第二单元　经济发展与社会进步 第三课　我国的经济发展 第四课　我国的个人收入分配与社会保障	相对集中对应于以下篇目： ①《毛泽东思想与中国特色社会主义理论体系概论》 第六章　邓小平理论 第七章　“三个代表”重要思想 第八章　科学发展观 ②《马克思主义基本原理》 第四章　资本主义的本质及其规律 第一节　商品经济与价值规律 ③《习近平新时代中国特色社会主义思想概论》 第四章　坚持以人民为中心 第六章　推动高质量发展 第七章　社会主义现代化建设的教育、科技、人才战略 第十一章　以保障和改善民生为重点加强社会建设
内容要素	《经济与社会》主要以习近平新时代中国特色社会主义经济思想为主题，将全面深化改革作为教学主轴，以此贯彻落实新发展理念的教学主旨。根据习近平新时代中国特色社会主义思想关于发展社会主义市场经济思想的基本原理，阐明了我国社会主义基本经济制度的主要内容，明确了社会主义市场经济的基本特征，介绍了推动我国经济社会发展的新理念，帮助学生有效掌握全面深化改革的重大社会作用，以增强学生参与习近平新时代中国特色社会主义现代化建设的主动性与综合素养	《毛泽东思想与中国特色社会主义理论体系概论》第五章主要介绍了党在社会主义初级阶段的基本路线，还有社会主义根本任务的理论、改革开放理论、社会主义市场经济理论等，形成了“邓小平理论”这一比较完备的科学体系 《马克思主义基本原理》第四章主要围绕马克思主义劳动价值论展开 《习近平新时代中国特色社会主义思想概论》第六章“推动高质量发展”，以高质量发展是新时代我国经济社会发展的鲜明主题，是全面建设社会主义现代化国家的首要任务切入，集中阐明我国经济由高速增长阶段转向高质量发展阶段

续表

	高中思政课	大学思政课
内容要求	《经济与社会》要求学生结合自身生活实际，尝试应用中国特色社会主义政治经济学的基本理论与观点，考察并说明经济社会现象及其产生原因。本教材围绕“社会主义国家的财富”这个主题引导学生分别思考社会主义国家物质财富的生产背景、交换、生产、分配问题等中国特色社会主义政治经济学的核心问题	《毛泽东思想与中国特色社会主义理论体系概论》第五章旨在于引导学生深刻认识中国特色社会主义道路的历史必然性，以及推动社会主义建设的相关理论体系。《习近平新时代中国特色社会主义思想概论》第七章旨在培养人才是国家和民族长远发展大计，培养造就大批德才兼备的高素质人才，把各方面优秀人才集聚到党和国家事业中来，加快建设世界重要人才中心和创新高地

（三）政治与法治

《政治与法治》将坚持党的领导、人民当家作主和依法治国三者统一为主线推进，以学科核心素养的增强、提高为培养指向，强化高中生对中共执政的理论逻辑与实践睿智的理解与认同，不断提高学生的思想认识与政治站位，同时结合中国特色社会主义现代化事业所取得的伟大成就，并衔接学生的生活成长实践，引导学生以一名新时代公民的身份展开学习，从而提高学生合法性、主动有序地参与到社会公共生活，以及中国特色社会主义民主政治的实践中。大学思政课中这一主题的知识相对集中在《毛泽东思想与中国特色社会主义理论体系概论》中，高校思政课在这个主题上则更加全面与深入。

不管是从内容要求上还是从内容要素上来看，这一模块对应的主题即中国特色社会主义民主政治发展的内容在高中还是高校阶段都极为重要。高中阶段侧重介绍当前我们大力推进的习近平新时代中国特色社会主义思想的实践理论，高校则更加全面，既回顾了“站起来”的历史，也阐述了“富起来”的理论指导与实践探索，还对“强起来”的科学理论及相关部署做了详细论述（见表3-4）。

表 3-4 《政治与法治》课程高中阶段与大学阶段的对比

	高中阶段	大学阶段
内容模块	必修三《政治与法治》	①《中国近现代史纲要》 (主要集中于第九章及第十章) ②《毛泽东思想与中国特色社会主义理论体系概论》 (主要集中在第十、十一章、十四章) ③《思想道德与法治》 (主要集中在第六章) ④《习近平新时代中国特色社会主义思想概论》 (主要集中在第三、八、九章及第十七章)
内容目录	第一单元　中国共产党的领导 第一课　历史和人民的选择 第二课　中国共产党的先进性 第三课　坚持和加强党的全面领导 第二单元　人民当家作主 第四课　人民民主专政的社会主义国家 第五课　我国的根本政治制度 第六课　我国的基本政治制度 第三单元　全面依法治国 第七课　治国理政的基本方式 第八课　法治中国建设 第九课　全面依法治国的基本要求	①《中国近现代史纲要》 第九章　改革开放与中国特色社会主义的开创和发展 第十章　中国特色社会主义进入新时代 ②《毛泽东思想与中国特色社会主义理论体系概论》 第六章　邓小平理论 第七章　“三个代表”重要思想 第八章　科学发展观 ③《思想道德与法治》 第六章　学习法治思维　提升法治素养 第一节　社会主义法律的特征和运行 第二节　坚持全面依法治国 第四节　自觉尊法学法守法用法 ④《习近平新时代中国特色社会主义思想概论》 第三章　坚持党的全面领导 第八章　发展全过程人民民主 第九章　全面依法治国 第十七章　全面从严治党
内容要素	《政治与法治》将习近平新时代中国特色社会主义政治建设与发展为要旨，以三者统一为主轴，以树立四个自信为宗旨，奠定学生政治立场与法治思维的基础	《习近平新时代中国特色社会主义思想概论》第三章“坚持党的全面领导”，对建设什么样的长期执政的马克思主义政党、怎样建设长期执政的马克思主义政党的根本内容和核心论题作出阐释。第九章“全面依法治国”，以全面依法治国是坚持和发展中国特色社会主义的本质要求和重要保障为主题
内容要求	通过《政治与法治》这一模块的学习理解，引导学生结合自身的成长及生活实际，对中国共产党的性质、宗旨和指导思想等内容有深刻领会；同时经过对中国特色社会主义政治制度的基本内容、优势特点等内容的学习，理解走中国特色社会主义政治发展道路的根本要求，从而增强制度自信、道路自信；同时经过理论学习以及实践感受，理解新时代公民有序参与政治生活的意义，并自我提高基本能力与素养	《习近平新时代中国特色社会主义思想概论》第十七章“全面从严治党”，从全面建设社会主义现代化国家、全面推进中华民族伟大复兴，关键在党，关键在全面从严治党切入，阐明全面从严治党是新时代党的建设的鲜明主题，是党永葆生机活力、走好新的赶考之路的必由之路；坚持和加强党的全面领导，坚持党要管党、全面从严治党，以党的政治建设为统领，全面推进党的政治建设、思想建设、组织建设、作风建设、纪律建设，把制度建设贯穿其中；深入推进反腐败斗争，党的自我净化、自我完善、自我革新、自我提高能力不断增强

（四）哲学与文化

高中阶段的《哲学与文化》包括两部分内容：其一是马克思主义哲学的基本内容介绍，主要包括哲学概论、辩证唯物主义与历史唯物主义等几方面的内容，主要是基本观点的介绍，相对浅显易懂；其二是发展中国特色社会主义文化的主要内容。高校《马克思主义基本原理》则更加注重在理论上阐明说透马克思主义哲学的基本原理（见表3-5）。

表3-5 《哲学与文化》课程高中阶段与大学阶段的对比

	高中阶段	大学阶段
内容模块	必修四《哲学与文化》	①《马克思主义基本原理》 （主要集中于第一、二、三章） ②《思想道德与法治》 （主要集中在第一章） ③《习近平新时代中国特色社会主义思想概论》 （主要集中于第十章）
内容目录	第一单元 探索世界与把握规律 第一课 时代精神的精华 第二课 探究世界的本质 第三课 把握世界的规律 第二单元 认识社会与价值选择 第四课 探索认识的奥秘 第五课 寻觅社会的真谛 第六课 实现人生的价值 第三单元 文化传承与创新 第七课 继承发展中华优秀传统文化 第八课 学习借鉴外来文化的有益成果 第九课 发展中国特色社会主义文化	①《马克思主义基本原理》 第一章 世界的物质性及发展规律 第一节 世界多样性与物质统一性 第二节 事物的联系和发展 第三节 唯物辩证法是认识世界和改造世界的根本方法 第二章 实践与认识及其发展规律 第一节 实践与认识 第二节 真理与价值 第三节 认识世界和改造世界 第三章 人类社会及其发展规律 第一节 社会基本矛盾及其运动规律 第二节 社会历史发展的动力 第三节 人民群众在历史发展中的作用 ②《思想道德与法治》 第一章 领悟人生真谛 把握人生方向 第一节 人生观是对人生的总看法 第二节 正确的人生观 第三节 创造有意义的人生 ③《习近平新时代中国特色社会主义思想概论》 第十章 建设社会主义文化强国 第一节 文化是民族生存和发展的重要力量 第二节 建设具有强大凝聚力和引领力的社会主义意识形态 第三节 以社会主义核心价值观引领文化建设 第四节 铸就社会主义文化新辉煌

续表

	高中阶段	大学阶段
内容要素	《哲学与文化》以马克思主义哲学为主线，按照哲学基本概论及马克思主义哲学基本观点展开。分别介绍了唯物论、辩证法、认识论还有历史唯物主义的基本点。接着以推进中国特色社会主义文化建设为主题，分别就“继承发展中华优秀传统文化、学习借鉴外来文化、发展中国特色社会主义文化”的思路逐一展开	《马克思主义基本原理》课程中关于马克思主义哲学部分的内容，以科学全面阐述马克思主义基本原理为目标，主要着眼于引导青年学子系统把握马克思主义哲学的基本观点，从而准确理解与把握人类社会发展的基本规律，树立科学的世界观、人生观、价值观，提升自觉运用马克思主义立场、观点、方法分析问题、解决问题的水平，为学生确立对马克思主义的信仰、对中国特色社会主义共同理想的信念，自觉坚持党的基本理论、基本路线和基本方略打下扎实的理论基础 《习近平新时代中国特色社会主义思想概论》第十章“建设社会主义文化强国”，以实现中华民族伟大复兴的必然要求坚定文化自信、推动中华文化繁荣兴盛、建设社会主义文化强国为主题
内容要求	通过对《哲学与文化》的学习，能够结合社会生产生活实际，理解马克思主义哲学的基本原理在社会实践中的体现；在认识世界、改造世界的过程中自觉使用辩证唯物主义和历史唯物主义观点；理解并自觉传承中华优秀传统文化，推动社会主义先进文化建设，理解与尊重世界文明多样性，强化中国特色社会主义文化自觉和文化自信	《马克思主义基本原理》课程中关于马克思主义哲学部分的内容，比较全面地展现了马克思主义哲学辩证唯物主义、历史唯物主义两大内容，二者具体展开分别包括唯物论、认识论、辩证法以及社会历史观、人生价值观（其中这一部分内容在《思想道德与法治》中做了详细介绍）辩证唯物论旨在引导学生科学把握物质与意识的辩证关系，正确认识宇宙世界和人类社会的本质

第四章　新时代大中小学思政课内容的现状审视

通过第三章对大中小学思政课共有的内容及其独有的内容的分析，基本上从课程标准及其教材文本上厘清了现阶段大中小学思政课内容。但是课程内容、教材内容并不等于教学内容，思政课教师在课堂实践中形成的教学内容也是理解现阶段大中小学思政课内容的重要抓手。为了更加深入地了解一体化视域下大中小学思政课内容的现状，厘清产生各种问题的原因，本文根据已有文献研究和采用个案访谈法进行调查，同时结合第三章的文本分析，更好地阐述一体化视域下大中小学思政课内容的现状。

第一节　当前大中小学思政课内容建构取得的进展

党的十八大以来，思政课建设取得了巨大的飞跃。就思政课内容建设方面，现阶段，大中小学思政课内容建构取得的进展主要表现在理念性提升、艺术性加强、梯度性分布、实践性增强四个方面。

一、理念性提升

伴随着义务教育课程标准、2020 版高中课程标准、高等院校思想政治理论课系列指导文件的分别颁布，大中小学思政课内容的理念性得以提升，更明确了大中小学思政课内容指向立德树人的教育根本任务，重视发挥思政课铸魂育人的作用，体现了育人为本的理念。坚持用习近平新时代中国特色社会主义思想铸魂育人，加强“四个自信”教育，将学习贯彻习近平新时代中国特色社会主义思想体现在大中小学各学段的课程教材内容中，实现全覆盖、贯穿全过程。从义务教育学段来看，道德与法治课程内容旨在提升学生的思想政治素质、道德修养、法治素养和人格修养。道德与法治课采用的是大德育概念，虽然课程名称是道德与法治，但内容不只是道德教育与法治教育，而是基于社会发展和学生成长的需要，以正确的政治思想、道德规范和法治观念对学生进行循序渐进的系统化教育，涵盖了主导内容、重点内容与主题内容。从高中学段来看，基本理念也强调坚持正确的思想政治方向，用习近平新时代中国特色社会主义思想铸魂育人，培养德智体美劳全面发展的社会主义建设者和接班人，使他们理解马克思主义中国化是马克思主义基本原理同中国具体实际相结合的过程。此外，构建以培育思想政治学科核心素养为主导的活动型学科课程。学科内容采取思维活动和社会实践活动等方式呈现，即通过一系列活动及其结构化设计，实现“课程内容活动化”“活动内容课程化”。从大学学段来看，以习近平新时代中国特色社会主义思想为指导，把社会主义核心价值体系贯穿于教学的全过程，将党的二十大精神和新时代以来中国特色社会主义建设的创新实践、创新理论融入教学体系之中，几门必修课共同承担着对大学生进行思想政治教育的重任，是对大学生进行系统思想政治教育的主渠道和主阵地。

二、艺术性加强

新时代以来大中小学思政课的内容呈现方式的艺术性不断加强，表现在栏目设计、版式设计、言语表达等方面。具体来看，首先，教材内容的栏目设计，在体例上，教材基本上分为单元、课（节）、框、目四个层次，其中综合探究栏目或者文献阅读栏目是对教材内容的深化、拓展或者是对所学内容的应用，尤其是教材注重单元导语、课导语的设计与推敲，力求语言内容包含一定的思想性。在内容上，分为正文和辅助文，分别发挥不同的作用和功能。正文呈现教材的基本原理和核心观点，辅助文主要是对疑难问题的解析和拓展性说明，提供相关的事例、数据、资料等。其次，思政课的内容版式设计，都注重图文并茂。特别是在小学的思政课教材中主要以图片为主、文字为辅，其内容的呈现充满童趣。此外，版式设计运用了多种不同的色彩搭配，显得很丰富，如《思想道德与法治》（2023 年版、2021 年版）比起之前的版本，采用了彩色印刷技术，在色彩搭配上以青绿色为主，使教材很美观，突出视觉的协调统一，吸引了学生的阅读兴趣，减轻阅读疲劳。最后，在言语表达方面，言语的呈现是教材内容表达的重要一环，充分考虑到不同学龄段学生身心发展规律和学习内容的需要。在言语表达上，大中小学思政课教材并没有使用过于文艺化的表达方式，而采用了简洁明了的语言陈述教学内容和观点，尽量用学生能够理解、愿意接受且能够接受的语言，引导学生对相关内容加强学习和理解。尤其是，新时代以来大中小学思政课教材内容在解决将文件语言转化为教材语言、教材体系转化为教学体系等核心问题上取得了一定的突破，进一步引导学生的思维发展。此外，在言语表述主体上多种表述主体并存，如小学阶段思政课内容的言语表述主体大多以“我”或者“我们”的视角展开；在言语句式上基本以陈述句为主，感叹句、疑问句等为辅；在言语表达方式上，大多以图文结合的方式呈现，这样有助于表述内容更为不同学段的学生所接受。

三、梯度性分布

新时代以来大中小学思政课的内容从“一门思政课大中小学讲四遍”到“一堂课四种味道”，深刻反映了思政课内容的梯度性分布，内容呈现出了一定的层次性，随着不同学段的增长，思政课内容也呈现出内在逻辑的循序渐进，充分考虑到了学生的认知过程和规律，让学生一步步地接受、吸收知识，慢慢渗透以达到更好的学习成效。党的十八大以来各学段致力于探索如何避免思政课课程设计上的表面化、平面化，从而实现对学生的思想引导。大中小学思政课的内容呈现的路径能够引领学生的思想认识向纵深发展，从而使学生对某一内容主题的学习可以逐层深入，对事物的认识和把握走向全面、深刻。比如初中阶段思政课内容主要遵循以下思维演进路径。第一，经验引入—设置情境或活动导入（如“运用你的经验”），与较为典型的学生生活经验相联系；第二，聚焦主题，正面陈述有一定知识支撑的观点、原则；第三，揭示（或进一步展开）矛盾、深入分析（有递进和扩展、有思想深度），在此基础上，如有必要，继续正面陈述更为普遍的通则；第四，相关行为和行动能力（方法）的指导。根据不同的内容主题，上述四个方面会有侧重点，但在每一课的内容中都力图有所包含。在内容梯度性分布设计过程中，教材呈现的思维演进路径与学生个体生活经验的线索相互嵌套、相辅相成。此外，思政课内容的梯度性分布也体现在了大中小学思政课内容的设计与学生的认知水平相适应。思政课的内容并没有抛开现实生活，抽象地讲述大道理大概念，而是根植于现实生活，而超越生活的思维，关注学生从小学到初中到高中到大学的认知水平的变化，其内容的设计充分关照到学生认知水平的差异，为不同阶段学生的思政课内容学习提供了台阶。

四、实践性增强

2022 年 7 月 25 日，教育部等十部门印发《全面推进“大思政课”建设的工作方案》提出了“改革创新主渠道教学”“善用社会大课堂”“搭建大资源平台”等实施方案，推进“大思政课”建设。① 这充分体现了新时代以来大中小学思政课的内容实践性增强。实践性是大中小学思政课的基本性质，义务教育课程标准、2020 版高中课标、《高等学校思想政治理论课建设标准》（2021 本）均在课程性质上旗帜鲜明地提出了实践性。因此，实践性在大中小学思政课内容中显得尤为重要。如何促进思政课程的实践性，从而引导学生从感受、认识、理解走向行动是思政课内容设计的一个难点。例如，为了增强实践性，初中阶段教材编写主要有两方面的设计。一是通过设置“方法与技能”栏目，提供具有可操作性的行动策略，指引学生“如何做”。该栏目增加程序性知识，减少过于抽象的概念性知识，在较为上位的行动策略后，附有具体的行动举例与说明，力图帮助学生在同一行动策略下探索、明确适合自身的多样灵活

① 教育部等十部门．关于全面推进“大思政课”建设的工作方案［EB/OL］. http://wap.moe.gov.cn/srcsite/A13/moe_772/202208/t20220818_653672.html.

的做法。二是在每一框结束后设置“拓展空间”栏目，进一步增加实践性的活动设计，通过让学生亲身参与各类实践活动，帮助学生在行动中体悟学习内容，培养行动能力。值得关注的是，伴随着基础教育课程改革，提出了学科实践的理念。思政课学科实践是一个系统包括了学生、学科教师及社会问题。思政课的学科实践要解决社会生活当中实际存在的问题。从社会问题出发，教师要引导学生运用所学知识，使学生通过构建辨析式、议题式、项目式等的学习路径分享观点、表达观点、解决问题，从而增强对社会的理解和参与能力。①

第二节　大中小学思政课内容建构存在的问题

“同样是社会主义核心价值观的内容，小学、初中、高中、大学都会讲到，一个内容讲四遍，学生们会不会厌烦?”这些问题在当前大中小学思政课内容建构上显得非常突出，如何对大中小学思政课内容进行提升、串联、组合，破解了教学实施过程中“思政课内容体系不完整、学生情感激发不充分”等难题，实现大中小学思政课内容的螺旋式上升，成为新时代大中小学思政课内容一体化的中心工作。为了更加深入地了解一体化视域下大中小学思政课内容的问题及原因，本文根据已有文献研究和采用个案访谈法进行调查，分别选取了4位大学教师、4位高中教师（含教研员）、4位初中教师、4位小学教师（含教研员）进行访谈，访谈对象简介如表4-1所示。

表4-1　访谈对象简介

序号	编号	省份及学校	身份介绍
1	A1	贵州省，贵阳学院	副教授，硕士生导师
2	A2	天津市，天津师范大学	副教授，硕士生导师

① 于世华．基于学科实践的高中思想政治教学过程设计［J］．天津师范大学学报（基础教育版），2022，23（6）：50-55.

续表

序号	编号	省份及学校	身份介绍
3	A3	湖南省，湘潭大学	教授，博士生导师
4	A4	江苏省，南京大学	助理教授，特聘研究员
5	B1	天津市，河西区教师发展中心	高中学段思想政治课教研员，高级教师
6	B2	天津市，第一中学	高二思政课教师，正高级教师
7	B3	湖南省，长沙市梅溪湖中学	高一思政课教师，二级教师
8	B4	内蒙古，赤峰市松山区蒙古族中学	高三思政课教师，一级教师
9	C1	天津市，新华中学	七年级思政课教师，二级教师
10	C2	陕西省，安康市第二高级中学	八年级思政课教师，二级教师
11	C3	山东省，烟台市龙口中学	九年级思政课教师，一级教师
12	C4	黑龙江省，哈尔滨哈师大附中	八年级思政课教师，高级教师
13	D1	天津市，和平区教师发展中心	小学道德与法治课教研员，高级教师
14	D2	天津市，和平区岳阳道小学	六年级思政课教师，正高级教师
15	D3	陕西省，汉中市洋县中心小学	二年级思政课教师，二级教师
16	D4	四川省，成都市天府小学	四年级思政课教师，一级教师

一、思政课部分内容存在简单重复现象

思政课内容重复的问题，为学界所重点关注。思政课内容的重复不仅表现为思政课内部同一学段之间及其不同学段之间内容的重复，而且还表现为思政课内容与语文课、历史课的部分内容的重复。

通过文本研究和访谈，思政课内容重复的类型包括知识点表述重复、内容主题重复、教学资源重复等。在把握这些类型的同时，要思考思政课内容重复的根源及其表现形式、纠治方法。

首先，知识点表述重复。关于知识点重复问题已在第三章大中小学思政课教材内容的纵向比较中做了较多分析与说明，这里举一例，比如宪法的地位与作用的表述，在六年级上册第 12 页、八年级下册第 2 页、高中《政治与法治》第 74 页、大学《思想道德与法治（2023 版）》第 222 页，均表述为“宪法是国家的根本大法，具有最高的法律效力、法律权威、法律地位”。

B1："小学和初中相比较来看，我们高中知识点重复，还比较突出，在经济篇、国家制度篇、法制篇等有大量的表述和小学、初中乃至大学阶段的重复，这些重复，有一些是无法避免的，但也有一些是可以避免的，教材要科学划分，特别是删除那些不必要的重复。"

其次，思政课的教学资源重复。在思政课内容的重复中，教学资源的开发也占了很大一部分。在思政课内容的讲述过程中，大中小学教师在资源选取中具有一定的相同性，没有较好处理教学资源与教育内容主题及其学段特征的综合性分析，致使相同的教学资源多次被不同学段老师采用，致使学生产生思政课"疲劳感"。

因此，"大中小学思政课内容重复是否有必要"这一问题，应当重点结合思政课螺旋式上升原理，及其思想政治教育发展规律、学生成长规律等，做到必要的内容合理重复，非必要的内容避免重复。

二、思政课内容衔接不畅

思政课的衔接问题是思政课内容建设的重点，促进思政课内容的有机衔接、体系贯通是实现其螺旋上升、合理进阶的前提。现阶段，大中小学思政课内容衔接问题主要表现在教材内容的断层、脱节及倒挂。

首先，思政课教材内容的断层。有研究表明，现阶段断层最重要体现在高中思想政治教材中缺乏道德教育[①]，包括生命教育、集体主义教育、个人品德教育等。相比较而言，在小学和初中阶段，道德教育的内容分布在教材的各册中，内容呈现得比较连贯，在大学阶段《思想道德与法治（2023 版）》在多个章节体现了道德教育的相关内容，而在高中阶段完全缺少，仅是选择性必修二有很少的侧面体现。此外，具体知识点、核心概念也存在断层。比如，一些核心的大概念，如生产力与生产关系、经济基础与上层建筑等，在初中、高中、大学课程中都出现过，在初中思政课八年级下册第 5 课讲基本经济制度、九年级上册第一单元讲经济建设中并没有给予具体解释和说明，尤其是高中必

① 张露予．中小学思政课教材中生命观教育的贯通衔接研究［D］．东北师范大学，2022.

修一第一课中教材对不同社会发展阶段的生产力与生产关系的特征都进行系统分析，但是教材始终没有直接给出生产力、生产关系的概念，对学生的学习造成了困难，导致学生难以理解这些概念。

其次，思政课教材内容的脱节。“脱节”即构成思政课内容的各要素之间发生了脱离而导致的环节之间无法衔接。有研究表明，现阶段脱节最重要体现在教材内容与学生需求及认知水平相错位。① 非常典型的是七年级教材内容的设计与小学教材的内容衔接脱节，与学生的认知水平不符合。

C1：“七年级的内容和八年级、九年级内容之间脱节比较明显。学生普遍反映，七年级的内容过于简单，特别是每周道德与法治课开设三课时，在九年级阶段显得紧缺，在七年级又显得富裕，出现这个现象，就是教材内容的原因，与小学六年级的内容相比较简单一些。我翻阅了小学六年级的教材，惊讶地发现，小学六年级上册包含了学习国家机构、公民权利和义务等内容，这是本应该在初中八年级才有的内容，而反观在七年级教学，内容更多地涉及一些道德教育的内容，像友谊、情绪、情感、认识自己等这些话题与小学一到五年级的内容梯度性不够，导致七年级学生普遍轻视道德与法治课。”

B2：“我长期在高中教学，已经有 30 多年的教龄，思政课一体化的原因，我自愿申请跨年级教学，同时带了八年级和高二政治选考班，相对来说，初中的教学内容更加偏向于生活化，课程学科逻辑不够，但是反过来看高中的思政课内容过多，特别是高一的学生，一开学普遍认为中国特色社会主义内容枯燥，更加偏向理论，灌输难度增加，认为超越自己的认知，此外，高二学生在学习选择性必修二法律与生活、选择性必修三逻辑与思维时，普遍反映教材的难度过大，和必修教材内容梯度不一致，很难适应。”

由此可见，思政课的脱节问题，主要还在于教材的内容设计与学生认知和需求水平不一致，缺乏对学情的进一步分析，思政课内容的设计缺乏基于学生视角的思考。解决这类问题的关键，在于从学生视角构建大中小学思政课内容体系。

① 张应平．大中小学思政课内容一体化研究［D］．东北师范大学，2022.

最后，思政课教材内容的倒挂。倒挂，即上下颠倒挂着，其实质是由于违背了思政课内容本身的建构逻辑所造成的。主要体现在知识逻辑的倒挂和价值逻辑的倒挂。

知识逻辑的倒挂主要是具体知识点先后顺序的颠倒。比如，新发展理念。在九年级上册第三单元阐释了其具体的内涵，高中阶段关于新发展理念主要是体现在必修二第二单元，教材从政治经济学的角度，对新发展理念的含义及其原因进行了剖析。反观，在大学阶段，《毛泽东思想与中国特色社会主义理论体系概论（2023 版）》关于新发展理念仅限于内涵的层面，在难度上，由简单到复杂再到简单，这是典型的知识倒挂。

价值逻辑的倒挂主要是对价值要求的呈现，在思政课内容上高学段低于低学段的阐释。比如，必修四《哲学与文化》中关于价值观的内容，是从哲学的角度去讲述，分析了正确价值观的导向作用。但是《思想道德与法治（2023 版）》中关于价值观的描述是从道德的角度分析，相对来说，其价值的编排难度，高中要比大学更加深刻。

A2："这学期我开设了习近平新时代中国特色社会主义概论课，在讲解习近平经济思想的时候，发现学生对经济内容理解要比我讲得深刻，很多同学告诉我，这些内容我们在高中阶段做的很多题目都是从经济学角度进行分析的，所以，在大学阶段，这些内容的讲解对我们来说没有吸引力，讲得比较浅，没有满足对大学思政课的期待。"

D2："我多次担任小学毕业班道德与法治的教学，部编版的新教材相比较人民版的教材，在内容上更加丰富。但是，我也在教学中发现，小学的低年龄段、中年龄段、高年龄段，在中国特色社会主义教育等方面，各学段的内容梯度不合理，尤其是在小学，低、中年龄段要求小学生树立远大的共产主义理想，而在高年级的仅要求小学生如何实现梦想，也没有对中国梦的内容进一步拓展。无论在知识点的难度上还是在价值要求上，编排得还不够合理，当然，这也是部编教材进一步修订的依据。"

由此，大中小学思政课内容的衔接，无论是在教学层面还是在教材层面，仍然存在着衔接不当、断层脱节倒挂等问题，要解决这类问题，就必须对大中小学思政课的内容采用针对性的解决方法，尤其是把衔接不当的地方调整过来。

三、思政课教材部分内容的规范性欠佳

思政课内容的规范性，主要体现在思政课内容要符合相关的课程标准，思政课的建设文件，要按照课程标准和建设文件来编写思政课的内容，注重思政课内容的科学性和严谨性。思政课教材内容的规范性欠佳表现在少数内容的表述在大中小学阶段存在差异、一些内容缺乏过程性的论证、教材的插图设计不严谨等。

首先，少数内容的表述在大中小学阶段存在差异。比如对公民的监督权、人民代表大会的职权等知识点的表述和相关概念的界定在初中和高中教材中存在差异。还有，关于宪法基本原则的表述，初中八年级下册的第 5 到 11 页，表述为“一切权力属于人民、尊重和保障人权的原则”①；大学《思想道德与法治（2023 版）》第 224 到 226 页，表述为“党的领导、人民当家作主、尊重和保障人权、社会主义法治、民主集中制原则”②。

其次，一些内容缺乏过程性的论证。比如九年级下册第二单元第 4 课关于如何促进中国的发展，讲到了构建新发展格局，但是教材对新发展格局的介绍只是蜻蜓点水，并没有深入地介绍和阐释概念的含义及其来源。此外，教材中，很多内容是直接给出结论，缺乏有力的证据和论证，只讲这是什么，该怎么做，不讲为什么。这难以使学生信服。比如《思想道德与法治（2023 版）》第 226 页关于民主集中制原则，只能阐释民主集中制的含义与表现形式，这与初中八年级下册的编排内容一致，但初中阶段的安排符合学生认知的需要，而大学阶段仍然重复，缺乏原因及其过程性的分析，导致学生不信服。

最后，教材的插图设计不严谨。教材插图存在着部分插图所占篇幅过大、内容不适宜、表意不清等问题。部分插图所占篇幅过大，比如七年级下册第四单元第九课第 96 页，如图 4-1 所示，这幅图片的编排幅度过大，目的是引导

---

① 朱小蔓．道德与法治·八年级下册［M］．北京：人民教育出版社，2017：5-11.

② 本书编写组．思想道德与法治［M］．北京：高等教育出版社，2023：224-226.

初中学生思考未成年人保护的原因以及如何保护，而插图的上半部分是有效信息，下半部分是无效的，部分插图内容不适宜，偏离正文主题，七年级上册第四单元第九课第106页，如图4-2所示，这幅图片上半部分文字强调不同的挫折以及同样的挫折带给人的情绪感受和行为反应。而下面的相关链接作为教材内容的重要补充，其插图的设计，只是用文字来罗列概念，无法展现遭受挫折的情绪、感受和行为反应；部分插图表意不清，插图的含义与图片的内容不一致，包含插图设计的留白过多，对学生的价值引导有所缺乏，不利于核心素养达成。

我们需要特殊保护

在我国，未成年人是指未满十八周岁的公民。未成年人身心发育尚不成熟，自我保护能力较弱，辨别是非能力和自我控制能力不强，容易受到不良因素的影响和不法侵害，需要给予特殊的保护。

探究与分享

- 未成年人容易受到伤害的原因有哪些？
- 怎样才能使未成年人免受伤害？

图4-1　七年级下册第四单元第九课第96页

C3：“我们烟台地区使用的是五四学制道德与法治教材，所以我非常关心小学和初中教材的内容。就教材内容的规范性来说，我感觉小学要做得远比高中好。小学的教材内容在教师用书当中进行了通栏式设计，可以让老师很快地

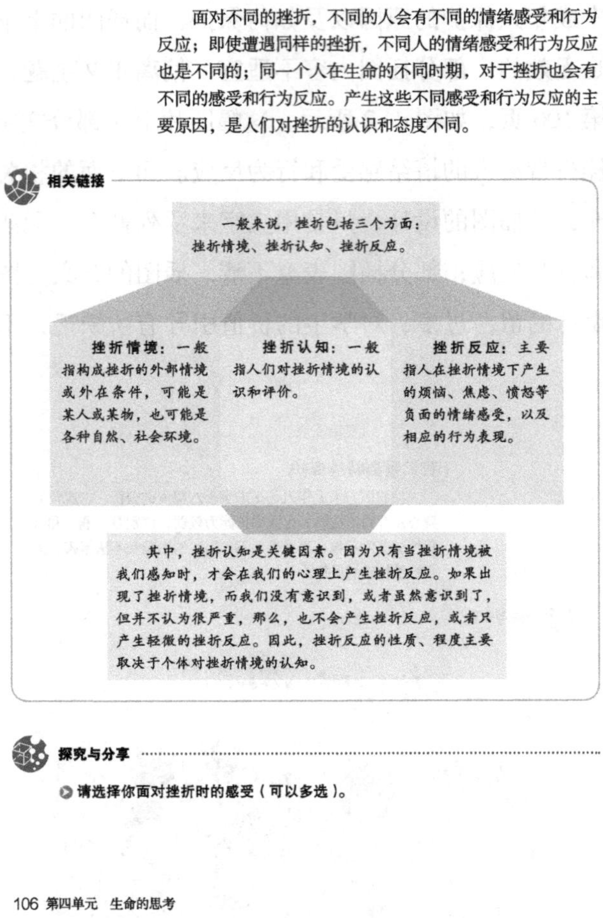

面对不同的挫折，不同的人会有不同的情绪感受和行为反应；即使遭遇同样的挫折，不同人的情绪感受和行为反应也是不同的；同一个人在生命的不同时期，对于挫折也会有不同的感受和行为反应。产生这些不同感受和行为反应的主要原因，是人们对挫折的认识和态度不同。

相关链接

一般来说，挫折包括三个方面：挫折情境、挫折认知、挫折反应。

挫折情境：一般指构成挫折的外部情境或外在条件，可能是某人或某物，也可能是各种自然、社会环境。

挫折认知：一般指人们对挫折情境的认识和评价。

挫折反应：主要指人在挫折情境下产生的烦恼、焦虑、愤怒等负面的情绪感受，以及相应的行为表现。

其中，挫折认知是关键因素。因为只有当挫折情境被我们感知时，才会在我们的心理上产生挫折反应。如果出现了挫折情境，而我们没有意识到，或者虽然意识到了，但并不认为很严重，那么，也不会产生挫折反应，或者只产生轻微的挫折反应。因此，挫折反应的性质、程度主要取决于个体对挫折情境的认知。

探究与分享

请选择你面对挫折时的感受（可以多选）。

106 第四单元　生命的思考

图 4-2　七年级上册第四单元第九课第 106 页

明确教材栏目的设计内容及其设计的意图，但是初中的教材更多地呈现的是文字材料，而且特别是七年级教材体系不清楚，以至于学生学习结束之后，对知识的基本体系把握不清，很容易遗忘。而且，根据我几年的初中教学经验，我感觉初中教材的内容并没有严格地按照课程标准的要求来编，现阶段教材的内容仍和最新版的课程标准存在不一致的现象，二者的适应性有待提高。”

B3：“我们湖南刚刚使用新编教材，之前一直使用的是人教版，相对而言，我们老师有一个切身的感受，就是人教版的知识体系更加清楚，现在的新教材，对我们老师来说，挑战很大，无论是课程内容体系的设置，还是内容的

深度。此外，我感到新教材对概念进一步淡化了，但是教材的语言仍然以政府文件居多，不太接地气，我们一线老师在教学中更加关注的是过程性的内容，如何使学生听得懂、能够理解，是我们对教材内容的最佳期待。至于教材插图，我感觉高中阶段的插图，整体来说，能够实现对教材正文部分的解释、补充和进一步说明，但是仍然存在着教材插图分布不均，在必修二和必修三多，必修一和必修四少，并且部分插图表意不清，也需要进一步修改。”

因此，大中小学思政课的教材内容仍然在规范性上有待提高，不仅在顶层设计上要加强教材的审查与编写机制优化，而且要加强编读互动，使大中小学教材的编写者、主管部门和一线教师有进一步的沟通，从而促进教材更加符合教学的需要，提升思政课教材内容的科学性和严谨性。

第三节　大中小学思政课内容建构存在问题的原因分析

当前大中小学思政课内容建构存在问题的原因包括大中小学思政课改革的步伐不同步；大中小学思政课学段定位与学生认知规律把握不够精准；大中小学思政课一体化中教师的主客观条件有欠缺。

一、大中小学思政课改革的步伐不同步

大中小学思政课内容存在问题一个非常重要的原因是大中小学思政课改革的步伐不同步不协调导致的。从第二章历史发展来看，中华人民共和国成立以来，我国的大中小学思政课在内容方面始终难以一体化。这主要表现在五个方面，大中小学思政课课程标准不一致、大中小学思政课课程改革的聚焦点不一致、与教学内容相适应的教学方法改革不一致、教材编写及其修订不一致、教学评价改革不一致。

首先，大中小学思政课课程标准不一致。《义务教育道德与法治课程标准

（2022年版）》是继2011年旧课程标准实行以来，小学和初中阶段的思政课有了专门属于道德与法治的课程标准，这在很大程度上满足了小学和初中阶段道德法治课教学的需要。《普通高中思想政治课程标准（2017年版2020年修订）》是2003年以来旧的课程标准实行以来新颁布的，满足了高中阶段思想政治课教学的需要，而大学阶段仍然缺乏和中小学相一致的课程标准，阻碍了大中小学思政课内容建构。

其次，大中小学思政课课程改革的聚焦点不一致。中小学思政课的课程改革紧跟着义务教育阶段和高中阶段整体课程改革的步伐。这一轮中小学的课程改革，最核心的聚焦点也是亮点，聚焦于核心素养。因此，中小学的思政课改革均是在凝练本学科的核心素养的框架下进行的。根据学科（课程）核心素养，把思政课的知识要求、能力要求和价值观要求统摄起来，抓住思政课的灵魂和要旨，进一步起到思政课育人的关键作用。中小学思政课课程内容的设计聚焦于核心素养，以有利于学生核心素养的形成来组织课程架构、编排课程内容。大学阶段思政课改革，很明显要先于大学整体课程改革的步伐，而且大学的课程改革，它的聚焦点与中小学也不一致，在大学阶段思政课并没有凝练出核心素养。

C2：“核心素养的凝练在初中学段思政课的教学当中，起到了非常大的作用，目前我们老师在书写教学目标时改变了以往三维目标的写法，基本上采用的是核心素养的写法，核心素养的观念不仅体现在目标上，更体会到核心素养是帮助学生学习思政课之后要达成的素养，使老师明晰了教学的目的。在课堂教学中利用核心素养来设计一个优秀的教学设计，组织教学内容。”

再次，与教学内容相适应的教学方法改革不一致。建构与教学内容相适应的教学方法是破除思政课内容重复和衔接不到位的重要途径。现阶段，中小学的教学方法改革与实践，推进得非常顺利，总结出了一大批富有成效的教学方法，比如，大单元、大概念、深度学习、项目式学习，这些新颖的教学方法，在很大程度上改变了以往思政课枯燥的现状，使学生爱上思政课。大学阶段的思政课教学方法改革的步伐相对要慢一些，这也和大学阶段更加突出理论性的教学特点相适应。

B1：“我是高中阶段的教研员，相对来说，我们天津市高中思政课的教学方法改革在全国走在前列。我们是首批新教材的实践基地，率先开始了新教材的试教工作，在这个过程中，我们针对新教材、新课标中提出的新的教学方法，比如大单元教学法、议题式教学法进行了富有成效的实践，有很多老师获奖，甚至在全国思政课教师大赛当中，得到很好的名次，都有赖于教学方法的创新。”

又次，教材编写及其修订不一致。大中小学思政课教材都是由马克思主义理论研究和建设工程委员会统一编写的统编教材，但是大中小学修订的幅度和时间仍然不一致。比如，高校的思政课教材近年先后推出了2018版、2021版和2023版，尤其是根据党的二十大精神，在2023年2月份出版了2023版。而中小学思政课也根据党的二十大精神进行了内容修订，但是整体上幅度较小，和高校教材的变动不一致。中小学思政课教材的修订基本上在每学期教材都会进行一些微调，往往教师不易察觉。而高校的思政课教材的修订，往往会有专门的版本。此外，现阶段，大中小学思政课为贯彻习近平新时代中国特色社会主义思想，均独立开设课程。但是，中小学分别出版了《习近平新时代中国特色社会主义思想学生读本》，分为小学低年级段、小学高年级段、初中、高中四本。分别在三年级第一学期、五年级第一学期、八年级第一学期、高一第一学期，每周设置1课时，专门完成读本教学。但是，大学阶段，目前习近平新时代中国特色社会主义思想概论在绝大多数院校独立开设，但是课时的设置和教材并没有统一。

最后，教学评价改革不一致。新时代教学评价改革，国家专门颁布了相关文件。提出了增值评价、过程性评价的一些新方法。但是，现阶段由于当前中小学思政课有中考和高考（选考）的升学压力，思政课教学评价改革仍然受到限制。相对而言，大学阶段没有应试的压力，思政课的教学评价相对更为丰富，终结性评价和过程性评价相结合，更加注重学生在学习过程的体验中达成相应的教学效果。

二、大中小学思政课学段定位与学生认知规律把握不够精准

大中小学思政课存在断层、衔接不当的问题，很重要的一个原因是对不同

学段思政课的定位把握不精准，没有充分考虑相应学段学生的认知规律，思政课的教学内容与学生的认知规律和学段定位相脱节。

首先，小学的思政课学段定位于学生认知规律。小学阶段道德法治课应当是启蒙性学习。小学生年龄小，理解能力欠缺、情绪不稳定、上课注意力难以集中、以直观形象思维为主，但是在小学的低年级段、中年级段和高年级段，小学生的特点仍然是有差异的，随着小学生年龄的增长，自我意识会进一步发展。因此，思政课教师在进行教学内容设计的时候要充分考虑低、中、高三个不同学龄段小学生的特点，站在儿童的视角，理解儿童语言，在知识建构当中应当从小学生身边熟悉的人和事物，特别是设置一些互动性的情境对话，师生之间可以进行一些有意义的交流，适当留白、停顿鼓励，从而引导小学生理解知识中蕴含的意义。

D1："小学生的道德与法治课内容的合理取舍，一定要凸显针对性。比如低年龄段的话，一年级的孩子就非常喜欢活动和体验，在课堂学习当中，对情景的再现呀，参与时的一些表演非常感兴趣，可以让孩子进行角色扮演，教师通过精心的准备，让学生有所提升。对于中年级段和高年级段的孩子，一定要用好绘本，通过一些绘本中的故事阐明道理，甚至在上课的时候，可以设置一些具有开放式结尾的绘本故事，让学生进行续写，然后小组讨论，通过这样的形式可以明辨不同的问题。"

其次，初中的思政课学段定位与学生认知规律。初中阶段道德法治课应当是体验式学习。体验性学习强调初中生要亲历具体的事件，通过自身体验，亲历知识的产生过程，以现实中的环境作为素材。所谓的体验式更加强调从自己的生活实际出发，在具体的或者真实的生活场景当中去感受知识，运用所学知识来解决相应的问题，实现知识的内化和外化交互。此外，初中生的抽象能力在逐步形成，学习的独立性增强、可塑性强，但正处于青春期，其生理和心理的变化比较大，容易产生逆反心理，因此，思政课教师在教学中应该注重引导学生自主思考、理解知识，激发初中生的学习兴趣、调动其积极性、主动性。初中阶段，从课程标准的规定及教材编写来看，需要大量识记的知识点不多，知识点的形成也与初中生的社会生活密切相关，在课堂教学中可以通过适当开展活动来培养学生的核心素养。

C4："初中阶段上道德与法治课的时候，学生们比较活跃，尤其是七年级，在七年级的教学当中，内容相对来说以道德教育为主，所以，更多强调通过一些体验性的活动与项目，让同学们充分地表达观点。然而，随着学生进入八年级，尤其是八年级下学期，课本的内容啊，以宪法教育为核心，对于初中学生来说，这部分知识难度较大，不容易理解，教学方法应该根据学生的特点做出相应的调整，讲授法和其他方法共同使用。到了九年级，因为道法学科现在是中考学科，学生们以刷题为目的。这样来看呢，我们还不能固定地说，初中道法到底要采用什么样的教学方法，我们必须根据初中阶段的教学内容和学生的实际情况来合理安排相应的教学知识。"

再次，高中的思政课学段定位与学生认知规律。高中阶段思想政治课应当是常识性学习。常识性的学习更加强调掌握一些普遍的知识为基础，而教材是呈现理论常识的重要载体，根据教材体系的编排逻辑和呈现方式，由浅入深地学习理论常识，从而形成理论知识体系。高中阶段的学生其心理发展有较强的过渡性，思维的独立性极大增强，学习目的非常明确，自觉性高。但是相比于初中阶段，高中的思想政治课教材内容容量大，尤其是选择性必修教材，所涉及的内容理论性明显增强，难度系数较高。尤其是参与思想政治选考的学生，备考压力大，因此，这一阶段的思政课教学内容的安排和学习方法，应当把大单元教学、议题式教学等教学方法和学生的认知规律相结合，合理地兼容考试与素养提升之间的关系。

B4："我今年任教的是高三，通过把孩子们带了一轮，我体会到从高一到高三，学生们体现出来的状态与教学内容之间关系非常密切。高一的时候，学生出于对高中生活的向往，对高中知识的好奇，往往有非常大的兴趣去参与课堂的讨论交流。但是随着学生进入高二阶段，课堂的互动变少，学生压力变大了，采取什么样的方法才能够提升学生的学习效率？是我们高中政治老师非常关心的问题。尤其是新课标中提出了活动型学科的定位，如何在高中教学中体现出活动型教学？很多老师采用了议题式教学的方法，虽然学生学习兴趣有所提升，但是如何把这种学习方法转化为考试命题的需要，也是我们很关心的。"

最后，大学的思政课学段定位于学生认知规律。大学阶段思想政治课应当是理论性学习。所谓的理论性学习，重在掌握体系化、理论化的知识体系。不同于高中的常识性，大学的理论性更加强调知识的理论深度，不仅要知道是什么、怎么做，更要知道为什么，以及这样做的意义。大学阶段学生的性格特点与心理特征日趋稳定，个性特征非常鲜明。这一阶段大学生思维开放、敢说敢做。但是大学生个体的差异性也很突出。大学的思想政治理论课更加侧重于以透彻的理论说服人，要用学生喜闻乐见的方式和手段，增强思政课的实效性。

A4："这学期我带的是思想道德与法治，这门课是同学们进入大学接触的第一门思政课，加上话题不那么枯燥，在授课过程中，同学们总是能够结合现实生活发表自己的看法和观点，而我总是引导着大家去思考一些很现实的社会和生活问题。比如最近热映的电视剧，我引导着学生思考如何看待主人公的人生经历，从正确人生观的角度分析，给予同学们正确地引导。我们还经常使用雨课堂，我经常会在里面发一些思考题，同学们发一下弹幕，师生交流还是很活跃的。一学期下来，我感到思政课越来越为这批'00 后'的大学生所接受与喜爱。"

三、大中小学思政课一体化中教师的主客观条件有欠缺

大中小学思政课存在断层、衔接不当的问题，很重要的一个原因就在于大中小学思政课一体化中教师的主客观条件有欠缺。主观方面表现在大中小学思政课教师的交流机制不健全、中小学师资不够、教科研压力大及评价标准不一致；客观方面表现在大中小学思政课教师衔接意识不强、教师的理论素养不够等。

从主观方面来看，首先，大中小学思政课教师的交流机制不健全。党的十八大以来，大中小学思政课老师交流的机会越来越多，基本上全国各省份、各高校都在组织大中小学思政课教师集体备课会、同上一堂课、共同教研等活动。但是从整体来说，这种机制并不健全，甚至很不完善，绝大多数的思政课教师都没有真正参与进来。

C1："我所在的学校是天津市的第五所重点中学，所以参与这种集体备课

会的机会很多。但是在这个过程中，我也发现这个模式也有点固化，很多时候都是大中小学思政教师围绕着一个主题进行一堂教学展示或者发言，这种形式绝大部分老师都没有真正地参与全过程，还需要进一步完善这类机制。这种情况也在改善，天津市教委牵头编订了天津市的大中小学习‘三进’教学方案等辅导资料。”

其次，中小学师资不够。从全国来看，高校思政课的师资基本达标，按照1∶350的比例，在2022年底基本配齐。但是从中学来看，思政课的师资仍然不足，尤其是小学思政课教师匮乏，很多小学的思政课教师专职化不高，很多都是由其他学科兼任。

再次，教科研压力大。高校的思政课老师不仅要完成繁重的教学任务，而且还要从事科研工作，国内很多重点院校新任思政课老师均采用非升即走模式，使老师在思政课教学中投入的精力不足。中小学的思政课教师虽然没有繁重的科研压力，但是中小学思政课教师课时量普遍偏大，加之很多思政课老师兼任了学校日常德育工作、班主任等工作，投入的精力也不足。

A1：“我目前是副教授，硕士生导师。平时要承担本科两门思政课教学任务，还要承担硕士研究生的专业课程教学，课时量比较大。但同时，科研压力也很大。我所在的学校要评教授，需要国家级项目和多篇C刊，在目前这个状况下，发表文章和拿项目都很难，所以我在时间协调方面，更多地分配给了科研工作，在教学工作方面，仅保证完成基本的教学任务就可以。”

最后，评价标准不一致。大中小学思政课老师在教学标准上评价不一致。中小学阶段的思政课教师在职称晋升和评奖方面更侧重于教学，而高校更侧重于科研。如何处理好思政课教师的评价标准问题，是现阶段思政课创新发展急需解决的问题。虽然国家层面上出台了“破五唯”的规定，但是，在具体实行和操作上，仍有一定的难度。

从客观方面来看，一方面，大中小学思政课教师衔接意识不强。随着大中小学思政课一体化的推进，现阶段思政课教师各管一摊的局面，有所改善，但是部分思政课老师仍然在教学过程中忽视了思政课内容的整体性，没有实现思政课内容体系的贯通，跨学段交流意识不强。很多老师认为，只要做好本学段的工作即可，因此，对于跨学段的思政课交流不想参加，也不关心，表现出了不积极、不主动。

D3：我是小学段的道德与法治老师，基本教授的是一到三年级，所以这种跨学段的交流对我来说意义不大，我感觉我用不上，因为小学道德与法治内容相对来说，比较简单，而且我不存在和初高中衔接的问题，我是起始学段。我更为关心的是小学的第一学段和第二、三学段的衔接，这才是我完成好小学阶段道德与法治教学的重要工作。

另一方面，教师的理论素养不够。理论素养的差异不仅表现在不同学段而且也表现在区域、城乡之间。大中小学思政课教师所教授的思政课内容基本是以统编教材作为依据，但是对教材的理解所形成的教学内容也是非常重要的。比如，高中阶段选择性必修中关于逻辑学的内容和民法典的内容，很多老师是缺失的或者说是不足以支撑教学的，因此，教师要加强学科阅读。此外，地区之间的差异也很大。在我国的少数民族地区，国家一直在推进着重点师范院校的统编教材教师系列培训工作。在一些少数民族地区，教师的理论素养是有严重缺乏的，知识基础不够扎实，甚至不能跟上知识与时俱进的内容。在农村和城市地区，思政课教师的差异也很大，尤其是在很多偏远的农村地区，思政课师资本来就极度匮乏，很多其他学科老师兼职思政课，但缺乏相应的理论修养，甚至很多老师，学历教学中没有任何阶段和思想政治教育相关。

第五章　新时代大中小学思政课内容优化体系建构的理论框架

在思政课内容历史回顾与现状考察后，本章着重探讨如何把大中小学思政课共同的内容讲出区别和特点，体现循序渐进、螺旋上升的规律和要求，形成育人合力。如何形成大中小学思政课内容的结构体系，开展了四个学段思政课内容的贯通性研究。

第一节　新时代大中小学思政课内容优化的建构依据

新时代大中小学思政课内容的建构依据应从选取的标准与边界、组织与呈现方式及其遵循的规律出发，探讨思政课内容是如何选取、生成、呈现等基本问题。

一、思政课内容选取的标准与边界：铸魂育人

思政课的内容向来是学界讨论的重点，尤其是随着重大主题教育进思政课课程及教材，思政课的内容得以极大地丰富。但反过来，有学者认为，这就会导致思政课内容不断膨胀，无所不包。因此，思政课的内容选择必须要有清晰

的界限。从思政课的定位和功能来看，思政课是铸魂育人的核心课程，因此，思政课内容的选择必须与铸魂育人所需要的内容相一致，在此基础上，把握好思政课内容的稳定性与变化性，明确思政课内容的核心与边界，这也是思政课建设本身所面临的一个巨大挑战。

从思政课的课程功能来看，思政课的关键在于解决好培养什么人、怎样培养人、为谁培养人等根本问题，落实立德树人根本任务。尽管大中小学不同学段的思政课内容有所差异，但都承担立德树人根本任务，发挥着铸魂育人的关键作用。因此，大中小学思政课的内容必须引导学生自觉把个人与社会、集体、国家，“小我”与“大我”，个人青春梦与中国梦统一起来，推进中国式现代化，为实现中华民族伟大复兴树大志、干大事。而这些目标是立德树人在道德方面的总体要求，不同学段的思政课需要结合学生的年龄特点及其认知规律，制定相应的思政课内容，体现思政课的内容的进阶性和循序渐进。思政课铸魂育人的功能定位，为选取的标准与边界划定了范围。思政课不是学生的生活课程，也不是社会课程，它在性质上必须坚持政治性、方向性，能够旗帜鲜明地凸显其思想与价值引领作用，这也是必须首先明确的。具体来看，思政课的思想与价值引领，不只是表现在思政课内容的选择标准上，更突出地表现在思政课的价值即对人的发展的影响上。思政课跟其他课程的最大区别是，它指向的不是获取学科知识，而是思想与价值引领。一般的学科课程，教人“何以为生”的本领，而思政课是教人思考“为何而生”。思政课就是要起到“帅”的作用，尤其是要引导学生形成坚定的理想信念，思政课的内容一定要站在铸魂育人的高度，对学生进行理想信念教育，这也是思政课内容稳定性的体现。

二、思政课内容的组织与呈现方式：螺旋上升和学段的进阶性

习近平总书记提出“坚持大中小学纵向主线贯穿、循序渐进，各类课程横向结构合理、功能互补的原则，确保教材的政治性、科学性、时代性、可读性”[①] 的要求，由此，思政课内容的组织与呈现方式，应当体现出螺旋上升和

① 习近平．思政课是落实立德树人根本任务的关键课程［M］．北京：人民出版社，2020：27.

学段的进阶性。

从思政课内容的设计类型来看，有直线式设计和螺旋式设计两种类型。直线式设计是指思政课的内容在一条直线上前进，前面出现的内容，在后面不再重复出现；螺旋式设计是指同一个主题内容在不同年龄阶段都会出现，随着年级的提升，会不断拓宽和加深内容，使其在内容设计中呈螺旋上升的态势。思政课是一种典型的螺旋式课程，形成一个循序渐进、层层深入、有机衔接的内容体系。《关于深化新时代学校思想政治理论课改革创新的若干意见》中对思政课进行了序列化设计，提出大学阶段重在增强使命担当，高中阶段重在提升政治素养，初中阶段重在打牢思想基础，小学阶段重在启蒙道德情感。①

从思政课的课程标准一体化的角度来说，例如义务教育道德与法治课程包括小学和初中共九个年级，按照学制的不同，分为“六三学制”和“五四学制”两种情况。《义务教育道德与法治课程标准（2022 年版）》将课程内容的要求分成小学低、中、高年级和初中四个学段，而学制的差别在学段划分的具体年级上有所体现。这都对道德与法治教材内容提出了细分和精致化的要求。因此，要实现“循序渐进，螺旋上升”，就必须在教学主题选择、教材内容布局、教材素材选择等方面实现“各有侧重”和“相互衔接、层层递进”。同一主题在不同学段的递进、同一素材在不同学段之间的互补等都应该遵循这个要求落实好、协调好。

从学段的贯通性与进阶性的角度来说，大中小学思政课所涉及的不同学段并不是独立于教育教学系统之外的。因此，各学段思政课内容的组织与呈现既要关注自身内容设计的一体化，也要关注在彼此相连的学段，从学段内容的贯通性与进阶性角度考虑教学内容的难度确定、教材内容组织及其呈现方式等问题。只有实现不同学段的贯通性与进阶性，上下联通、横向配合，思政课内容在各学段才能明确自己的方位，做到低学段不过于简单低幼，低于学生的基本理解能力；高学段不过于深奥难懂，超越学生的理解水平。既体现培育完整生命个体的持续性，又不丢掉特定培养阶段的特殊性，是实现思政课内容一体化

① 中共中央办公厅 国务院办公厅印发《关于深化新时代学校思想政治理论课改革创新的若干意见》［J］．中华人民共和国国务院公报，2019（24）：9-15.

的关键所在，也是选取和安排各学段教学内容时必须考虑的重要方面。

三、思政课内容建构的重点：政治认同、家国情怀、道德修养、法治意识、文化素养

2019年中共中央办公厅和国务院办公厅印发的《关于深化新时代学校思想政治理论课改革创新的若干意见》中明确提出要以政治认同、家国情怀、道德修养、法治意识、文化素养为大中小学思政课内容的重点。①

政治认同是思政课内容必须具备的思想前提，家国情怀是思政课培养学生爱党、爱国、爱社会主义的重要目标，道德修养是思政课培养学生立身成人之本的基石，法治意识是思政课培育学生法治思维和观念的行为指引，文化素养是思政课培养时代新人的内在要求。由此，这五大方面的内容在内涵上相互交融，逻辑上相互依存。

政治认同贯穿于大中小学思政课内容建设的始终，也是思政课内容建设的正确方向。思政课培育学生的政治认同，核心在于使大中小学的学生在政治、思想、情感、理论上认同中国共产党、中国特色社会主义、中华文化、中华民族等，树立共产主义远大理想，成为德智体美劳全面发展的社会主义建设者和接班人。在义务教育2022年版课标及其高中2020年版课标中，都明确提出了思政课培育政治认同核心素养目标的要求。根据学段特点，具体来看，小学阶段政治认同侧重于情感启蒙，在情感和政治上对小学生进行价值引导，在日常生活中开展政治实践；初中阶段的政治认同侧重于理性认知学习，使初中生在认知和情感认同的基础上，增强理想信念；高中的政治认同，更加侧重在具有挑战性的复杂情境问题中，坚定走中国特色社会主义道路的理想不动摇；大学阶段的政治认同，更加侧重在不同的错误思潮的影响下，大学生能够自觉运用马克思主义的立场、观点和方法，在中外对比中增强“四个自信”，矢志不渝地听党话、跟党走。

家国情怀强调对家庭、家乡和国家的认同和热爱，是爱国主义教育的伦理

① 中共中央办公厅　国务院办公厅印发《关于深化新时代学校思想政治理论课改革创新的若干意见》[J]．中华人民共和国国务院公报，2019（24）：9-15.

基础。家国情怀也是中华优秀传统文化中最重要的精华部分。相较于政治认同，家国情怀则有更强的历史特征，是贯穿中华民族发展始终的核心理念，更容易打动人，也具有更强的普适性。义务教育阶段的家国情怀的主要表现，是对亲人及其家庭有深厚的感情、对家乡有深深的依恋、热爱中国、热爱中华民族等；高中阶段的家国情怀表现在自觉树立中华民族共同体意识，热爱伟大的祖国和中国人民，把自己的爱国情、报国志融入中国特色社会主义事业；大学的家国情怀表现在思想和情感上认同国家、民族及其人民，坚定马克思主义信仰，能够在多元激荡的思想条件下，为实现中华民族伟大复兴而不懈努力。

道德修养的培育是以社会主义核心价值观为引领的，引导大中小学生明大德、守公德、严私德。具体来看，道德修养主要表现在个人品德、家庭美德、社会公德和职业道德四个方面。个人品德强调对学生个人美德和优良品行的道德要求，引导学生严于律己，宽以待人；家庭美德重在强调自觉践行以尊老爱幼、男女平等、勤俭节约、邻里互助为内容的道德要求，营造良好的家庭氛围；社会公德在于强调相互尊重、助人为乐、爱护公物、保护环境等基本内容，维护社会的公共生活秩序和公共利益；职业道德在于强调爱岗敬业、诚实守信、奉献社会等，引导学生形成正确的劳动价值观。

法治意识是培养学生自觉尊法守法学法用法的思想观念和价值取向。法治意识培养不仅在于增强学生对法治的理性认知，而且在于增进学生对法治的情感认同，能够用法治的思维指导日常的行为。法治意识从内容上来看，首先，就是树立社会规则意识，引导学生遵守日常生活规则，尊重公共秩序。其次，权利和义务意识是法治意识的核心。通过引导学生了解权利和义务，能够依法行使权利，自觉履行义务。最后，追求社会的公平正义是法治意识培育的重点，只有把公平正义作为法律意识培育的价值准则，法治才能实现。法治意识在大中小学思政课内容中覆盖全面。在义务教育阶段侧重于培养学生法治观念，高中阶段侧重于培养学生法治意识与法治思维，大学阶段侧重于引导大学生践行法治行动。

文化素养教育是增进文化自信的重要渠道。文化素养的重要内容在于把握好中国特色社会主义文化。其一，引导学生继承中华优秀传统文化，推动其创造性转化、创新性发展。其二，深刻认识革命文化，利用好红色资源，引导学生爱党爱国爱社会主义。其三，认识改革开放以来形成的社会主义先进文化，尤其是了解新时代的社会主义先进文化建设的重要代表，树立高度的文化自信和文化自觉。

第二节 新时代大中小学思政课内容优化建构的基本原则

新时代大中小学思政课内容建构的基本原则包含了政治性和学理性相统一、知识性和价值性相统一、整体性和差异性相统一、理论性和实践性相统一、连续性和阶段性相统一、渐进性和梯度性相统一。

一、政治性和学理性相统一

大中小学思政课都是以马克思主义为指导的中国共产党领导下的德育课程，因此，政治性是思政课的根本属性。大中小学思政课内容的选取，首先，就要明确其政治性，坚持马克思主义的指导地位，坚持中国特色社会主义理论体系；其次，大中小学思政课的内容要全面贯彻党的教育方针，要坚持立德树人的根本任务，要努力培养担当民族复兴大任的时代新人；最后，要加强党对大中小学思政课内容的领导，认识到其内容的选择是关系到社会主义事业的未来，关系到中国梦的实现。

大中小学思政课内容建构要政治性和学理性相统一，这是思政课存在的必要性和独特价值的彰显，也是讲好思政课的必然要求。大中小学思政课内容的创新，从根本上来看，这是由马克思主义的理论品质决定的，马克思主义不是教条的理论，是需要与时俱进的。当前，加快推进习近平新时代中国特色社会主义思想进课程教材是新时代思政课内容建设的首要任务。思政课的学理性重在强调用学术话语来表达马克思主义的立场、观点和方法，运用中国特色社会主义的话语体系、学术体系来阐释马克思主义。大中小学思政课内容的选取，也要坚持透彻的学理分析，这样才能正确把握大中小学思政课的正确的政治方向。

政治性和学理性相统一，这就要求大中小学思政课内容创新要以透彻的学理分析来回应学生的困惑，以彻底的思想理论说服学生信仰马克思主义，能够正确运用马克思主义真理的力量引导学生成长和发展。

二、知识性和价值性相统一

课程内容的知识性和价值性是课程与教学论的基本属性。但思政课不同于普通的学科课程，思政课肩负着立德树人的任务，其课程内容具有鲜明的政治性和思想性，重在塑造不同学段学生的价值观，也是知情意行等要素相互贯通的道德教育。思政课不是纯粹的知识灌输，而是知识中蕴含着价值观，强调价值性的同时，也不会忽视知识性的传递，而是将价值观融入学科知识的传授，做到价值性和知识性相统一。

从思政课内容的知识性来看，思政课的知识不仅是学科层面知识，还包括了实践层面的知识。学科层面知识，涵盖了不同学段思政课内容的教材知识和教学知识。尤其是师生在课堂教学过程中生成的教学知识，是思政课知识中最具活力的部分；实践层面的知识，指不同学段思政课将学习的内容和范畴延展至社会领域，通过挖掘各种社会教育资源，让学生置身于真实的社会实践，通过参与社会实践或者感悟社会实践，习得知识。从思政课内容的价值性来看，思政课的内容必须坚持正确的政治方向、凸显价值引领。思政课的内容和其他课程选择的最大区别在于其育人价值，思政课的内容是站在铸魂育人的高度。在理论分析上，要突出马克思主义的立场、观点和方法，启迪学生运用马克思主义来解释现实世界。

思政课内容的知识性和价值性相统一原则要求教师不仅在知识层面上要告诉学生应该做什么、什么可以做、什么不可以做、做了之后会带来什么效果，使其知其使然，更要在深层次上探讨，这是为什么？帮助不同学段的学生在思政课知识学习中进一步理解其个体的行为价值，对于社会发展的意义，在政治上更加认同国家、民族。此外，在知识层面上，要运用不同的学段的教学方法让学生爱听爱学，产生共鸣，不仅在知识上达到量的积累，拓宽分析问题的视野，而且在价值层面上能够帮助学生自觉地利用理论，实现对既有生活的整合重构，从而促使学生在道德与学科知识上都能实现螺旋式上升。

三、整体性和差异性相统一

整体性和差异性相统一，是新时代思政课内容设计的重要原则，凸显了大中小学思政课内容优化的核心。思政课内容要达到优化的状态，就要实现不同学段思政课内容、同一学段不同主题的有机衔接。思政课内容的一体化，意味着将立德树人的要求落实在大中小学思政课的课程内容、教材内容和教学内容之中，形成学段之间有机衔接。在思政课内容上实现逐层递进、螺旋上升，既坚持思政课内容在大中小不同学段纵向上主线贯通、横向上结构合理，而且强调保持各学段的特色，突出不同学段思政课内容的针对性。比如，义务教育阶段道德与法治课程，将九年义务教育分为四个学段，设计若干学习主题贯穿于义务教育全学段，然后根据学段特色，选择适合每个学段的内容。这样的内容设计既保证了每个学段内容主题的整体性，又突出了不同学段的特色，呈现差异性。

整体性和差异性相统一的原则，在思政课内容设计当中是如何设计的？其一，要根据思政课综合性的课程内容的特征，以社会发展和学生的生活为基础，特别是凸显出新时代对于大中小学思政课内容的新要求，有机整合相关主题。其二，以问题为导向，突出思政课内容的差异性。思政课的内容强调，直面学生的真实生活，在不同的学段，学生个体的需要和特征是有差异的，必然导致其直面的问题也是有个体差异的，因此，以问题为导向，可以进一步增强思政课内容的有效性和现实性，培养学生敢于发现问题、直面问题、解决问题的关键能力。

思政课内容的整体性和差异性相统一原则要求不同学段的思政课教师要相向而行，不能背靠背，要学会前后关联，相邻学段的思政课内容，在把握思政课内容整体性的基础上，分析相应学段，如何呈现出上一个学段和后一个学段相差异的思政课内容，使学生感受到思政课的魅力所在。

四、理论性和实践性相统一

2022年7月25日，教育部等十部门印发《全面推进“大思政课”建设的工作方案》[①] 提出了“改革创新主渠道教学”“善用社会大课堂”“搭建大资源平台”等实施方案，充分调动全社会力量和资源推进“大思政课”建设。思政课的内容“跟现实结合起来”“不仅应该在课堂上讲，也应该在社会生活中来讲”。[②] 由此，在“大思政课”理念指导下，大中小学思政课内容必然呈现出理论性和实践性相统一的特征。

思政课的本质是讲道理，把道理讲深、讲透、讲活。大中小学思政课内容的理论性突出马克思主义理论的基本概念、核心知识及其内在规律等，重在阐释马克思主义理论的立场、观点与方法。具体来看，在不同的学段内容设置中要从核心知识点的分布规律出发，探寻不同学段思政课理论的特殊性，呈现出同一主题在不同学段的差异，能够较好地处理各学段知识点的布局和分布，使理论的阐释更加合理、更加有力；大中小学思政课内容的实践性在于从大中小学生成长的多样化需要出发，通过对课程资源的开发与利用，丰富思政课的内容，加深学生对社会和所学知识的运用和理解，这种实践性不仅可以表现为参与社会实践活动，也可以是在课堂教学当中教师通过呈现出鲜活的情境，运用讲故事等方式，让学生在情境感知当中体验到思政课的魅力，把思政课的知识讲深、讲透、讲活，从而进一步提高思政课内容的有效性。

理论性和实践性相统一的原则，在思政课内容设计当中是如何设计的？其一，课堂教学中善于创设优质情境，推进学生的深度学习和教师的深度教学。思政课教师要以不同学段学生的认知规律和接受特点为重要参考，以《人民日报》新媒体、《光明日报》等主流媒体的视频，创设优质教学情境，运用课题研讨辩论、小组研学等方式，引导学生掌握马克思主义理论的精髓，感知思

① 教育部等十部门．关于全面推进“大思政课”建设的工作方案［EB/OL］．http：//www.moe.gov.cn/srcsite/A13/moe_772/202208/t20220818_653672.html.

② “‘大思政课’我们要善用之”（微镜头·习近平总书记两会“下团组”两会现场观察）［N］．人民日报，2021-03-07.

政课的理论味道。其二，充分调用社会资源，与博物馆、图书馆等社会实践基地共同参与思政课的实践教学。大中小学组织思政课教师和社会实践基地的辅导老师共同向学生进行现场教学。此外，教师设计相应的思政课课题研究指南，积极拓宽学生参与社会实践的渠道，推动学生主动参与，在实践当中深刻领悟思政课的广阔内涵。

第三节　新时代大中小学思政课内容优化的体系建构

本节探讨的大中小学思政课内容体系的建构是基于思政课共有内容。其中，习近平新时代中国特色社会主义思想是新时代大中小学思政课主导内容，也是新时代区别于以往思政课内容的最大不同。本节建构以习近平新时代中国特色社会主义思想为核心内容，以道德教育、法治教育、人生观和社会主义核心价值观教育、中国特色社会主义和中国梦教育为基本内容，以中华优秀传统文化教育、革命传统文化教育、生命安全教育及国家安全观教育为主题内容的新时代大中小学思政课内容体系。

一、新时代大中小学思政课主导内容的建构

习近平新时代中国特色社会主义思想是新时代中国共产党的思想旗帜，是国家政治生活和社会生活的根本指针。全面落实习近平新时代中国特色社会主义思想进课程教材对培养担当民族复兴大任时代新人具有重大意义。

习近平新时代中国特色社会主义思想进课程教材的主要内容包括了其核心要义、理论与实践贡献、方法论、理论品格、历史地位等。[①] 思政课是落实习近平新时代中国特色社会主义思想进课程教材的主渠道，要集中讲述习近平新

① 国家教材委员会关于印发《习近平新时代中国特色社会主义思想进课程教材指南》的通知［J］. 中华人民共和国教育部公报，2021（10）：18-26.

时代中国特色社会主义思想。在义务教育阶段《习近平新时代中国特色社会主义思想学生读本》于2021年秋季学期起在全国统一使用，在大中小学思政课一体化的指导下，实现了课程内容螺旋式上升；在高等教育阶段，在全国重点马克思主义学院率先开设《习近平新时代中国特色社会主义思想概论》课的基础上，自2022年以来，全国大多数省份都独立开设了《习近平新时代中国特色社会主义思想概论》课程。如何实现习近平新时代中国特色社会主义思想的主要内容在各学段横向贯通、纵向衔接，本书结合大中小学《习近平新时代中国特色社会主义思想学生读本》的内容、《习近平新时代中国特色社会主义思想概论》及其《习近平新时代中国特色社会主义思想进课程教材指南》的要求。梳理大中小学不同学段习近平新时代中国特色社会主义思想教材内容衔接点，如表5-1所示。

表5-1 大中小学习近平新时代中国特色社会主义思想教材内容衔接点

习近平新时代中国特色社会主义思想	小学阶段教材内容	初中阶段教材内容	高中阶段教材内容	大学阶段教材内容
中国特色社会主义进入新时代	《读本》新时代孕育新思想	《读本》新时代的社会主要矛盾	必修一第4课中国特色社会主义进入新时代；《读本》新时代孕育习近平新时代中国特色社会主义思想	《习概》第一章第二节：中国特色社会主义进入新时代
习近平经济思想	四年级下册第三单元第9课生活离不开他们；《读本》新发展理念是指挥棒、红绿灯	九年级上册第一单元第1课：踏上强国之路、第2课：创新驱动发展；《读本》统筹推进“五位一体”总体布局	必修二经济与社会第3课第一节：坚持新发展理念；《读本》新发展理念；经济高质量发展	《习概》第六章：推动高质量发展
中国梦	《读本》伟大事业始于梦想	《读本》中华民族伟大复兴的中国梦	必修一中国特色社会主义第4课第二框实现中华民族伟大复兴的中国梦；《读本》实现社会主义现代化和中华民族伟大复兴	《习概》第二章第一节，中华民族近代以来最伟大的梦想

续表

习近平新时代中国特色社会主义思想	小学阶段教材内容	初中阶段教材内容	高中阶段教材内容	大学阶段教材内容
文化强国与文化自信	五年级上册第三单元百年追梦复兴中华；六年级下册第四单元让世界更美好；《读本》当代中国精神的集中体现	九年级下册中华文明在交流互鉴中发展；《读本》统筹推进“五位一体”总体布局	必修四哲学与文化第9课第三节：文化强国与文化自信；必修四哲学与文化第7课第三节：弘扬中华优秀传统文化与民族精神；《读本》铸就中华文化新辉煌	《习概》第十章：建设社会主义文化强国
坚持和加强党的领导	《读本》办好中国的事情关键在党	八年级上册第二单元第4课社会生活讲道德；八年级下册党的主张和人民意志的统一	必修一中国特色社会主义第4课第三节习近平新时代中国特色社会主义思想；必修三政治与法治第3课第一节坚持党的领导《读本》坚持和加强党的全面领导	《习概》第三章：坚持党的领导；《习概》第十七章：全面从严治党

小学低、中年级段，以感性认识为主，注重情感体验和价值引导，以生动具体、形象直观的方式，呈现习近平新时代中国特色社会主义思想，在版式设计上注重图文并茂。内容选择旨在让小学生掌握一些最重要的概念或命题，从“看到什么”“听到什么”出发，引导小学生理解祖国的伟大，体会党的伟大和光荣，激发孩子们对未来的憧憬，感受到自己身上肩负的责任；在小学的高年级段，小学生的理性认知水平有所提升，精选以“什么是中国梦、如何实现中国梦”为总体框架，以“十四个坚持”基本方略为主线，阐述习近平新时代中国特色社会主义思想的核心内容和理论观点，涵盖了中国梦（中华民族伟大复兴）、“党—人民—改革”“发展、民主、法治、文化、民生、生态”“安全、强军、统一”“人类命运共同体”等内容。小学阶段教师讲解基本概念不多，更多的是学生的体验式活动，在一体化背景下可以适当由教师讲解核心概念，为下一学段学习打下基础。

具体来看，初中思政课能够发挥学生的主体作用，增强课堂互动性，将原理讲活。首先，是精读引言导语，引出主干知识。初中《读本》每一讲开头都以概括的语言介绍本讲内容。既有正面叙述，又有设疑引思。同时每一目之前也设有序言，有的概括了本课重点内容让学生直观了解；有的讲述本课相关故事，引出学生兴趣；有的引用古文今昔对比强调本课重要价值。其次，是诵读每讲“金句”，坚定理想信念。深刻领悟精神实质。最后，用好资料卡片，丰富课程资源。初中《读本》里，设置了辅助正文理解的资料卡片，为教学提供了丰富的支撑。有的资料是以经典的历史事例作为正文观点论据。

高中阶段思政课注重教学体系转化，系统构建适应习近平新时代中国特色社会主义思想教学活动需要的课程、教材和教学体系。统编版高中思政课教材在编写上面临最大的挑战就是如何将习近平新时代中国特色社会主义思想的理论体系、话语体系转变成高中学生可认知可理解的课程、教材和教学体系，进而指导学生将思想认识转化为实际行动。习近平新时代中国特色社会主义思想的重要政治地位决定了教材在呈现方式上必须以原著原文为基准，既要严肃严谨，又要生动易懂。教学实践证明，现行统编版教材较好地处理了这个问题，得到了师生的高度认可。首先，是坚持集中呈现与分散融入相统一。对习近平新时代中国特色社会主义思想的内容在必修一《中国特色社会主义》中进行了集中专题讲述，又分别在必修二《经济与社会》、必修三《政治与法治》、必修四《哲学与文化》中结合不同学科阐述了习近平总书记关于社会主义经济、政治、文化、社会和生态文明建设的重要论述以及习近平新时代中国特色社会主义思想的方法论特征。在单一模块中，也同样坚持了系统阐述与分专题展开，如在必修二《经济与社会》中一开始就全面介绍了习近平经济思想的基本内容，在此基础上分专题介绍了基本经济制度与市场经济体制思想，经济发展新思想和经济发展新理念以及收入分配和社会保障体制建设的思想。其次，是坚持原文与案例相统一。在每个版块的编写上，坚持理论性和实践性相统一，以学科逻辑体系为框架，注重知识的系统性，同时，根据经济社会发展和高中学生身心发展特点，注重选取与学生生活经验、经历密切相关的案例、材料等。便于学生结合实践理解理论问题、利用理论解决实际困惑。在教材的具体编写体例上，在正文部分偏重于原著原文的直接摘录引用，确保表述的严谨规范和高度归纳，在探究与分享部分为学生提供了生动而有深度的材料和案例，引发学生的探究与思考，导入正文。在相关链接部分提供了与正文相关的资料和案例，拓宽和深化学生视野。最后，是坚持知识学习与实践活动相统一。统编版教材在规划设计上就充分考虑了学生“知”与“行”的关系，按照从实践中来到实践中去的认识规律，从现实案例出发引出理论，在理论认知的基础上回到生活中进行实践。

大学阶段的习近平新时代中国特色社会主义思想体现贯穿于四门必修课始终，尤其是体现在《毛泽东思想与中国特色社会主义理论体系概论》中，但是2023版“概论课”教材将原教材的第八至十四章内容从原来教材内容中单列出来，由《习近平新时代中国特色社会主义思想概论》这一门课程专门讲授。《习近平新时代中国特色社会主义思想概论》是高校本科生系统学习新时代新思想的重要思政必修课，集中彰显了这一思想回答时代之问、引领实践发展、推动伟大变革的真理力量，对推动新思想进教材进课堂进头脑、用党的创新理论铸魂育人具有重大意义。大学阶段的大学生理解能力和逻辑思维能力基本成型，开始具备独立思考的能力。在此阶段开展《习近平新时代中国特色社会主义思想概论》，就要将理论与实践相统一，既引导大学生明确习近平新时代中国特色社会主义思想“是什么”，又要让大学生知道在习近平新时代中国特色社会主义思想指引下“怎么做”。具体来说，就是要在授课前明确大学生的社会关注点和理论困惑点，在课上通过系统深入讲解，回应大学生对于社会痛点问题的关切，解决大学生理论困惑点，在课后实践中引导大学生将习近平新时代中国特色社会主义思想内化于心、外化于行，坚定理想信念、增强使命担当。

二、新时代大中小学思政课基本内容的建构

新时代大中小学思政课以道德教育、法治教育、人生观和社会主义核心价值观教育、中国特色社会主义和中国梦教育为基本内容。

（一）道德教育

通过第三章对大中小学思政课教材内容的纵向考察，可以分析出大中小学

道德教育主要进行的是中华传统美德教育与公民道德教育，尤其是公民道德教育贯穿于大中小学思政课的始终。公民道德教育的理论体系是社会公德、职业道德、家庭美德与个人品德的有机统一体。

小学阶段的道德教育，第一学段的道德教育突出小学生的道德养成，注重小学生的个人品德养成（明辨是非、正确对待学习成绩、学会欣赏他人等）；第二学段的道德教育开始涉及家庭美德，要求小学生关心家庭、主动承担家务，也逐步培养小学生的社会公德意识、爱护公共设施，树立正确的集体观等；第三学段的道德教育进一步扩大道德认识的范围，强调增强小学生的团队精神、社会责任感，懂得社会规则等，在道德实践层面上表现出践行社会主义核心价值观。

初中阶段的道德教育，虽然没有独立设置，但是它已经融合到其他各个主题中，进行集中的表述，以道德修养为统领，涵盖四大方面。具体来看，个人道德方面，注重呵护友谊、网上交友与老师交往等主题呈现；家庭美德方面，注重孝亲、加强和父母的沟通和交流，能够处理好亲子关系；社会公德方面，注重美好集体的建设，能够处理好集体利益和个人利益的关系，能够做到尊重他人，文明有礼、诚实守信；职业道德方面，围绕敬业精神及其劳动的重要性，进一步引导初中学生发挥实干精神，树立正确的职业观。

高中阶段的道德教育有所缺失，未能实现较好地与初中和小学相衔接，出现了道德教育的断层。但高中阶段道德教育，以隐性要求呈现在教材中，比如，通过必修四《哲学与文化》，凸显出正确价值观的导向作用，要求高中生树立正确的社会主义核心价值观。

大学阶段的道德教育，着重体现在《思想道德与法治》，在理论层面，重点分析了道德的相关理论问题（内涵、起源、本质等），强调坚持马克思主义道德观，以集体主义为原则，以为人民服务为核心，全面呈现社会主义道德的要求，吸取借鉴优秀道德成果，促进大学生投身于道德实践活动，锻炼个人品德、弘扬家庭美德、恪守职业道德、遵守社会公德，使大学生能够顾全大局，正确处理好国家、集体与个人的利益关系。

因此，大中小学的道德教育要形成一个有机衔接的体系，在于清晰地把握各学段道德教育的特点。以道德养成为基础，对个人品德、家庭美德、职业道德、社会公德建设为重点，以集体主义为原则。

（二）法治教育

法治教育是大中小学思政课内容的重要组成部分。整体来看，法治教育在大中小学思政课内容设计上，基本实现了较好的螺旋上升，一体化内容呈现见表5-2。大中小学思政课尤其注重特别法治教育，大部分学段均独立设置了法治教育专册（含法治教育单元），具体来看，分布在小学法治教育专册在六年级上册、初中法治教育专册在八年级下册、高中法治教育单元在必修三《政治与法治》的第三单元、大学法治教育单元比较集中于《思想道德与法治》第六章。

表5-2　大中小学思政课法治教育内容汇总

序号	内容	主要框题（具体到节）				总计
		小学	初中	高中	大学	
1	宪法教育	1	4	3	5	13
2	国家制度教育	6	6	11	21	44
3	国家机构教育	2	2	5	6	15
4	日常生活规则和法律规范教育	34	14	5	1	54
5	公民权利与义务教育	3	15	5	7	30
6	人权教育	2	1	3	3	9
7	法律基本理论教育	1	6	6	4	17
8	法治精神教育（公民意识教育）	2	8	6	4	20
9	中国特色社会主义法治教育（全面依法治国、法治中国）	0	1	3	13	17
总计		51	57	47	64	219

注：表格中的数字表示法治教育各主题内容分布在各学段思政课教材中的课时数。

小学阶段的法治教育，从目标而言，更加注重启蒙法治情感。在内容上，秉承着通俗易懂的编排原则，关注小学生的真实法治体验，通过法律案例、法律故事、法律情境，让小学生感受法律、学习法律。其内容安排上紧紧围绕着小学生的日常生活规范，重点讲述了小学生的生活规则、公共秩序、安全意识及其日常的法律法规，引导小学生学法守法遵法，在法律的呵护下健康成长。

初中阶段的法治教育，从目标而言，更加注重夯实法治思想基础。不同于小学生，初中生已初步具备了法律辨别是非的能力，更多地融入了丰富多彩的社会生活，初中生对法律的学习也从法治生活走向了法治社会，这个阶段的法治教育更加凸显学习法律知识、生成法治思维、解决现实中的法律问题。在内容设计上，以法律的起源和特征为起点，使学生了解社会生活会受到法律的约束，重点分析了三种违法行为。在八年级下册，集中讲授宪法的本质内容地位、公民权利与义务，以及国家制度和国家机构，进一步培养学生的法治精神。九年级上册将法治教育的内容上升到法治中国（全面依法治国）的高度，进行了中国特色社会主义法治教育，与高中部分的法治教育学习相衔接。

高中阶段的法治教育，从目标而言，更加注重培养法治意识。在内容设计上，比较全面地呈现了我国法律体系的整体框架、制度及其我国推进法治中国建设的发展道路；在内容编排上，注重培养高中学生有序参与法治实践的能力，进一步深化对国家法治建设的政治认同。具体来看，在必修三《政治与法治》中着重学习法治是治国理政的基本方式、如何推进法治中国建设以及全面依法治国的基本要求等。与小学、初中的法治教育内容不同，高中阶段专门设置的选择性必修二《法律与生活》，以《中华人民共和国民法典》为指导，深入阐释了法律知识，引导高中学生了解具体的法律知识，增强高中学生在典型的法治情境中，依法正确地行使权利、自觉履行义务，促进法治社会和法治国家建设的法治自觉。

大学阶段的法治教育，从目标而言，注重法治价值认同，推动法治能力践履。在内容上阐释了社会主义法律的特征和运行过程；坚持全面依法治国的根本遵循（习近平法治思想）及其推进法治中国建设；维护宪法权威，进一步阐释了我国宪法的形成和发展历史，宪法的地位和基本原则，及其加强宪法实施和监督；作为公民，要自觉地尊法、学法、守法、用法。整体来看，大学阶段的法治教育更加突出理论性分析。但仍然面临着内容重复、倒挂等现象。表现在大学阶段的法治教育内容与初中阶段和高中阶段的在内容上存在大量重复

（主题内容基本一致），其内容对大学生的吸引力大打折扣，甚至在一些内容上，论述不及初高中教材。因此，大学阶段的法治教育需要进一步挖掘理论的深度，增强对大学生的学情分析。

（三）人生观和社会主义核心价值观教育

人生观和社会主义核心价值观教育属于思想教育的范畴，思想教育主要包括人生观教育、社会主义核心价值观教育、理想信念教育等。但理想信念教育在中小学阶段涉及较少，因此，为了体现大中小学思政课共有内容，本部分以人生观教育与社会主义核心价值观教育来做具体分析。

第一，人生观教育。

人生观教育由人生理想教育、人生目的教育、人生价值教育、人生态度教育组成。[①] 人生观教育在大中小学思政课内容的设计上并不一致，有所侧重。在小学阶段侧重于人生态度教育；初中阶段侧重于社会责任教育与人生价值教育；高中阶段侧重于从哲学探讨人生价值观教育；大学阶段侧重系统把握人生观教育。

小学阶段的人生观教育目标是以培养小学生积极向上的人生态度为重点。在小学低年级段，让小学生学会遇到困难，求助别人并乐于助人，能够学会欣赏他人，正确看待自己的成长与变化；小学的中年级段，通过小学生参与家庭和社区的生活，逐步增强对家庭和社会的认同；小学的高年级段，旨在培养小学生为人要诚实守信、自尊自爱自强，能够反思自己的生活和行为，初步具有集体意识和增强社会责任。

初中阶段的人生观教育目标旨在增强中学生的社会责任感，使其认识到个人与他人、集体、国家甚至人类之间的关系，懂得人生的价值在于对他人和社会的责任和贡献。在内容上重点阐释了青少年对国家的责任，强调少年强则国强，引导学生承担社会责任。在七年级上册，从生命的高度，进一步引导初中生思考“怎么样过有意义的人生？如何在平凡的生命当中书写不平凡的伟大？”这些有意义的议题，让学生学会挖掘自身的价值，创造有意义的人生，

① 陈万柏，张耀灿．思想政治教育学原理（第二版）［M］．北京：高等教育出版社，2007：140.

增强生命的韧性，正确认识生活当中的挫折，养成积极乐观的人生态度。

高中阶段的人生观教育目标旨在引导学生树立正确的人生价值观。从哲学的角度，分析了高中生如何创造和实现人生价值以及探讨了正确的价值判断和价值选择的标准，引导学生过有意义的人生。在探究模块，从劳动精神、工匠精神等切入，让学生体会如何实现人生价值。

大学阶段的人生观教育目标旨在引导大学生正确认识和处理个人和他人、个人和社会与国家之间的关系，创造无愧时代的人生。大学阶段的人生观教育较为系统和完整。从马克思主义理论的高度，进一步阐明了人生观的基本立场和重要观点。具体来看，教材从阐释人生观的基本认识和概念出发，然后阐释了正确的人生观是什么，最后阐释如何以正确人生观去指导生活实践，尤其强调在奋斗当中实现人生价值。

第二，社会主义核心价值观教育。

社会主义核心价值观教育是大中小学思政课的重要内容，整体来看，贯穿于大中小学思政课的各学段教材，实现了较好的螺旋上升。

小学阶段是社会主义核心价值观教育的起始阶段，总体来看，教材更多地呈现了和谐、法治、友善，相对而言，平等、公正和敬业呈现较少，这样的设计符合小学生的认知特点。[①] 就国家层面而言，“富强”在低年级段着重是通过国家的迅速发展带给人们生活的变化，改变人的需求的满足来体现；高年级段更加侧重于关心国家的发展。就“和谐”层面而言，主要体现了人与自然的关系。在“文明”层面上，强调公共生活当中的文明现象，到了高年级段，更加侧重于物质和精神文明。“民主”的内容更多的是在（高年级段）五年级以后体现，通过选举班委会和商定班级事务等直观地展示民主权利的行使。

社会层面上，就“法治”方面而言，贯穿于12册教材始终，小学阶段的法治教育，更多的是以社会规则形式出现，通过日常生活中的小事，让学生来理解、感悟法律，到了高年级段，特别是通过六年级上册法治教育专册，集中学习法治知识；“自由”的内容仅仅出现在高年级段的教材更多的是通过历史

① 袁于凡．小学《道德与法治》教科书中社会主义核心价值观教育内容的分析研究［D］．陕西师范大学硕士学位论文，2021.

人物和历史事件来呈现，意志自由这一概念；“公平和正义”的体现主要是规则意识，高年级段更加强调公平正义的行为促进了正确价值观的内化。公民层面上，“友善”更多地聚焦在与人友好，善良正确处理人际关系，在小学的低中高三个学段都有所展现，由个体到团体生活的变化；“爱国”的含义很广泛，小学的爱国主义教育是从爱国行为到情感再到行为的变化；“诚信”更多的是通过做人做事两个方面，使小学生具有良好的行为习惯。

初中教材的编写是以社会主义核心价值观为引领，因此，教材内容设计在很大程度上体现出了社会主义核心价值观。国家层面，在九年级上册体现得最为系统和全面。四个单元的标题，对应社会主义核心价值观在国家层面上的四个基本内容。第一单元阐释了改革开放和共享发展的内容，集中体现了“富强”；第二单元阐释了社会主义民主和人民民主全过程，集中体现了“民主”；第三单元阐释中华文明，甚至直观地凸显了社会主义核心价值观，集中体现了“文明”；第四单元阐述了民族团结和中国统一及其中国梦的主题，集中体现了“和谐”。

社会层面上，“法治”贯穿于初中教材5册，具体分析详见法治教育。“自由、平等、公平、正义”作为法治精神，集中体现在八年级下册第四单元，教材系统论述了法治精神，对于法治建设具有促进作用。此外，在八年级上册第二单元社会规则部分，重点阐释了自由和规则的关系等；“爱国”的内容在教材直接体现得并不多，重点阐释了中国梦，上升到了爱国情感教育；“诚信、敬业”这一主题在八年级上册第二单元，重点突出了诚信的内涵、重要性以及实现措施，“友善”的内容更多的是通过友谊、集体、奉献社会等内容来凸显。整体而言，初中的道法教材，从显性和隐性两方面充分地挖掘了社会主义核心价值观教育的内容，6册教材内容衔接得当。

高中思政课内容的安排和社会主义核心价值观具有相通性。必修一第四课中，关于新时代的定位以及中国梦部分的内容设计，属于社会主义核心价值观的国家层面；必修二第二单元关于收入分配制度中对社会主义市场经济体制的优越性的阐释，强调了各市场主体的地位是平等的，维护市场的公平正义，融入了社会主义核心价值观社会层面的相关内容；必修三的前两个单元集中阐释了关于社会主义民主的内容，第三单元阐释了依法治国，是法治层面的体现；必修四第三单元，关于文化自信、文化交流与传承等的内容，有利于激发学生的爱国情怀。

大学阶段有两门必修课，比较集中地讲述了社会主义核心价值观的相关内容。《马克思主义基本原理》第二章关于价值观与社会主义核心价值观的部分，分析了马克思主义价值观的标准，以及社会主义核心价值观的作用及其内容。这一部分与中小学的相比，突出了社会主义核心价值观的马克思主义哲学基础，马克思主义价值观对社会主义核心价值观的引领作用。[①]《思想道德与法治》对于社会主义核心价值观的阐释最为清晰、最为全面。集中地分析了社会主义核心价值观的基本内容、来源、显著特征和践行策略，引导大学生成为社会主义核心价值观的坚定信仰者、积极传播者、模范践行者。[②]

（四）中国特色社会主义和中国梦教育

中国特色社会主义和中国梦教育是贯彻落实大中小学系列文件中关于思政课内容设计的关键内容。其中，中国特色社会主义教育是中国化马克思主义教育的重要体现；中国梦教育是理想信念教育的重要内容。

第一，中国特色社会主义教育。

中国特色社会主义教育在新时代表现为以习近平新时代中国特色社会主义思想为主要内容，随着党的二十大召开，五史（党史、新中国史、改革开放史、社会主义发展史、中华民族发展史）教育进一步凸显了新时代中国特色社会主义教育的重要内容。中国特色社会主义教育旨在引导大中小学生深刻领悟蕴含其中的马克思主义立场、观点、方法和中国特色社会主义的理论来源、发展演变、实践路径，带领学生深刻把握中国共产党为什么能，马克思主义为什么行，中国特色社会主义为什么好。由于在大中小学思政课内容结构体系分析中，专门探讨了习近平新时代中国特色社会主义思想教育。本部分所阐释的中国特色社会主义教育，全面分析习近平新时代中国特色社会主义教育在大中小学思政课内容设计中如何实现进阶式。

① 本书编写组．马克思主义基本原理［M］．北京：高等教育出版社，2023：107.

② 本书编写组．思想道德与法治［M］．北京：高等教育出版社，2023：107.

首先，在中国特色社会主义制度自信教育方面。中国特色社会主义制度自信教育的关键在于明确中国特色社会主义制度的内容体系、构成及其功能发挥等。小学阶段，在六年级上册第六课中集中体现了人民代表大会制度，阐释了如何选举人大代表、人大代表的权利与义务，与中学、大学不同，小学对国家制度的呈现以活动展开，通过卡通人物进一步激发小学生的好奇心，对国家制度有所理解；初中阶段，在八年级下册第一课介绍了社会主义制度、第五课比较系统地介绍了我国的经济制度与政治制度，分析了这些制度的内涵、来源、重要性等，逐步建构初中生对于国家制度的认识与理解。高中阶段必修三第一和第二单元，比较详尽地阐释了政治制度，与初中相比，更加突出党对政治工作的领导权。必修二第一单元从生产资料公有制的角度分析了公有制经济和非公有制经济的相关内容，内容深刻而具体。大学阶段，对制度的理解不同于中小学，更加侧重于从中国特色社会主义制度的整体，进行全方位把握，阐释中国特色社会主义制度形成的国际条件、历史条件、实践条件等背景，以及中国特色社会主义制度发展的历程。

其次，在中国特色社会主义理论自信教育、道路自信方面。在小学阶段，主要集中于五年级下册第三单元，课本以呈现中华民族走过的历史进程为基本线索，以重要历史人物和事件为主线，从鸦片战争到中国共产党的成立再到中华人民共和国成立及改革开放等内容，使小学生了解、感悟中国近现代史，不仅是一部苦难史，同时，也是中国共产党带领全国各族人民艰苦奋斗，找到了实现中华民族伟大复兴的道路即中国特色社会主义道路，小学阶段的中国道路教育，以形象的图片、生动的故事、简约的文字，呈现了中国近现代史的基本内容，进一步引导小学生了解历史，激发其爱国精神，树立强国之志。在初中阶段对中国特色社会主义理论和道路的阐释，侧重于中国特色社会主义理论体系，九年级上册第四单元讲清楚了中国特色社会主义理论体系的来源和重要组成部分，特别是围绕着习近平新时代中国特色社会主义思想，强调其是一个系统完整、逻辑严密的科学理论体系。在相关链接部分进一步阐释了习近平新时代中国特色社会主义思想的历史地位，从政治意义、历史意义、理论意义、实践意义及世界意义五个方面阐释了习近平新时代中国特色社会主义思想的伟大意义。高中阶段，对中国特色社会主义道路和理论的阐释更为具体和系统，在必修一重点阐释了中国特色社会主义的由来和发展，在第四课全面阐释了习近平新时代中国特色社会主义思想。必修二、必修三及必修四从经济、政治、文化三个角度分析了中国特色社会主义理论体系。相对而言，高中部分的阐释比起初中的，不仅在内容上大大拓展，而且在理论性上更加深刻。大学阶段，在四门思政必修课均涉及中国特色社会主义理论和道路。相对而言，《毛泽东思想和中国特色社会主义理论体系概论》更为集中，第一次系统地阐释了毛泽东思想、邓小平理论、“三个代表”重要思想、科学发展观的内涵、发展背景、主要内容、历史地位等。2023 版的概论教材，比起以往各版教材，在第五章增加了中国特色社会主义理论体系的形成发展，更加全面地阐释了党推进马克思主义中国化时代化的路径。2023 版的概论教材删除了以往习近平新时代中国特色社会主义思想的内容，集中体现在《习近平新时代中国特色社会主义思想概论》，系统、完善地呈现出其全部内涵，极大提升了习近平新时代中国特色社会主义思想教育的有效性。

最后，在中国特色社会主义文化自信教育方面。整体来看，大中小学衔接有效，凸显了学段进阶性的特点。小学阶段在三年级、四年级、五年级的下册，均阐释了中国特色社会主义文化的内容，集中展示了文化自信，整体而言，小学阶段的中国特色社会主义文化教育，侧重于感性认识，教材主要是通过图片和漫画、活动的形式让小学生感知中华文化。初中和高中阶段，中国特色社会主义文化教育侧重于从民族精神、传统文化、文化强国等角度来增强中学生的文化自信。大学阶段，中国特色社会主义文化教育侧重于从理论的视角来推进社会主义文化强国建设的重要性及路径。

第二，中国梦教育。

新时代以来，习近平总书记多次阐述了“中国梦”，并指出其内涵、重要性、实现路径等。中国梦教育贯穿于大中小学思政课内容的始终，在不同的学段突出不同的特色，做了横向贯通和纵向衔接。

小学阶段，集中体现在五年级下册第三单元，以时间为脉络、以精神为核心，全面呈现了近代以来中国人民为实现中华民族伟大复兴而走出的历史进程，尤其是在《屹立在世界的东方》与《富起来到强起来》，讴歌了在中国共产党的领导下，中国各族人民为实现中华民族伟大复兴的中国梦，而奋力拼搏，不畏困难的爱国热情和爱国精神。在内容设计上，采用了以点带面的形式，选取了具有代表性的事例，对我国的社会主义建设进行了呈现，最后，教材从做人、立志、创造三个层面，引导小学生思考如何做一名新时代的好少年。需要强调的是，在小学阶段，由于这部分内容历史事件较多、时间跨度长、含义覆盖广，因此，教师应精心设计问题，创设情境，借助视频、音频等资料，增强教学的直观性，甚至要引导小学生通过采访图片收集与家长座谈等多种形式，多看多听多问，从而，增强对祖国的认同感和民族的自豪感。

初中阶段的中国梦教育，分布在七年级上册和九年级上册。七年级上册，更倾向于少年有梦，从个人梦的视角出发，引导初中生将个人梦和中国梦相统一。九年级上册的中国梦教育，教材包含了两段正文和一个探究与分享，引导学生正确理解中国梦的内涵，教材列举了三种对中国梦的认识观点，有错误、有正确，通过这样的环节，使学生澄清对中国梦的认识，进一步理解中国梦的内涵与价值，理解到它是通过每一个人具体的梦想来体现，因此，作为初中生，在新时代要勇于追求梦想，在个人梦和中国梦的统一中实现梦想。

高中阶段的中国梦教育，相对来说比较分散，在必修一的第四课第二框《实现中华民族伟大复兴的中国梦》中体现得比较明确。教材从探究与分享中让高中生理解到中国梦的由来，近代以来，中国人民对中华民族的复兴是深切的渴望。接下来，进一步阐释了中国梦的本质和内涵，这一部分的阐释与小学和初中的最大区别在于，高中阶段更加强调中国梦是人民的梦，强调中国人民具有伟大的梦想精神，人民是中国梦的主体，中国梦的深厚源泉在于人民，只有同人民对美好生活的向往结合起来，中华民族伟大复兴才能实现。另外，教材进一步强调了中国梦和世界人民的美好梦想是息息相通的。强调中国梦是奉献世界的梦，中国致力于构建人类命运共同体，中国梦也是中国人民和世界各国人民共同的福祉。

大学阶段的中国梦教育，主要体现在《思想道德与法治》第三章，强调实现中国梦，必须弘扬中国精神。教材以弘扬中国精神为切入口，强调实现中国梦，就必须大力弘扬中国精神，更加突出了把中国精神转化为青春动力，助力大学生弘扬和践行中国精神，为实现中国梦贡献自己的智慧和力量。

三、新时代大中小学思政课主题内容的建构

新时代以来，国家相关部委相继出台了系列主题教育进课程教材的文件，包括党的领导、中华优秀传统文化、国家安全观等。为了贯彻落实这些主题教育的内容，大中小学思政课内容实现了全面融入。由此，主题教育在大中小学思政课内容中占据了重要的地位。具体来看，本书选取了中华优秀传统文化教育、革命传统教育、生命安全与健康教育及国家安全观教育进行系统分析。

（一）中华优秀传统文化教育

党的二十大报告提出：“中华优秀传统文化博大精深、源远流长，是中华文明的智慧结晶。”① 教育部印发《中华优秀传统文化进中小学课程教材指南》。

小学阶段的中华优秀传统文化教育，在内容上强调站在儿童的立场，以积极内容为主，从小学生感兴趣的生活实践当中出发，其内容被分别安排在不同年段，既保证符合不同学段（低、中、高）学生的年龄特点，又保证小学生能够通过反复接触，提升思考的层次，落实中华优秀传统文化教育内容，使其具有思想性的特征，不断提炼传统文化的丰富内涵。以传统美德为例，从一年级上册直到五年级下册几乎每个年级段都有相关内容安排，但是各内容之间的知识层次呈阶梯状分布，且与各单元主题相关联。小学阶段落实中华优秀传统文化教育，主要是通过开展富有童趣的优秀传统文化活动，如清明节放风筝、春节做中国结、元宵节猜灯谜等活动，通过体验提升中华优秀传统文化教学的实效性。

初中阶段的中华优秀传统文化教育在内容上以分散和集中来呈现。中华优秀传统文化教育分散在初中6册书，集中分布在九年级上册第五课“守望精神家园”，这一课主题式地呈现了中华文化传承、发展与创新的时代图景。其内容在教学实施上教师要抓住核心知识，提炼“课时大概念”。在学科大概念的

① 习近平．高举中国特色社会主义伟大旗帜　为全面建设社会主义现代化国家而团结奋斗［N］．人民日报，2022-10-06（1）．

引领下，教师既要对教材中“相关链接”“探究与分享”等材料进行重构，也要积极从时政热点或现实生活取材，挖掘更丰富的中华优秀传统文化资源，创设大情境，从而拓展融入内容的广度、深度与力度。例如：在第一框“延续文化血脉”的探究与分享活动中，课时大概念是“文化自信”，教师除充分开发教材相关资源，还可以结合《我在故宫修文物》的精选视频，设计“保护文化遗产，传承中华智慧”的主题活动，创设“我在故宫修文物”的情境，引导学生身临其境地思考和讨论“我国文化遗产有哪些？如何保护这些文化遗产？”等问题，使学生认识到保护文化遗产的价值、延续文化血脉的意义，从而坚定文化自信、传承中华智慧、弘扬传统美德、提升核心素养。

高中阶段的中华优秀传统文化教育在内容上相对而言比重较大，所涉及的中华优秀传统文化的内容不全面、程度浅。主要集中于必修四第7课《继承发展中华优秀传统文化》，在内容上围绕中华传统文化，讲述了文化的内涵和功能，区分了文化与文明，阐述了文化的载体，指出文化对个人、社会、民族、国家的作用和意义；阐明了中华优秀传统文化的主要内容（核心思想理念、中华传统美德、中华人文精神等主要内容）和特点，讲述了中华民族有5000多年的文明历史，创造了灿烂的中华文化，中华文化是世界文明古国中唯一没有中断而延续至今的文化，强调了中华优秀传统文化的当代价值；阐明了我们应坚持“古为今用”“推陈出新”，推动中华优秀传统文化创造性转化、创新性发展，引导学生懂得中国人民是具有伟大创造精神、伟大奋斗精神、伟大团结精神、伟大梦想精神的人民，大力弘扬以爱国主义为核心的伟大民族精神，着力培养担当民族复兴大任的时代新人。

大学阶段的中华优秀传统文化教育在内容上要做到整体性融入思政课。首先，要全面地阐释中华优秀传统文化的内容体系，充分挖掘丰富的优秀传统文化资源。其次，要将优秀传统文化的具体内容与大学思政课教材的具体章节实现有效结合。比如《思想道德与法治》第三章在正文和辅助文档中，大量阐释了优秀传统文化的内容，但是过于分散、不系统，无法充分发挥传统文化的育人价值。

（二）革命传统教育

进行革命传统教育，对贯彻党的教育方针、植入红色基因具有重要意义，也是增强学生政治认同的必然要求。大中小学思政课是落实革命传统教育的核心课程。

小学阶段的革命传统教育，在低学段革命传统教育，主要通过唱国歌、认识国旗国徽、聆听英雄人物故事等重要载体，让小学生认识革命领袖、英雄模范等；小学的中年级段，通过学习革命节日（国庆节、建军节）由来，初步形成国家概念；小学的高年级段，学习重大革命历史事件及其革命人物的故事，形成国家认同。

初中阶段的革命传统教育，在九年级上册通过三个不同历史时期的民族精神，让学生体会伟大的民族精神，认识到中国共产党带领全国各族人民，实现中华民族伟大复兴的历程。

高中阶段的革命传统教育，通过学习中国特色社会主义理论体系，深刻把握思想体系的精髓，强化爱国主义情怀。

大学阶段的革命传统教育，让大学生从历史发展视角和中外比较视角，全面把握中国特色社会主义的制度优势及其伟大成就，坚定共产主义的理想信念。

（三）生命安全与健康教育

生命安全与健康教育是人类生存、发展的基本需求。生命权、身体权和健康权是每一位公民的权利，贯彻习近平总书记关于教育、卫生与健康的重要论述，大中小学思政课在内容设计上也要涉及。

小学阶段的生命安全与健康教育，从个人方面来看，低年级段和中年级段主要是培养小学生养成健康的生活方式（如良好的作息等），培养个人健康的卫生习惯（如讲究仪表卫生、维护教室卫生等）；高年级段则侧重于学会自我保护（如防范儿童性骚扰等），遇到侵害及时寻求帮助或报警。从社会层面来看，首先，小学生要理解生命的意义和价值，认识到自己的生命只有一次，追求有意义的生活；其次，小学生要树立纪律意识和规则意识，熟悉日常生活及班级、学校的基本规则，学会学习，正确对待学习当中遇到的问题，合理安排学习活动；最后，小学生要逐步树立社会安全意识，了解社会突发事件，自觉远离不安全场所。

初中阶段的生命安全与健康教育，比起高中阶段和大学阶段，初中阶段是承担生命安全与健康教育的关键阶段，这阶段与学生青春期的特点相关，在教材七年级上下册、八年级上册、九年级上下册，均有相关内容。具体来看，第一，从健康的行为与生活方式来看，引导初中生了解毒品的危害，拒绝吸烟，拒绝饮酒。第二，从公共环境卫生来看，九年级上册第三单元引导初中生关注中国的环境资源的基本问题，认同人与自然和谐共生的理念，采取切实的行动保护环境，遵守生态环境规范体制环境污染。第三，从青春期心理来看，七年级下册第一单元引导初中生认识青春期的心理问题以及青春期的性健康，正确应对学习生活当中的各种压力和矛盾冲突。第四，从珍爱生命来看，七年级下册第四单元引导学生正确地看待生活中的挫折，学会正确地面对挫折，迎接挑战，增强生命的韧性。第五，从情绪情感来看，七年级下册第二单元重点分析了情绪和情感的内涵来源及其区别，让学生学会调节和控制情绪。

高中阶段的生命安全与健康教育，有所缺失，基本上教材只重点强调了践行“绿水青山就是金山银山”的理念，侧重于从生态环境保护的角度，强调生态环境保护和经济发展的关系，进一步引出新发展理念。这部分与小学、初中阶段衔接不当，这也与高中教材内容设置有关，在此部分比较薄弱。考虑到和初小内容相衔接，高中部分可以增加，比如生命健康权、婚姻与生育的相关法律法规、适应高中生活、反对校园欺凌等内容。

大学阶段的生命安全与健康教育，主要在《思想道德与法治》中有所体现，强调大学生要树立正确的人生观和价值观，增强理想信念，成就出彩人生。

（四）国家安全观教育

牢固树立和全面践行总体国家安全观，是大中小学思政课贯彻《大中小学国家安全教育指导纲要》的重要体现。

国家安全观教育在小学阶段的高年级段开始涉及，五年级上册第三单元第6课《我们的国土我们的家园》中讲述了我国的地理位置、行政区划等内容，引导小学生认识到祖国的领土是神圣不可侵犯的，要热爱国土，使小学生初步建立国家概念，进行国家安全观教育的启蒙。

国家安全观教育在初中阶段，主要体现在八年级上册第四单元，通过引导学生认识个人利益和国家利益的关系来理解国家安全对个人成长的作用，尤其是旗帜鲜明地提出了国家安全观的总体要求和内涵，使初中生逐步树立国家利益至上的观念。

国家安全观教育在高中阶段主要是通过必修三及其选择性必修一，集中阐释了国家安全观在各个领域的内涵和关系，引导高中学生重点理解国家安全与人民的关系，从而使高中学生认识到国家安全对国家发展的重要作用。与初中不同，高中阶段重点阐释国家安全观在国家层面的作用，增强高中学生的忧患意识，以实际行动维护国家安全。

国家安全观教育在大学阶段体现在《习近平新时代中国特色社会主义思想概论》中，强调大学生要深刻把握总体国家安全观的政治定位和精神实质，树立底线思维，强化使命担当。

第六章　新时代大中小学思政课内容优化的实施路径

基于新时代大中小学思政课内容一体化的现状及其大中小学思政课内容优化体系的构建，在实践中仍然要加强对思政课内容优化的实施路径的科学研究。

第一节　统筹推进思政课教材内容一体化的优化路径

教材是组织教学活动的重要依托，是思政课内容的重要实体构成，能够直接反映大中小学思政一体化的建设成效。在大中小学思政课一体化视域下，思政课内容的优化关键之处在于统筹推进思政课教材内容一体化建设，这样思政课内容才能实现有效地衔接、协同与构建，从而进一步指导和承载教学实践。

一、把握大中小学思政课教材内容一体化的基本维度

大中小学思政课教材一体化，要深入把握一体化建设的基本维度，包括教材价值、要素、类型与结构。①

① 刘学智，张振．教育治理视角下教材一体化建设的理论建构［J］．教育研究，2018，39（6）：139-145.

从教材价值来看，进入新时代，教材是育人的重要依托，也是国家事权。大中小学思政课教材所承载的知识和价值均应该体现国家意志。首先，大中小学思政课教材要坚持正确的政治方向。要引导学生树立正确的世界观、人生观、价值观，坚持党管思政课教材，突出习近平新时代中国特色社会主义思想在思政课教材建设中的突出地位，进一步加强主题教育进大中小学思政课教材。其次，大中小学思政课教材要坚持正确的价值取向。教材要以社会主义核心价值观作为价值引领，思政课教材建设要反映国家意志、社会发展与青少年成长成才规律。不仅要深化呈现马克思主义中国化的最新理论成果，而且要体现出教材的国际视野。最后，大中小学思政课教材要树立正确的育人导向。思政课教材要发挥独特的育人价值，培养和增进学生的核心素养，深入地推进学科知识之间的层次递进性和深度关联性，使思政课教材实现学段之间有机衔接。

从教材要素来看，教材的要素包括目标、内容、教学、技术等要素。大中小学思政课教材的目标要素对教材建设起着导向作用，要全方位体现国家意志、人才培养的目标以及具体学段的思政课建设的目标；大中小学思政课教材的内容要素是其核心，更加突出了对思政课教材的知识性、思想性等方面的具体要求；大中小学思政课的教学要素是其重要媒介，思政课教材所给出的知识体系和内容可以具体来开展教与学的两种活动；思政课教材的技术要素主要是为了实现教材内容的结构化、动态化，充分调动学生的积极性。

从教材类型来看，大中小学思政课教材的类型也被称为教材形态，旨在支撑横向贯通、纵向衔接的高质量思政课教材体系建设。其一，不仅要推进统编思政课教材进大中小学课堂，而且要围绕着思政课内容建设地方教材与校本教材，供思政课类选修课使用；其二，要推进统编思政课教材的数字化建设，加快教材的数字化转型，围绕构建思政课教材开发立体式的数字化思政课教材应用体系，以适应新时代学生学习需要。

从教材结构来看，大中小学思政课的教材结构是教材一体化建设的重中之重。教材结构不仅指教材内部要素及其关系的组织形式，也包括教材间的纵横关系。大中小学思政课教材结构应当是宏观与微观相结合的。从宏观上来看，大中小学思政课教材要实现内部要素资源的有效配置；从微观上来说，要实行思政课教材要素的优化配置，使思政课教材的结构横向贯通、纵向衔接，建立一个科学合理的大中小学思政课教材体系。

二、推进大中小学思政课教材内容一体化的保障体系

推进大中小学思政课教材一体化的保障体系，要发挥大中小学思政课教材建设重点研究基地的作用、健全大中小学思政课教材编写机制与审查机制、完善大中小学思政课教材开发模式与编修机制。

第一，发挥大中小学思政课教材建设重点研究基地的作用。2019 年 1 月教育部首批国家教材建设重点研究基地名单，确定中小学（含中职）道德与法治（思想政治）教材研究拟认定人民教育出版社为基地；高校思想政治理论课马克思主义基本原理教材研究拟认定南开大学为基地；毛泽东思想和中国特色社会主义理论体系概论教材研究拟认定北京大学为基地；思想道德修养与法律基础教材研究拟认定清华大学为基地。[①] 大中小学思政课教材重点研究基地为统编思政课教材建设管理提供智力支撑，发挥思想防线的作用。首先，通过基地开展思政课教材研究，形成大中小学思政课教材开发的合力，形成部编教材特色。其次，通过基地开展大中小学思政课教材资源的研究工作，进一步提高教材水准。再次，通过基地引领大中小学思政课教材理论和发展趋势的研究，定期举办大中小学思政课教材高峰论坛，进一步扩大思政课教材的影响力，对外传递中国声音和中国话语。最后，通过基地加强大中小学思政课教材的信息技术开发力度，开发与思政课教材相关的衍生品，加快教材的数字化转型。

第二，健全大中小学思政课教材编写机制与审查机制。大中小学思政课教材的编写与审查，要进一步完善机制与方法。一方面，思政课教材编写时要规范，谁来编写？怎么编？从源头上把握好思政课教材的编写，突出正确的政治

---

① 教育部关于首批国家教材建设重点研究基地认定结果的通知［EB/OL］．（2019-01-31）［2019-01-31］．http：//www.moe.gov.cn/srcsite/A26/s8001/201902/t20190225_371059.html？from=groupmessage&isappinstalled=0.

导向，落实教育根本任务，推动学生成长发展。另一方面，要健全大中小学思政课教材的审查机制。要在国家教材委员会的统一领导下，对大中小学思政课教材进行四审查（专题、综合、专业、政治），具体包含对大中小学思政课教材选用的主体、程序以及相应的原则，进行严格的选用审查，通过审定思政课教材的科学性和政治性，把好关口。

第三，完善大中小学思政课教材开发模式与编修机制。大中小学思政课教材的开发和定期的编修是教材生命力与科学性的重要体现。在大中小学思政课教材开发模式上，要秉承“共建—共享—共研”的基本模式。具体来看，由国家教材委员会、马工程教材编写处、国家教材研究重点基地、思政课教研员、一线思政课骨干教师、技术骨干等共同参与思政课教材的开发共同商议。此外，要进一步健全大中小学思政课教材的编修机制，根据时代的发展和最新的国家政策内容，定期对大中小学思政课教材在内容和形式呈现上进行创新，以满足学生多元化的需要，保证大中小学思政课教材的科学性与可读性，不断构建高质量的教材体系。

三、加强大中小学思政课教材内容一体化的规划

大中小学思政课教材一体化的核心在于教材内容一体化的规划。如何推进大中小学思政课教材内容一体化，学界进行了广泛的讨论。具有代表性的两种观点。其一，制定大中小学相互衔接的课程标准；其二，推进大中小学思政课教材的一体化编写。

制定大中小学相互衔接的课程标准，是推进大中小学思政课内容优化的重要环节。当前，基础教育的思政课基本形成一体化的课程标准，小学与初中的道德与法治使用的是《义务教育道德与法治课程标准（2022 年版）》；高中使用的是《普通高中思想政治课程标准（2017 年版 2020 年修订）》；大学阶段的思政课仍然没有课程标准，其基本依据是《高等学校思想政治理论课建设标准》（2023 年版），但其与基础教育阶段的课程标准有着显著差异。基础教育阶段的课程标准是教学指导性文件，而大学的建设标准并没有规定思政课的课程内容等，无法导向教学，不能满足当前思政课建设的需要。由此，大学

亟须制定课程标准，以推进大中小学思政课内容优化。但值得关注的有以下四点：第一，义务教育的课程标准和高中的课程标准，也存在着衔接不到位的现象，仍然需要进一步优化，加上两个课标的编订时间不同步，在结构和内容上并不完全一致。第二，有研究认为大学的思政课课程标准，可以参照高中的体例来研制。① 但基础教育阶段的课程改革与高等教育课程改革并不同步，这类参考是否合理也需要进一步的研究，深入把握学段特征。第三，在中小学阶段课程标准强调达成学生的核心素养，大学阶段如何培养学生的核心素养，教育学界仍然缺乏进一步的阐释。第四，如何选择适切的大中小学课程标准编排方式存在困难，大中小学课程标准编排方式对思政课学科的价值逻辑与知识逻辑如何科学测量也存在困难。② 因此，以什么样的形式和理念，构建大中小学相互衔接的课程标准存在若干需要突破的难点。

推进大中小学思政课教材的一体化编写。高质量的思政课教材建设编写是推进大中小学思政课创新发展的重要载体，推进大中小学思政课教材的一体化编写是基础性工程。现阶段，在形式上，教材均为马克思主义理论研究和建设工程教材，由国家统一出版；在内容上向一体化的方向逐步推进。但是，大中小学思政课教材的编写团队并不统一，缺乏互动。这导致各学段之间教材体系彼此割裂。因此，要推进思政课教材的一体化编写，科学地把握一体化思政课教材编写的基本原则、遵循思政课教材编写的基本规律，从学情出发，使教材真正为学生喜闻乐见。第一，大中小学思政课教材的编写要与党和国家重大理论创新同步推进。相对课程标准的稳定性而言，教材的编写和修订要迅速地将党和国家重大的理论创新反映出来，使思政课教材的编写具有一定的灵活度和开放度。按照这一要求，现行的高校 2023 年版思政课教材、义务教育阶段和高中阶段的思政课教材均按照党的二十大精神有机融入实现教材内容创新，充分反映党和国家的重大理论创新。第二，大中小学思政课教材的编写是基于学生不断扩大的生活范围，促进学生成长成才。义务教育阶段道德与法治的教材

① 张应平．大中小学思政课内容一体化研究［D］．东北师范大学博士学位论文，2022.

② 邵朝友，周文叶，崔允漷．基于核心素养的课程标准研制：国际经验与启示［J］．全球教育展望，2015，44（8）：14-22+30.

坚持源自生活的起点，以学生可参与的社会生活为素材，要解决好讲好故事的问题，让学生感受真切的社会生活内容。高中阶段和大学阶段的思政课要解决好讲清道理的问题，在教材素材选择时，要以是否有助于立德树人为标准，实现学生学习的内化。教材的编写不宜直接照搬政策文件语言，要基于学生的认知水平和现实基础，合理地安排好教材内容。第三，大中小学思政课教材的排版和呈现方式，要做到整体风格一致、逻辑条理清晰、语言简洁明了。具体来看，教材的整体风格基本一致，不仅要做到大中小学思政课教材整体连贯、相互衔接，而且要在教材的正文、辅助文等栏目设计当中做到分工明确、边界明晰，使教材内容呈现出最优化的选择；教材内容的逻辑严密，凸显教材在编写的过程中要使主导内容、基本内容、主题内容在不同学段从易到难、实现同一主题在不同年级螺旋上升，让学生在不同的学段实现递进式发展。此外，教材的语言应当简洁明了、平实自然有利于学生接受，尤其是要将思政课的文件语言转化为教材语言，从而促进学生思维的发展。

第二节　科学推进新时代大中小学思政课内容研究

科学推进新时代大中小学思政课内容研究包括强化课程目标对思政课内容的引领；重视学生视角的思政课内容建构；实现思政课教材体系向教学体系的转化；优化思政课内容的教育教学方法。

一、目标引领：强化课程目标对思政课内容的引领

课程目标是课程内容设计的关键环节。课程目标是思政课内容设计的前提，是对核心素养的具体化、标准化和导向化。为了达到特定的课程目标及指向，必须规定适当的课程内容及要求，通过设置有利于达成课程目标的内容，更好地实现思政课的总体目标，只有在一体化的课程目标设定下才能达到对思政课内容的一体化要求。思政课的课程目标是对思政课教学任务的具体标准，

对思政课内容的设定起着重要的导向定位作用。作为立德树人的关键课程，思政课的目标既要体现不同层次学生的复杂性和特殊性，又要以整体性、综合性的育人标准进行统一规范。

新时代以来，党和国家对于大中小学思政课一体化的相关政策意见文本，都对课程目标进行了相应要求，逐步实现由学科目标、学段目标的单一规定向思政课程目标体系的一体化设置过渡，提出了“整体规划思政课课程目标”等针对性要求。2020 年 12 月《新时代学校思想政治理论课改革创新实施方案》的推出，将课程目标体系作为重要概念予以明确和规定，这一目标体系实际上要求统筹课程目标的学科性和学段性，是大中小学思政课一体化的需求体现。因此，新时代科学建构大中小学思政课内容，必须发挥思政课课程目标的关键引领，在内容上形成一个有机衔接、相互连接、层层推进的课程整体。

针对思政课课程内容的实际问题，现阶段思政课课程目标对思政课内容的引领作用主要体现在两个方面：一方面，以层次鲜明的课程目标来指导思政课的课程内容设置。当前思政课课程目标体系从学段上划分为小学、初中、高中和大学四个阶段，分别从道德情感、思想基础、政治素养和使命担当体现着在目标层次的内容侧重。另一方面，以层层递进的课程目标规定课程内容呈现的程度标准。尽管不同学段下的课程目标有所差异，但都是在立德树人的思政总目标下予以明确和规范的，因此其引领下的课程内容实质上是对思政学科核心素养和关键价值的分层呈现。从道德情感到使命担当，体现着以思想性、政治性为主导原则的思政课课程目标的阶段性递进，在课程内容上则要求由一般的国情常识类到制度法制类再到理论价值类的知识传导。以思想理论教育为例，从小学阶段的知晓基本国情、培养情感认同到初中阶段的重点引导、“感知马克思主义思想力量”，再到高中阶段“初步掌握马克思主义基本原理”，最后到大学阶段的“系统掌握马克思主义基本原理和马克思主义中国化理论成果”，相关内容在理论深度和情感认知的程度上是不断深化细化的。

新时代大中小学思政课内容的一体化建设推进，必须从整体上进行课程目标的设置衔接，以螺旋渐进的目标引领实现科学系统的内容优化。一是思政课课程目标的一体化设置，课程目标的一体化首先要基于总体化的目标要求，立德树人、培育德智体美劳全面发展的社会主义建设者和接班人是思政课的总目标，也规定了课程内容的核心价值。同时要将总目标贯穿于横向纵向互动联系的课程目标体系，在大中小学差异性的培养中心挖掘共通性的价值内容。二是思政课课程目标的一体化衔接。基于不同学段课程目标的有效衔接，是实现课程内容一体衔接的前提需要，必须深刻把握学生发展的认知规律和学段差异，综合考虑不同阶段学生接受思想政治教育的特点和程度。三是思政课课程目标的一体化贯穿。不同阶段的思政课程内容有着各自不同的课程标准及教材体系，要分学段、分教材对思政育人目标进行充分贯通，加强以课程目标为导向的思政课课程体系建设，提高思政课内容的实效性。

二、主体导向：重视学生视角的思政课内容建构

现阶段，思政课内容建构中主体性缺失，有调查显示67%的大学生认为思政课学习内容抽象且浅尝辄止、缺乏深度，思政课教师缺乏对学情的足够了解，如学生原有的学习基础及学生对学习的目标设定，导致学生对思政课的内容兴趣不高，未能充分发挥思政课的价值。①

主体性强调主体在认识和改造世界过程中的主动创造和主体能动性，学生是教育教学活动中的主体，就思政课的内容体系来看，既要在教师引导下有效合理地呈现思政课的内容，又要以学生为主体科学精准地建构思政课的内容。新时代大中小学思政课一体化建设是以既有的思政课实践为基础进行的专题性、全局性探索，经过几年来的有力实践，对于思政教师的师资扩充、专业培训和潜能激发等方面已经进行多方面的探索实践，思政课教师主导下的思政课内容基础已经实现基本建构，相关的理论与实践已十分丰富，而学生主体视角下的思政课内容建构是理论和实践创新的重要环节。

习近平总书记强调“坚持主导性与主体性相统一”的思政课改革创新原则，其中主体性原则要求在大中小学思政课一体化建设过程中，变革以“教师教化”为中心的传统教学模式，确立起以“学生学习”为中心的新型教学

① 寇笑颜．高校思政课教材体系向教学体系转化研究——以《思想道德与法治》课为例［D］．广西大学硕士学位论文，2022.

模式。从这一原则出发，在思政课内容建构过程中，必须体现和解决“学生真正需要什么，真正想要什么”这一核心问题，在尊重学生成长发展规律、思想认知规律、学习实践规律等基础上，充分调动学生主体性、积极性、主动性，将最适合学生、最能满足学生需要的内容在大中小学思政课中一体化地呈现出来。

首先，尊重遵循学生成长发展和学习需求的一般规律。习近平指出要“提升思想政治教育亲和力和针对性，满足学生成长发展需求和期待”，提供了以学生为主体建构思政课内容的重要思路。大中小学不同学段的学生在生理、心理、道德、行为、认知、能力等多方面存在差异，必须在全面研究各阶段学生成长发展规律和对思政课学习实际需求的基础上，科学建构各学段思政课学习的一般性内容。例如，小学阶段要以日常生活为基础，增强道德情感归属；初中阶段要基于学生亲身体验，奠定思想法治意识；高中阶段重在强化学生认知，以提高政治素养及能力；大学阶段要依托正确价值观和理想信念的形成增强使命担当，这都是在充分尊重不同阶段学生主体特征和现实条件的基础上推动思政课内容体系的形成完善。在思政课内容建构上，要体现学生个体由少年到青年再到成年的身心发展水平和需要，既要有适合不同学段学生学习的整体性和一般性内容，也要兼顾不同学段、不同年龄学生学习的个性化、差异性需求，实现对大中小学思政课内容的统筹安排。

其次，收集分析学生主体参与和内容接受的学习反馈。学生对于思政课内容的主观感受，主体反馈需要及时准确地进行收集梳理分析，将其作为评价思政课内容体系的直接标准，在此基础上扩展优化和调整补充思政课内容。学生主体的学习反馈能否科学有意义地反作用于思政课内容的改革创新，关键在于提高反馈能力和优化反馈环节，思政课的内容有效性主要体现在对学生思想观念、道德情感等意识层面，必须在基于学生深度学习基础上培养其自主反馈能力，使其成为自主监控、自觉反馈、主动成长的“可见学习者”。具体来看，要基于国家统一标准下固定设置的思政课课程内容，在学生充分感知和理解现有思政课内容基础上，参与思政课内容的实施及评估，以学生视角为出发点获取实际客观地反馈评价，推动思政课相应课程体系的丰富完善，满足不同学生对思政课的兴趣指向。

最后，建立完善学生主体性学习机制以促进思政课内容的更新建构。基于在不同学生群体开展教学活动的各个环节，将学生的主体意识充分体现在思政课内容的全过程。围绕学生建立主体性学习的组织活动机制，思政课的学习可以在教师或党团组织的指导下，进行有序规范的组织学习，在此过程中收集学生问题和进行信息采集；以学生兴趣为出发点和着力点，提高学生主动参与和融入教学的积极性、成就感，探索大中小学思政课的共同性内容或者热点内容，同时注重调动各阶段学生学习的能动性，将思政课堂交还给学生，在以学生为中心的教学模式、课堂模式以及学习模式下实现思政课内容的多元建构。

三、重大关切：实现思政课教材体系向教学体系的转化

思政课的教材体系向教学体系的转化是一个学术界长期关注的问题。转化的难点在于既要保持教材逻辑体系不变质，又要在教学中转换为学生乐于接受的内容。教材体系向教学体系的转化，不仅涉及教材的内容、教学的方式与方法、教学语言与教学评价等途径，还包括主体视角的转化，如何把教材专家的视角转化为学生视角。

思政课的教材体系不仅表现为思政课教材，应当是一系列的教材系统，涵盖了统编教材、教师指导用书、思政课文件等，它是一种教材知识体系的建构及其教材的语言表达和逻辑结构的呈现；思政课的教学体系，是在思政课的教学活动当中，由师生相互建构所呈现出的内容体系，由教学内容、教学情境、教学方法等要素共同构成。两者之间关系密切。思政课教材体系是教学体系的前提和基础，也是基本遵循，思政课教学体系是对教材体系的延伸和拓展，是一种再创造活动。因此，思政课教材体系向教学体系转化过程，也必然是思政课内容建设的内在诉求。思政课教师要在教学当中选取具有针对性、重点性的问题，通过透彻的思政课说理，遵循思政课建设的三大基本规律，切实提高思政课内容的有效性，增强教学的实效性和针对性。

从思政课内容的建构出发，实现教材体系向教学体系的充分转化有较多的途径。其一，思政课的内容系统建设，不仅包括稳定性知识，还包括变化性的

知识，如时事政治。思政课教师要及时地将最新的理论和热点与思政课的教材相结合，进行教材的新开发，丰富思政课的教学内容。其二，实现教材语言转化，尤其是习近平总书记的“金句”，转化为贴近不同学段学生实际的教学语言，这也是实现思政课教材体系向教学体系转化的关键所在。其三，不断地创新思政课的教学方法，合理使用现代化的教学技术，最大程度上调动学生参与思政课教学活动，从而有效地促进思政课内容达成。其四，发挥思政课以评促教的功能。评价体系建设是实现思政课体系转换的重要手段，尤其是使用增值评价、过程性评价等新时代评价的新方法。

正如上述分析，实现思政课教材体系向教学体系的充分转化关键在于将思政课教材语言有效转化为实际可操作的教学语言。本书就此角度，展开具体思政课内容的话语体系探索。

所谓教材语言从狭义上来看，主要指基于教材体系的文本内容，具有基础性、专业性、功能性、有序性等特点，不同学科的教材语言有其自身学科的个性特点，而同一学科的教材语言也会由于时空条件的变化而进行调整。教学语言则主要指教师用以传递教学信息的符号系统，包括语言、文字、姿态等多种形式内容，具有经验性、规范性、便于学生理解等特点。思政课的教材语言的主体是党和国家重要精神、政策的文本呈现，具有贯穿大中小学不同学段的一致性，但这种规范化和标准化是其内容本身的特点所致，从教学的角度来看，反而会影响大中小学不同阶段开展思政课教学的层次性和差异性。综观当前大中小学思政课内容，在不断丰富完善教材体系，与时俱进地更新教材语言的同时，也出现了大中小学思政教材语言内容重复、部分缺失，以及存在学段不衔接等问题，由此，用教学语言加以补充，实质上就对思政课教师教学语言的科学转化提出了更高要求。

思政课教材语言一体化衔接过程中，存在的如教材内容的前后倒置、超前设置，重复缺漏以及碎片化、随意化、断裂化的内容呈现。比如，大中小学阶段关于新时代的意义的描述基本上使用了党的十九大报告的原文，各学段表述一致。科学社会主义的基本原理在小学和初中阶段不涉及，但在小学和初中的新时代意义编写中仍然使用了同高中和大学一致的语言。因此，这些问题的解决是实现思政课内容由教材向教学转化的关键。其重点在于提高教师教学能力，基于教学经验能动地补充及处理相应的教材内容，用教学语言系统诠释教材语言。具体来看，第一，充分细化教材语言，将教材内容细化为更丰富详细的知识体系。以对教材体系的整体把握为前提，尤其要以各个学段学生的知识能力和接受水平为依据，将同一性的教材内容以体现层次性、阶段性的教学语言针对性地传达给小学生。同时将同质化、重复化的部分教材内容进行精准的识别、判断和筛选，对同样的问题要做好小学、中学、大学之间不同阶段的教学衔接，更好实现教学语言对于教材语言的整合凝练。第二，有效深化教材语言，基于教师教学经验和专业素养将教材内容进行重点深化。要拓展并深挖教材语境，深度对接不同学段学生的知识诉求，开发适应不同学生基础的教学材料，提高教材语言的表达水平，聚焦特定主题深入探究教材内容。第三，能动活化教材语言，将枯燥乏味的政治文本转化为更生动的教学语言。教材是教师授课的主要材料和依据，但对于实际的教学活动而言，仅通过按部就班、机械式地灌输教材内容远远无法满足学生成长发展和深度学习的需要。因此，在实际教学中既要基于规范化的教材语言，又要跳出机械化的教材语言，将教材内容内化为教师善于掌握、擅长应用的教学语言，根据学生不同条件整理编排教材语言，将思政教材语言与现实生活有机结合、有效贯通，以有温度、条理化和通俗易懂的教学语言进行呈现和输出。比如，思政课教师要合理使用流行语言、网络语言等，以学生喜闻乐见的形式呈现教学语言，使教学语言更具有亲和力。

四、方法创新：优化思政课内容的教育教学方法

横向贯通、纵向衔接的思政课内容体系的建构，除了突破内容层面本身的问题，也要有赖于创新的教育教学方法来进行教学实施。教学方法是开展教育教学活动的重要依托和实践工具，教学方法的运用使用要以服务教学目标、教学主体为指向，基于特色的教学内容进行适当的选择和能动的优化。教学方法从广义上理解是教师在课堂教学中的全部，教学方法的应用优化可以从技术、操作、技巧等几个方面展开，具体体现在教学过程中的教学策略和教学手段，

体现出学科教学的专业性、策略性、程序性。思政课教学既要遵循一般教学规律，也要遵循思想政治工作规律，必须以科学合理的教学方法对思政课课程内容进行充分有机的教学呈现。在大中小学思政课一体化建设视野下，思政课内容的输入输出要与教学方法的优化构建相互配合，与教学方法的科学适配提高思政课内容的输出质量，基于课程内容选取并优化教学方法的同时，以实际教学中的方法策略的有力实践推动课程体系的内部完善调整。

教学方法的优化场景主要集中于课堂教学，对于大中小学思政课内容建设目标而言，聚焦于课堂教学的方法策略创新是解决思政课内容内在问题的现实场域。新时代大中小学思政课内容体系建构是对思政课内容建设的重要推进，但同时并不能彻底解决课堂教学中思政课内容中存在的重复脱节等深层次问题。因此，基于课堂教学，思政课教师优化思政课教育教学方法，才能有效解决。

首先，要推进大中小学思政课教学方法的整体化创新，围绕思政课的本质特征与思政课教学的过程机制，探索具有基础性、共通性的思政课教学方法，满足思政课一体化教学需要。从整体出发关注思政课教学内容与方法，把握好大中小学思政课教学的共性特征与一般规律，将课程内容、教学方法、教学目标作为一个实践互动的有机整体，以立德树人的教育逻辑为核心寻求整体适用的教学方法，更好适应思政课内容一体化的知识体系。

其次，要推进大中小学思政课教学方法的学段化区分，针对大中小不同阶段的思政课内容予以展开。大中小学思政课一体化推进的难点之一在于思政课内容的差异性和梯度性，从内容设置上来说这是必要且合规律的，不同学段的思政课程以及同一学段的不同课程必然有内容的区分。因此利用好教学方法这一工具体系，教学方法的守正创新要以各学段课堂教学的实际需要为落脚点，其实质是要精准把握各学段特征、尊重不同学生的主体差异以增强教学实效。例如：小学阶段更要关注学生的感官体验，以情感式、启发式的教学方法向学生传授思政课的内容；中学阶段都要注重学生实践的参与感、体验感，将课堂教学与生活实际紧密联系，提高学生常识学习和理性认知水平；大学阶段则是青年思维深化成型的重要时期，要聚焦学生思辨能力、价值思维的养成，以案例式、研讨式、探究式的教学方法科学灌输思政课的内容。

最后，要加强大中小学思政课学段间的方法借鉴，从实际教学来看，中小学阶段的思政课教学方法整体更为系统化体系化，有着较为丰富的教学实践基础。创新思政课教学方法必须打通不同学段的课堂教学，例如集中于中小学阶段的议题式教学、大单元教学、学科大概念教学等策略形式同样可以为大学思政课堂所借鉴，而大学阶段更为丰富的社会实践也可以为中小学生思政实践的开展提供经验。只有以科学的教学方法将连贯式、递进式的课堂内容有机呈现给大中小学各阶段的学生，能在调动学生热情、提高课堂效率的基础上实现大中小学思政课一体化发展。下文，以思政课一体化视域下呈现议题式教学为例，呈现如何通过创新教学方法来优化思政课内容。议题式教学在义务教育道德与法治课标、高中思想政治课标中均明确提出，可见在基础教育阶段具有显著的作用，由此，在大学阶段议题式教学的方法仍然有效，但在大中小学不同学段如何优化使用此方法，仍然需要体现出统一性与差异性，不能忽视学情。

议题式教学的流程设定与实施策略如图 6-1 所示。

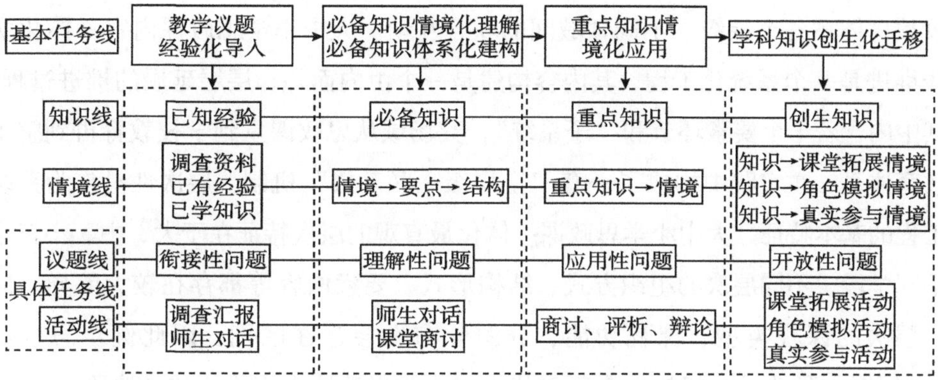

图 6-1　议题式教学的流程设定

议题式教学是大中小学思政课皆可采用的教学方法，集任务、知识和情境于一体，通过创设不同的情境（简单的、一般的、复杂的、挑战性），设置相应的教学活动，促进知识从内在向外在、从已知向未知走向衔接，有助于大中小学生在解决实际情境问题当中把握知识，提升素养。议题式教学不仅体现在良好的情境载体的作用，发挥了议题的价值引领功能，而且在课堂教学过程中，通过师生互动的方式，有效化解了大中小学思政课内容存在重复的问题。

第三节　深入开展大中小学思政课内容的一体化实践

深入开展大中小学思政课内容的一体化实践包括健全思政课“全层级—联动式”机制、加强思政课“共教—共学—共评”的协同机制、构建“大思政课”下实践育人一体化机制。

一、健全思政课“全层级—联动式”机制

思政课内容体系的整体构建关键在于思政课资源的有效整合，涉及整个思政教育体系各个层级、不同领域间的联合互动。大中小学思政课内容一体化实践推进是一个系统化工程，其内容构建是一个由内而外、层层延展的推进过程，其中内含若干个要素环节和“子系统”，其场域从思政课堂到学校教育再到整个教育体系，在实践中构成了一套“全层级—联动式”机制。层次性是作为系统工程的基本特征，大中小学思政课一体化最直观的层次特征在于大、中、小三个不同学段、不同层次的组织方式、结构形式、要素内容等都存在较大差异，同一层次的课程类型、课程功能、资源分布也会存在区别，因此健全思政课“全层级—联动式”机制，是新时代大中小学思政课内容优化的必然要求。

从宏观层面来看，要发挥好教育系统内外对思政资源的有机开发与应用。作为具有特定内容的教育活动，思政课从属于整个社会系统下的教育系统，在外部受到政治、经济、文化等系统的综合影响，在内部则受到教育系统自身要素组织的发展制约。思政课资源散布在教育系统内外，必须通过教育系统内外部分功能的有效集成，实现大中小学思政内容的全局性、全域性、系统性整合

构建。重点在于加强区域与学校间的联动，从教育系统内部出发，要注重整合教育系统内部各类学校、教研机构的交流互动，加强各级政府对区域内教育部门主体的系统领导，推动形成思政课资源开发集聚的有效机制，尤其是加强思政课教师跨学段交流，就是要通过集体备课、教学研讨等方式，不断优化跨学段教学设计，强化知识点必要性重复，避免知识点简单重复，进而实现大中小学思政课教学内容的整体优化，真正建构起从低级到高级逐层递进、逐渐深入的大中小学教学内容体系；从教育系统外部出发，加大对区域内思政资源的挖掘力度，将政治领域、经济领域、文化领域等方面进行全方位的提炼，将体现本土化、充满生活感现实性的实践内容转化为适合学校思政课教学的丰富资源。

从中观层面来看，要发挥好思政教育与学校教育的互动影响，加强思政课在学校教学体系中的功能占比。学校教育是教育的狭义内涵，也是个体接受教育的重要场所和阶段，思想政治教育是学校教育体系的重要组成部分，近年来思政教育在学校中的地位日益提高，相关课程体系、师资人才、考核评价都不断进行完善和细化。学校教育中学生道德素养、思想认识、思维认知等个体核心内容的培育，离不开思想政治教育的实践实效，而思想政治教育的发展推进，尤其思政课内容体系构建也离不开学校教育体系的协助支持。从思政资源开发来看，一方面，要通过学校这一核心教育平台充分发掘相关可利用的资源，如借助学校平台开展更为广泛深入的思政育人实践，通过学生主体在知识、情感、活动上的交流互动，从中总结形成特色的思政资源；另一方面，要健全学校内部思政教育的相关机制，从人才培养到课程开发再到综合考评，为思政课搭建便捷高效的教育平台，将培育转化思政资源作为学校教育的重点环节，结合学校教育管理的实际特点和情况围绕思政课建设调整优化管理机制。

从微观层面来看，要加强将思政课程与课程思政的融合互通，充分挖掘思政课以外的各类课程中所蕴含的丰富思政资源。正如习近平所指出，“其他各门课都要守好一段渠，种好责任田，使各类课程与思想政治理论课同向同行，形成协同效应”[①]，加强课程思政对思政课教学的有机配合，是大中小学思政

① 习近平谈治国理政（第2卷）［M］．北京：外文出版社，2017：378.

课内容一体化建设的内在保障。课程思政既是教育理念也是教育实践，强调在教学中的一种动态活动，其核心是充分挖掘不同学科间显性或隐性存在的思政要素，从而配合思政课程构建以及思政育人效果的整体实现。课程思政是覆盖不同学段、不同学科的全方位实践，在大中小学思政课内容建设实践过程中，既要发挥思政课程的核心引领，深入开发不同学科内富含的思政要素及资源，把大中小学思政课内容贯穿于全部学科专业，以思政课的育人体系指导搭建各学科课程思政的教学体系；又要以课程思政体系的系统化配合推动思政课程的精品化，统筹不同学科的知识、元素等多元内容，实现教学融合、要素配合、资源整合的思政合力。

二、加强思政课“共教—共学—共评”的协同机制

新时代推进新时代大中小学思政课内容优化的重难点也在于大中小三个不同学段之间教学实践的有效衔接与相互联动，这是开展大中小学思政课内容一体化实践的基本逻辑。“教—学—评”是教学过程的核心环节，推进教学评一体化也是义务教育和高中阶段新课标背景下学校教学改革的重点内容，从其实践的一般内容来看，主要突出在某一学段或学科中横向间的教学实践衔接。在大中小学思政课一体化背景下，不同学段纵向间教学实践的联通互动尤为重要，从思政课内容来看，以教师为主导的思政课教学、以学生为主体的思政课学习以及师生综合开展的思政课教学评价，共同构成了大中小学思政课一体化实践的中心环节。因此，必须加强思政课“共教—共学—共评”的协同机制建设，实现不同学段教师、学生围绕思政课的共性主题及内容进行充分的沟通、交流和互鉴，在把握各自学段思政课内容的基础上加强对大中小学思政课内容的整体性认识。

首先，加强大中小学思政课“教师共教”的协同机制建设。思政课教师是主导思政课教学及内容建构的重要主体，大中小学思政课教师所教授的内容既有知识能力上的不同要求又有思想价值上的共通特点，大中小学思政课“共教”机制要重点从教学和教研两个方面实现同向同行、共同推进。从教学方面来看，要加强大中小学思政课教师的教学交流，围绕立德树人的根本目标

打造不同学段间思政课教学内容的“同心圆”，将具有内在关联的思政课资源有机转化为适合不同学段学生的课程内容，通过共同整合教学方法、编制教学教材、统筹教学目标等方式，实现大中小学思政课教学话语的协同生成与目标衔接。从教研方面来看，要加强大中小学不同学段思政课教师间全员参与、共同探讨的集体教研实践。当前在各地教育主管部门统一领导下，借助大中小学思政课教师集体备课会等形式进行了极为丰富有效的探索。从教学实施来看，基本上形成了“同课异构，协同共研”的备课实施模式，通过建立围绕思政课内容的教研共同体，针对不同阶段教学特点有效地细化内容分工和教学重点，进一步明确贯穿大中小学思政课的主题主线及内容衔接。

其次，加强大中小学思政课“学生共学”的协同机制建设。习近平指出，“思想政治工作从根本上说是做人的工作，必须围绕学生、关照学生、服务学生”[①]，大中小学学生处于不同的成长阶段，具有不同的内容感知。现有实践已从教师主体出发对大中小学思政课内容一体化建设开展了有力探索，同时也要以学生为中心加强对思政课内容合理性、规律性、衔接度的深入考察。在课堂教学中，围绕同一专题内容要同时考虑到不同学段的学生接受程度，发挥多校联动的创新效能，通过“同上一堂课”等特色形式，及时捕捉学生间的差异性需求，使不同学段学生共同接受思想引领和家国教育。在实践教学中，要有效组织如大中小学思政课一体化的研学实践团，围绕志愿服务、劳动教育、红色精神等具有共同价值的思政元素，搭建起不同阶段学生互动交流、共同学习、共同思悟的学习实践平台，实现全方位、全层次的思政育人实践长效机制。

最后，加强大中小学思政课“师生共评”的协同机制建设。科学有效的教学评价体系能够辅助实现以评促教、以评促学的良好功效，思政课内容能否适应于实际教学，要依托前衔有序的教评机制不断检验和优化。一方面要有效衔接评价内容，大中小学不同阶段的教学重点是不同的，要针对性地制定教学考核评价指标，明确思政课中最为核心的价值性、思想性考核内容；另一方面

① 习近平谈治国理政（第2卷）［M］．北京：外文出版社，2017：377.

要建立科学的评价机制，大中小学师生只有加强彼此了解、增强沟通交流才能进行相互有效的实践评价，要建立健全不同学段师生互听互评的合理机制，避免自娱自乐的空洞评价，体验感受不同阶段思政课的内容特点、课堂氛围，深入了解思政课内容在不同阶段教学中的程度深度和进度广度，精准把握思政课内容中的结构性问题，实现大中小学思政课内容更好的衔接与延伸。

三、构建“大思政课”下实践育人一体化机制

思政课是集理论性与实践性的统一，其理论内容的效果呈现需要实践育人的有效落实，学生只有在实践中不断检验理论性、价值性的思政课内容，在明确其真理性、科学性的基础上内化为自身系统的思想认识，进而不断外化为个体能动性、现实性的行为活动。思政课的本质是实践育人的教育活动，在大中小学思政课一体化建设背景下，大思政课理念应运而生，以其鲜明的战略性、时代性和实践性成为新时代学校思政课实践育人的重要引领。习近平强调“大思政课我们要善用之，一定要跟现实结合起来”，进一步凸显了其实践意义和价值，大中小学思政课的客观形态和现实差异，也要求在实践中以更大的视野和格局实现思想政治教育的全方位、全过程的育人实效。新时代思政课发展的战略环境和基本条件发生了根本性转变，但其理论联系实际的质量水平还亟待提高，一体化建设仍有待深入，大思政课为破解思政课发展难题提供了路径。只有在大思政课的理论和实践引领下，才能最大规模、最大程度、最大范围地凝聚整合思政课相关资源，打通学校与社会、思政课程与其他课程之间的隔断壁垒，一体化推进大中小学思政课内容的“大体系”构建。

推进“大思政课”实践育人的“大课堂”建设，拓展大中小学思政课内容建设的实践场域。大思政课是由思政小课堂和社会大课堂互动构建而成，在依托学校教学的内容实践基础上，要重点关注社会实践领域的鲜活场景和丰富场域，围绕现实的社会问题、历史主题和时代课题，教育引导学生深刻领会与现实生活密切关联的真问题。一方面要善用学校大课堂，不断提高思政课育人质量，组织开展针对思政课理论问题的实践调研，引导学生将生活经验和社会经历融入课堂教学实践，以思政课内含的思想价值内容予以深刻诠释；另一方

面要善用社会大课堂，明确思政课的教育目标和方向，打通从学校到社会不同层面的教育场域，将与历史和现实相联系得更丰富内容提供给全体青年学生。加强思政课的实践引领，引导学生贴近生活、走向时代，深入基层、走向社会，在社会实践中积极融入理论课题，将鲜活的社会实践素材引入思政课教学，给学生提供自主探索追求真理的研究性、实践性学习条件，并以党的创新理论指导学生正确认识和深刻领会关于社会发展、国家建设的根本性问题。通过在学校和社会双向构建的思政大课堂，增强学生主体知情意志相统一的全方位发展，实现多维度、立体化、沉浸式的思政课教学实践。比如，组织学生开展政府服务满意度调查，通过走访政府机关、发放和收集政府满意度调查问卷等方式，收集身边家人朋友对于政府服务的评价，通过数据分析，感受法治政府建设给人民生活带来的收获感。组织学生走访当地法院、检察院，或邀请法官进校园，为学生讲述和分析典型司法案例，感受司法案件中体现的公平正义，进而理解公正司法的具体要求及其在法治国家建设中的重要意义。

推进大思政课实践育人的“大平台”建设，整合大中小学思政课内容建设的资源供给。大思政课的实践开展需要有大平台予以保障支撑，从而更好地整合全方位资源、凝聚各方面力量，突破传统教学场域下资源供给的单一性和同质化。一是形成思政课资源开发的大视野，要以世界历史的广阔视野思考挖掘思政课内容，善于运用和转化历史资源、社会资源，有效贯通时间上的长远跨度和空间上的漫长维度，将党和国家历史脉络中的丰富内容以思政课特有的思维、情怀和方式加以提炼升华。二是积淀思政课一体化实践的大资源，依托新媒体、互联网等创新形式打造多元化的资源平台，将相关联的资源要素统筹整合在开放共享的思政大平台。在信息技术不断发展的今天，既要依托历史及现实发掘好相应的实体性资源，也要充分运用新技术、新手段主动构建形式多样、直观便捷的数字资源，共同构建思政课大资源体系。一方面要加强资源的分类细化，深度挖掘优质资源，建立一批高质量、大规模、精准化的思政课教学案例库、素材库，满足大中小学思政课师生的整体需求；另一方面要加强资源的创新呈现，鼓励师生自主探索创作不同形式及种类的思政素材，加强思政课创新平台的交互性、服务性和智能化，实现思政资源的融合再生和最优呈现。

参考文献

（一）著作

［1］本书编写组．习近平总书记教育重要论述讲义［M］．北京：高等教育出版社，2020.

［2］陈桂生．教育学究竟是怎么一回事：教育学辨析［M］．上海：上海教育出版社，2020.

［3］陈美兰．中学政治学科教学案例研究［M］．北京：北京大学出版社，2022.

［4］邓小平文选（第1–2卷）［M］．北京：人民出版社，1994.

［5］段忠桥．建国以来普通高校马克思主义理论课和思想品德课课程设置及教学内容历史沿革资料汇编（上、下）［M］．北京：高等教育出版社，2004.

［6］高德胜等．接上童气：小学《道德与法治》统编教材研究［M］．北京：人民教育出版社，2019.

［7］高德毅．整体规划大中小学德育课程视域下高校思想政治理论课教师教学指南（丛书）［M］．上海：上海教育出版社，2013.

［8］顾海良．高校思想政治教育导论［M］．武汉：武汉大学出版社，2006.

［9］顾海良等．高校思想政治理论课程建设研究［M］．北京：经济科学出版社，2009.

［10］韩震等．义务教育道德与法治课程标准（2022年版）解读［M］．

北京：高等教育出版社，2022.

［11］侯勇．社会视野中的思想政治教育系统研究［M］．北京：人民出版社，2016.

［12］胡德海．教育学原理（第三版）［M］．北京：人民教育出版社，2013.

［13］胡田庚．新理念思想政治（品德）教学论（第三版）［M］．北京：北京大学出版社，2020.

［14］加强和改进大学生思想政治教育重要文献选编（1978—2008）［M］．北京：中国人民大学出版社，2008.

［15］江泽民文选（第1-3卷）［M］．北京：人民出版社，2006.

［16］教育部社会科学司．普通高校思想政治理论课文献选编（1949—2008）［M］．北京：中国人民大学出版社，2008.

［17］金铁宽．中华人民共和国教育大事记［M］．济南：山东教育出版社，1995.

［18］鞠忠美．大中小学德育衔接工作创新研究［M］．北京：中国书籍出版社，2015.

［19］李晓东等．义务教育课程标准（2022年版）课例式解读道德与法治［M］．北京：教育科学出版社，2022.

［20］李晓曈．新时代学校思政课程一体化建设研究［M］．长春：吉林大学出版社，2022.

［21］刘徽．大概念教学：素养导向的单元整体设计［M］．北京：教育科学出版社，2022.

［22］刘素芬．思想政治理论课改革衔接：以大中学校衔接为例［M］．北京：社会科学文献出版社，2009.

［23］刘月霞等．深度学习教学改进丛书　深度学习：走向核心素养［M］．北京：教育科学出版社，2018.

［24］骆郁廷．高校思想政治理论课程论［M］．武汉：武汉大学出版社，2006.

[25] 马克思恩格斯全集（第 1-4 卷）[M]. 北京：人民出版社，1995.

[26] 马克思恩格斯文集（第 1-2 卷）[M]. 北京：人民出版社，2009.

[27] 毛泽东选集（第 1-4 卷）[M]. 北京：人民出版社，1991.

[28] 石云霞. 高校思想政治理论课程建设史研究 [M]. 武汉：武汉大学出版社，2006.

[29] 史俊等. 新时代中学思想政治课教学引论 [M]. 上海：华东师范大学出版社，2022.

[30] 孙其昂. 思想政治教育学前沿研究 [M]. 北京：人民出版社，2009.

[31] 孙其昂等. 思想政治教育现代转型研究 [M]. 北京：学习出版社，2015.

[32] 孙秀芳. 新中国高校思想政治理论课程体系演进研究 [M]. 合肥：合肥工业大学出版社，2015.

[33] 汪青松. 新中国大中小学思政课程的历史发展 [M]. 上海：上海社会科学院出版社，2020.

[34] 王宏舟. 上海市大中小学思政课一体化建设教学观摩活动实录汇编 [M]. 上海：华东师范大学出版社，2022.

[35] 吴刚平等. 课程与教学论 [M]. 上海：华东师范大学出版社，2023.

[36] 吴林龙. 大中小学生思想政治教育的整体研究 [M]. 北京：知识产权出版社，2019.

[37] 习近平. 高举中国特色社会主义伟大旗帜　为全面建设社会主义现代化国家而团结奋斗——在中国共产党第二十次代表大会上的报告 [M]. 北京：人民出版社，2022.

[38] 习近平. 思政课是落实立德树人根本任务的关键课程 [M]. 北京：人民出版社，2020.

[39] 习近平谈治国理政（第 4 卷）[M]. 北京：外文出版社，2022.

[40] 熊建生. 思想政治教育内容结构论 [M]. 北京：中国社会科学出版社，2012.

[41] 徐锋. 新中国大学生思想政治教育研究 [M]. 北京：中国人民大学

出版社，2013.

[42] 许瑞芳等．大中小学思政课一体化建设年度发展报告（2022 年）［M］. 上海：华东师范大学出版社，2022.

[43] 许瑞芳等．新时代大中小学思政课一体化建设［M］. 上海：华东师范大学出版社，2022.

[44] 余维武．走向有魅力的德育课堂 小学《道德与法治》课题研究（下）［M］. 南京：南京师范大学出版社，2022.

[45] 俞慧文等．大中小学思政课一体化建设路径探析：理论与实践［M］. 上海：上海教育出版社，2022.

[46] 詹万生．整体构建德育体系总论［M］. 北京：教育科学出版社，2001.

[47] 张华．课程与教学论［M］. 上海：上海教育出版社，2000.

[48] 张耀灿．思想政治教育学原理［M］. 北京：高等教育出版社，2001.

[49] 章乐．走向有魅力的德育课堂 小学《道德与法治》课题研究（上）［M］. 南京：南京师范大学出版社，2021.

[50] 中共北京市委党校．马克思主义思想政治教育文选［M］. 北京：中国人民大学出版社，1993.

[51] 中华人民共和国教育部．普通高中思想政治课程标准（2017 年版 2020 年修订）［M］. 北京：人民教育出版社，2020.

[52] 中华人民共和国教育部．义务教育道德与法治课程标准（2022 年版）［M］. 北京：北京师范大学出版社，2022.

[53] 中华人民共和国学校思想政治理论课重要文献选编（上、下册）［M］. 北京：人民出版社，2022.

[54] 钟启泉．深度学习［M］. 上海：华东师范大学出版社，2021.

（二）思政课政策文件

[1] 中共中央 国务院．关于深化新时代学校思想政治理论课改革创新的若干意见［Z］. 中发〔2019〕16 号．

［2］中华人民共和国教育部．关于整体规划大中小学德育体系的意见［Z］．教社政〔2005〕11号．

［3］中共中央，国务院．关于进一步加强和改进大学生思想政治教育的意见［Z］．中发〔2004〕16号．

［4］中共中央，国务院．关于进一步加强和改进未成年人思想道德教育的若干意见［Z］．中发〔2004〕8号．

［5］中华人民共和国教育部办公厅．关于成立教育部大中小学思政课一体化建设指导委员会的通知［Z］．教社科〔2020〕17号．

［6］中华人民共和国教育部．高等学校课程思政建设指导纲要［Z］．教高〔2020〕3号．

［7］中共中央宣传部，教育部．新时代学校思想政治理论课改革创新实施方案［Z］．教材〔2020〕6号．

［8］中华人民共和国教育部．新时代高校思想政治理论课教学工作基本要求［Z］．教社科〔2018〕2号．

［9］中华人民共和国教育部办公厅．大中小学思政课一体化建设指导委员会章程［Z］．教社科〔2021〕21号．

［10］中华人民共和国教育部．关于进一步加强新时代中小学思政课建设的意见［Z］．教基〔2022〕5号．

（三）思政课教材

［1］本书编写组．习近平新时代中国特色社会主义思想概论（2023年版）［M］．北京：高等教育出版社，2023.

［2］本书编写组．思想道德与法治（2023年版）［M］．北京：高等教育出版社，2023.

［3］本书编写组．中国近现代史纲要（2023年版）［M］．北京：高等教育出版社，2023.

［4］本书编写组．马克思主义基本原理（2023年版）［M］．北京：高等教育出版社，2023.

［5］本书编写组．毛泽东思想和中国特色社会主义理论体系概论

（2023 年版）［M］. 北京：高等教育出版社，2023.

［6］教育部组织编写 . 道德与法治 . 一年级上册［M］. 北京：人民教育出版社，2016.

［7］教育部组织编写 . 道德与法治 . 一年级下册［M］. 北京：人民教育出版社，2016.

［8］教育部组织编写 . 道德与法治 . 二年级上册［M］. 北京：人民教育出版社，2017.

［9］教育部组织编写 . 道德与法治 . 二年级下册［M］. 北京：人民教育出版社，2017.

［10］教育部组织编写 . 道德与法治 . 三年级上册［M］. 北京：人民教育出版社，2018.

［11］教育部组织编写 . 道德与法治 . 三年级下册［M］. 北京：人民教育出版社，2018.

［12］教育部组织编写 . 道德与法治 . 四年级上册［M］. 北京：人民教育出版社，2019.

［13］教育部组织编写 . 道德与法治 . 四年级下册［M］. 北京：人民教育出版社，2019.

［14］教育部组织编写 . 道德与法治 . 五年级上册［M］. 北京：人民教育出版社，2019.

［15］教育部组织编写 . 道德与法治 . 五年级下册［M］. 北京：人民教育出版社，2019.

［16］教育部组织编写 . 道德与法治 . 六年级上册［M］. 北京：人民教育出版社，2019.

［17］教育部组织编写 . 道德与法治 . 六年级下册［M］. 北京：人民教育出版社，2019.

［18］教育部组织编写 . 道德与法治 . 七年级上册［M］. 北京：人民教育出版社，2016.

［19］教育部组织编写 . 道德与法治 . 七年级下册［M］. 北京：人民教育

出版社，2016.

［20］教育部组织编写．道德与法治．八年级上册［M］．北京：人民教育出版社，2017.

［21］教育部组织编写．道德与法治．八年级下册［M］．北京：人民教育出版社，2017.

［22］教育部组织编写．道德与法治．九年级上册［M］．北京：人民教育出版社，2018.

［23］教育部组织编写．道德与法治．九年级下册［M］．北京：人民教育出版社，2018.

［24］教育部组织编写．思想政治．必修一中国特色社会主义［M］．北京：人民教育出版社，2019.

［25］教育部组织编写．思想政治．必修二经济与社会［M］．北京：人民教育出版社，2019.

［26］教育部组织编写．思想政治．必修三政治与法治［M］．北京：人民教育出版社，2019.

［27］教育部组织编写．思想政治．必修四哲学与文化［M］．北京：人民教育出版社，2019.

（四）中文期刊

［1］陈大文，母玲凡．大中小学思想政治理论课教学内容衔接探析［J］．思想教育研究，2021（8）：120-124.

［2］陈磊，徐秦法．大中小学思政课一体化建设的“段间规律”探寻［J］．中国大学教学，2022（6）：60-65.

［3］陈亮，柏鑫，李红梅．大中小学思政课教材一体化建设回顾与展望［J］．中学政治教学参考，2022（15）：74-78.

［4］陈念，毕四通．论思想政治教育内容结构的体系建构［J］．思想教育研究，2021（12）：35-40.

［5］丁帅，陈旻．大中小学思想政治理论课课程内容一体化面临的问题及破解路径［J］．思想教育研究，2022（10）：131-137.

[6] 冯建军．大中小学思政课一体化的内容要求与推进措施［J］．课程·教材·教法，2023（2）：59-66.

[7] 冯建军．大中小学思政课一体化的内容要求与推进措施［J］．课程·教材·教法，2023，43（2）：59-66.

[8] 郭凤志．高校思想政治理论课程建设研究［M］．北京：北京师范大学出版社，2019：60-95.

[9] 郭绍均．统筹推进新时代大中小学思政课一体化建设的理念及路径探究［J］．课程·教材·教法，2022，42（7）：90-95.

[10] 韩振峰，李辰洋．新中国成立70年来高校思政课课程建设的发展历程及经验启示［J］．北京交通大学学报（社会科学版），2019，18（4）：42-50.

[11] 韩震．大中小学德育一体化思路下的德育教材体系建设［J］．教育研究，2020（3）：14-18.

[12] 黄晓红．大中小学思政课一体化建设的几点思考［J］．北京教育（高教），2022（12）：45-47.

[13] 霍军亮．大中小学思想政治理论课教材内容体系一体化建设的原则、遵循与路径［J］．中国高等教育，2020（17）：6-8.

[14] 江舟，陈美兰．新课标背景下初中思政课法治教育的反思与改进［J］．天津师范大学学报（基础教育版），2023（2）：27-31.

[15] 课程教材研究所．新中国中小学教材建设史（1949—2000）研究丛书·政治卷［M］．北京：人民教育出版社，2010：219.

[16] 李超民，李想，吴芳．大中小学思想政治课教材一体化建设研究［J］．天津师范大学学报（基础教育版），2021，22（4）：9-14.

[17] 李东坡，王学俭．新时代大中小学思政课一体化建设的内涵、挑战与对策［J］．新疆师范大学学报（哲学社会科学版），2021，42（3）：60-69.

[18] 李芳，戴汶奇．新时代十年高校思政课教师队伍建设政策文本的研究分析［J］．思想理论教育导刊，2022（12）：92-101.

[19] 李寒梅．大中小学思政课一体化建设的课程逻辑与实践理路［J］．课程·教材·教法，2021，41（3）：55-61.

[20] 李化侠，刘翠航．统编教材《道德与法治》及《思想政治》配套教学资源需求调查［J］．课程·教材·教法，2022（8）：92-99.

[21] 李晓东，李楠．义务教育道德与法治课程的新要求及教学应对——以统编教材《道德与法治》（八年级上册）为例［J］．天津师范大学学报（基础教育版），2022（4）：7-13.

[22] 梁红秀．内容为王　设计为要　通力打造高质量思政课［J］．教育探索，2022（12）：46-51.

[23] 凌小萍．大中小学思政课一体化建设的实践困境与突破路径［J］．贵州师范大学学报（社会科学版），2022（3）：11-20.

[24] 刘力波，黄格．大中小学思政课教材一体化建设面临的问题及破解路径［J］．马克思主义与现实，2020（2）：187-192.

[25] 刘彤．小学道德与法治教材落实生命安全与健康教育的思考［J］．课程·教材·教法，2023（1）：104-108+145.

[26] 刘莹．党的二十大精神融入“马克思主义基本原理”课程教学的探索［J］．北京航空航天大学学报（社会科学版），2023（1）：13-15.

[27] 马福运，张迪．大中小学思政课一体化建设的几个关键问题［J］．课程·教材·教法，2022（12）：14-20.

[28] 马福运，张迪．大中小学思政课一体化建设的几个关键问题［J］．课程·教材·教法，2022，42（12）：14-20.

[29] 秦书生，何彦彦．协同推进思想政治理论课建设的生成逻辑、作用机制与环境支撑［J］．系统科学学报，2025（1）：1-5.

[30] 石海君．推进大中小学思想政治教育一体化建设的战略基点、核心要点与施策重点［J］．思想理论教育导刊，2024（2）：134-142.

[31] 石雨晨，曹曙，刘群英．学生参与小学《道德与法治》论证式议题教学的学习体验［J］．全球教育展望，2022（10）：87-104.

[32] 汪悦，梁红．思政课教师主体性生成的心理机制及模型——基于H大学S教学团队的扎根理论探索［J］．中国人民大学教育学刊，2023（1）：54-66.

[33] 王国芳．超越高中思想政治新教材的四个维度 [J]．天津师范大学学报（基础教育版），2022（3）：40-45.

[34] 王世光．试析《义务教育道德与法治课程标准（2022 年版）》中的传统美德内容 [J]．课程·教材·教法，2022（8）：17-24.

[35] 王淑荣，王青佩．基于学段特征推进大中小学思政课深度一体化 [J]．思想理论教育导刊，2024（2）：106-116.

[36] 王晓宇．新时代大中小学思政课一体化建设的几个着力点 [J]．思想理论教育导刊，2022（12）：116-120.

[37] 王晓宇．新时代大中小学思政课一体化建设的几个着力点 [J]．思想理论教育导刊，2022（12）：116-120.

[38] 王玉秋．大中小学思政课内容一体化研究 [D]．江南大学，2021.

[39] 王占魁，张雪悦．新版义务教育阶段《道德与法治》教科书中的道德说理：问题分析与教学建议 [J]．全球教育展望，2022（11）：42-59.

[40] 文天天，陈大文．论大中小学思政课一体化的由来、科学内涵与基本要求 [J]．学校党建与思想教育，2021（7）：68-71.

[41] 吴晓云，李珍琦．论大中小学思政课一体化建设的课程观创新 [J]．中国教育学刊，2022（11）：43-48.

[42] 吴晓云，李珍琦．论大中小学思政课一体化建设的课程观创新 [J]．中国教育学刊，2022（11）：43-48.

[43] 项久雨，龚安静．中国共产党思想政治教育内容建构：历程、逻辑、进路 [J]．中共中央党校（国家行政学院）学报，2022（5）：45-53.

[44] 熊建生，尚晓丽．论思想政治教育内容的美好向度 [J]．思想理论教育导刊，2022（11）：112-118.

[45] 徐建飞，董静．大中小学思想政治理论课一体化建设：内涵逻辑、实践困囿与优化方略 [J]．社会主义核心价值观研究，2022（4）：78-88.

[46] 徐建飞，董静．大中小学思想政治理论课一体化建设：内涵逻辑、实践困囿与优化方略 [J]．社会主义核心价值观研究，2022，8（4）：78-88.

[47] 徐秦法，黄俞静．纵向衔接：构建“链条式”大中小学思政课一体

化课程内容体系［J］. 思想理论教育导刊，2022（2）：122-127.

［48］徐秦法，张肖．破立并举：大中小学思政课一体化评价的理性审思［J］. 江苏高教，2022（9）：81-85.

［49］徐蓉．推进大中小学思政课一体化建设：循根本、强实践、求创新［J］. 思想理论教育导刊，2024（3）：11-18.

［50］许家烨．大中小学思想政治理论课教材一体化建设：逻辑、问题与对策［J］. 思想教育研究，2022（2）：113-118.

［51］颜吾佴，高雅静．《新时代公民道德建设实施纲要》融入“思想道德与法治”课的思考［J］. 思想教育研究，2022（7）：114-119.

［52］应碧徽，施雨丹．国家认同视域下中国和新加坡小学品德教育教科书比较研究——以中国部编版《道德与法治》和新加坡名创版《好品德　好公民》为例［J］. 全球教育展望，2023（1）：63-75.

［53］余华，孙华丽．大中小学思想政治理论课学习进阶的思想方法探析［J］. 思想理论教育，2023（1）：68-72.

［54］俞晓婷，高德胜．在生活世界中构筑儿童与自然的道德关系——统编小学《道德与法治》教材中的人与自然教育［J］. 中国教育学刊，2023（1）：92-98.

［55］翟楠，薛晓阳．小学思想品德课程 60 年［M］. 镇江：江苏大学出版社，2011：37.

［56］张聪．中国特色社会主义文化融入高中思政课审思——历史嬗变、价值意蕴与发展趋向［J］. 天津师范大学学报（基础教育版），2023（1）：1-7.

［57］张莉，徐国锋，吴涯．思政课教材内容纵向一体化衔接的问题分析［J］. 中学政治教学参考，2022（39）：52-55.

［58］张树焕，许纭露．党的二十大精神融入“中国近现代史纲要”课程教学的三个维度［J］. 北京航空航天大学学报（社会科学版），2023（1）：8-10.

［59］张应平．大中小学思政课内容一体化研究［D］. 东北师范大学博士